Dicionário
de
Fonética
e
Fonologia

Conselho Acadêmico
Ataliba Teixeira de Castilho
Carlos Eduardo Lins da Silva
Carlos Fico
Jaime Cordeiro
José Luiz Fiorin
Tania Regina de Luca

Proibida a reprodução total ou parcial em qualquer mídia
sem a autorização escrita da editora.
Os infratores estão sujeitos às penas da lei.

A Editora não é responsável pelo conteúdo deste livro.
A Autora conhece os fatos narrados, pelos quais é responsável,
assim como se responsabiliza pelos juízos emitidos.

Consulte nosso catálogo completo e últimos lançamentos em **www.editoracontexto.com.br**.

Thaïs Cristófaro Silva

Dicionário de Fonética e Fonologia

COLABORADORAS
Daniela Oliveira Guimarães
Maria Mendes Cantoni

Copyright © 2011 Thaïs Cristófaro Silva

Todos os direitos desta edição reservados à
Editora Contexto (Editora Pinsky Ltda.)

Montagem de capa e diagramação
Gustavo S. Vilas Boas

Preparação de textos
Lilian Aquino

Revisão
Daniela Marini Iwamoto

Ilustrações técnicas
Maria Mendes Cantoni

Dados Internacionais de Catalogação na Publicação (CIP)
(Câmara Brasileira do Livro, SP, Brasil)

Silva, Thaïs Cristófaro
Dicionário de fonética e fonologia / Thaïs Cristófaro Silva;
colaboradoras Daniela Oliveira Guimarães,
Maria Mendes Cantoni. – 1. ed., 2ª reimpressão. –
São Paulo : Contexto, 2024.

Bibliografia.
ISBN 978-85-7244-620-4

1. Português – Brasil 2. Português – Fonemática 3. Português –
Fonética 4. Português – Fonologia I. Guimarães, Daniela
Oliveira. II. Cantoni, Maria Mendes. III. Título.

10-13946   CDD-469.1503

Índices para catálogo sistemático:
1. Fonemática : Português : Linguística : Dicionários   469.1503
2. Fonética : Português : Linguística : Dicionários   469.1503
3. Fonologia : Português : Linguística : Dicionários   469.1503

2024

EDITORA CONTEXTO
Diretor editorial: *Jaime Pinsky*

Rua Dr. José Elias, 520 – Alto da Lapa
05083-030 – São Paulo – SP
PABX: (11) 3832 5838
contato@editoracontexto.com.br
www.editoracontexto.com.br

Agradecimentos

Thaïs Cristófaro Silva agradece ao CNPq (Conselho Nacional de Desenvolvimento Científico e Tecnológico) pelo apoio na forma de bolsa de Produtividade em Pesquisa, e à Fapemig (Fundação de Amparo à Pesquisa do Estado de Minas Gerais) pelo apoio na forma de bolsa de pesquisa do Programa Pesquisador Mineiro IV.

Daniela Mara Lima e Oliveira Guimarães e Maria Mendes Cantoni agradecem à Capes (Coordenação de Aperfeiçoamento de Pessoal de Nível Superior) pelo apoio na forma de bolsa de doutorado.

Agradecemos o apoio dos diversos setores da Universidade Federal de Minas Gerais e, em especial, à Faculdade de Letras pela acolhida logística e institucional.

Agradecemos também o apoio dos membros do e-Labore: Laboratório Eletrônico de Oralidade e Escrita e do grupo de pesquisa Fonologia Cognitiva: Investigação de Padrões Sonoros Emergentes.

Em especial agradecemos: Adriana Silvia Marusso, Aline Rodrigues Benayon, Amana Maris Ribeiro Greco, Amana Maris Ribeiro Greco, Amarildo Viana Marra, Bianka Teixeira de Andrade, Carlo Sandro de Oliveira Campos, Christina Abreu Gomes, Clerton Luiz Felix Barboza, Diana Wanderley Janhan Sousa, Erika Maria Parlato de Oliveira, Gustavo Augusto de Mendonça Almeida, Hani Camille Yehia, Janaína Rabelo Cunha Ferreira de Almeida, Leonardo Silva de Almeida, Liliane Pereira Barbosa, Mário André Coelho da Silva, Raquel Márcia Fontes Martins, Rosana Passos, Victor Hugo Medina Soares e Wilson Júnior de Araújo Carvalho.

Finalmente, agradecemos aos nossos familiares e, em especial, aos nossos pais, aos nossos esposos e aos nossos filhos.

Apresentação

A tarefa de delimitar o domínio de cobertura de termos a serem apresentados em um dicionário técnico impõe desafios. A ciência tem limites fluidos em áreas afins. Sendo que a fonética e a fonologia são disciplinas de várias áreas do conhecimento, delimitar a relevância de termos para áreas afins requer algumas decisões. Por vezes, é difícil incorporar um termo técnico que seja tipicamente utilizado em Psicologia (ou qualquer outra área) ou então excluí-lo porque tem abrangência restrita. Na perspectiva de balancear a incorporação ou a exclusão de termos técnicos específicos, buscou-se a consulta a manuais clássicos de fonética e fonologia utilizados no Brasil como foco de referência para inclusão dos termos a serem listados. Certamente, pode haver termos não incorporados neste dicionário. A nossa tentativa foi fazê-lo da maneira mais completa possível e esperamos ter alcançado esse objetivo.

Os termos técnicos aparecem ao final do livro, na seção "Índice Remissivo", na qual são listados os verbetes que o leitor poderá consultar. Porém, no início do livro, há uma lista que traz cada um dos verbetes em ordem alfabética, em inglês, seguido da tradução em português. Assim, o leitor que estiver fazendo a leitura em inglês poderá identificar o termo técnico na língua inglesa e encontrar a tradução equivalente em português.

Preferimos indicar os termos técnicos em sua flexão masculina, embora alguns possam ocorrer também em flexão feminina. Por exemplo, **penúltimo** (masculino), embora possa haver referência a *acento penúltimo* (masculino) ou *penúltima sílaba* (feminino). A flexão de gênero feminino foi preservada nos casos em que não ocorre, em português, a flexão masculina (ex: **sílaba** é sempre feminino). A flexão de número foi mantida no singular a não ser que a forma plural seja exigida (**pregas vocais** ocorre sempre na forma plural).

Ao longo do dicionário, cada termo técnico é apresentado em português, em negrito, sendo seguido pelo termo correspondente em inglês em itálico. Apresentamos definições de maneira simples e objetiva. Optamos pela definição simples por questão de espaço, para acomodarmos um número maior de termos técnicos no dicionário e também para atingirmos um número maior de leitores. Entendemos que o leitor interessado em uma definição mais detalhada, ampla, complexa deverá utilizar os vários recursos disponíveis (como outros dicionários editados em outras línguas, livros técnicos da área, teses, artigos etc.).

Em alguns casos, há na literatura pertinente mais de uma tradução atestada na bibliografia do português. Por exemplo, o termo em inglês *delayed release* foi traduzido por Bisol (2005) como **metástase retardada** e foi traduzido por Cristófaro Silva (2003) como **soltura retardada**. Nesses casos selecionamos um dos termos para a entrada principal do dicionário, mas buscamos, na medida do possível, mencionar o outro termo atestado na literatura.

Este dicionário priorizou termos técnicos relevantes para o estudo do português e da fonética e fonologia em geral. É importante destacar que certos termos técnicos que são relevantes para a fonologia de línguas específicas não foram listados. Por exemplo, *Great English Vowel Shift* diz respeito a um fenômeno fonológico que historicamente ocorreu no inglês. Embora bastante citado na literatura fonológica, este fenômeno é específico do inglês, e, portanto, não foi listado como entrada deste dicionário. Privilegiamos, portanto, os termos técnicos relevantes para a língua portuguesa. Assim, **vocalização** de lateral pós-vocálica foi listada por ser relevante para o português, mas pode não ser necessariamente relevante para outras línguas. Entendemos que referência a fenômenos específicos de outras línguas podem ser consultados em dicionários e volumes dessas línguas particulares ou em dicionários que tenham a perspectiva de atender demanda de diversas línguas.

Outra característica específica deste dicionário é a apresentação de figuras vinculadas às definições apresentadas. Tipicamente, os dicionários não apresentam ilustrações. Contudo, nos pareceu relevante a apresentação de figuras que ilustrassem tanto aspectos técnicos como, por exemplo, a amplitude de uma onda sonora, quanto figuras que expressassem generalizações específicas da área, como a representação arbórea da organização acentual.

Em alguns casos um termo técnico se refere a outros termos técnicos relevantes que são relacionados entre si. Por exemplo, o termo técnico **acento** se relaciona aos subtermos técnicos **primário** e **secundário**. Embora relevantes, os subtermos técnicos não requerem uma entrada independente no dicionário porque sempre coocorrem com o termo técnico principal. Nesses casos, o termo técnico foi listado juntamente com o termo técnico principal como um verbete independente do dicionário: **acento primário** e **acento secundário**.

Por outro lado, alguns subtermos técnicos tiveram verbetes independentes embora sejam relacionados a um termo técnico principal. Por exemplo, o termo técnico **acento** se relaciona aos subtermos técnicos **final, penúltimo** e **antepenúltimo**. Contudo, quando combinados o termo técnico principal e o subtermo técnico, por exemplo **acento final**, este se relaciona a um outro termo técnico independente: neste caso, **oxítono**. Aqui, o subtermo técnico foi listado como um verbete independente do dicionário: **final, penúltimo** e **antepenúltimo**.

Há casos em que um termo técnico é citado ao longo da definição, mas há necessidade de este ter entrada independente no dicionário. É o exemplo de **onset, núcleo** e **coda** que aparecem na definição de **sílaba**. Contudo, definições independentes para **onset, núcleo** e **coda** têm entradas específicas no dicionário, sendo indicados, em negrito, ao longo da definição de cada verbete, os itens que têm entrada independente.

Buscamos incluir termos técnicos relevantes para as áreas de Letras, Fonoaudiologia, Psicolinguística, Pedagogia, Música e Tecnologia da Fala que sejam relacionados com as disciplinas de fonética e fonologia. Obviamente, há o desafio de sabermos se todas as áreas a serem contempladas foram, de fato, contempladas! A nossa avaliação é de que, na medida do possível, ampliamos a consulta de maneira a satisfazermos a proposta editorial para atendermos a demanda de várias áreas do conhecimento. Contudo, compreendemos que possam ter ocorrido casos de termos técnicos que não foram contemplados. Para estes casos sugerimos que o leitor entre em contato com as autoras para contribuírem com o progresso do conhecimento. Embora nós tenhamos tido a iniciativa de formular este volume, entendemos que a produção científica decorre de manifestação coletiva. A produção científica decorre também do progresso da ciência, quando novos modelos são apresentados e suas propostas inovadoras são incorporadas aos trabalhos da comunidade científica. Assim, contamos com a colaboração dos colegas e parceiros para que possamos aprimorar, em outras edições, os conceitos e as definições apresentados neste volume e expandirmos o escopo do dicionário ao incorporarmos itens ainda não contemplados.

ÍNDICE INGLÊS-PORTUGUÊS

A

abreviation	abreviação
accent	sotaque
accomodation	acomodação[1]
accomodation	acomodação[2]
acoustics	acústica
actuation	ativação
acute	agudo[1]
acute	agudo[2]
adaptation	adaptação
Advanced Tongue Root (ATR)	ATR
aerodynamic	aerodinâmica
affix	afixo
affricate	africada
affrication	africação
airstream	corrente de ar
airstream mechanism	mecanismo de corrente de ar
algorithm	algoritmo
allegro	alegro
alliteration	aliteração
allomorph	alomorfe
allomorphy	alomorfia
allophone	alofone
allophone	variante

allophony	alofonia
alphabet	alfabeto
alternation, alternants	alternância
alveolar	alveolar
alveolar ridge	alvéolos
alveopalatal	alveopalatal
ambisyllabicity	ambissilabicidade
american structuralism	estruturalismo americano
amplitude	amplitude
analogical levelling	nivelamento analógico
analogy	analogia
angled brackets, chevrons	colchetes angulares
antepenultimate	antepenúltimo
anterior	anterior[1]
antiformant	antiformante
aperture of the jaw	abertura vocálica
aphaeresis	aférese
apical	apical
apocope	apócope
apparent time	tempo aparente
approximant	aproximante
archiphoneme	arquifonema

articulator	articulador
Articulatory Phonology	Fonologia Articulatória
articulatory system	sistema articulatório
artificial language	língua artificial
aspiration	aspiração
assimilation	assimilação
association line	linha de associação
association, attached	associação
atonic, unstressed	átona
Autosegmental Phonology	Fonologia Autossegmental

B

babbling	balbucio
back	posterior[1]
back	posterior[2]
back	posteriorização
back	recuado
base	base
behaviorism	behaviorismo
bilabial	bilabial
binary	binário
binary foot	pé binário
blade	lâmina
blade	ponta da língua
bleeding	sangramento
body of the tongue	corpo da língua
boundary	limite
branching onset	onset ramificado

Brazilian Sign Language	LIBRAS
broad transcription	transcrição ampla

C

C	C
canonical	canônico
cardinal vowel	vogal cardeal
categorization	categorização
category	categoria
central	central
centralization	centralização
centring diphthong	ditongo centralizado
charm	charme
checked syllable	sílaba travada
chromatic	cromático
chunk	agrupamento
chunk	chunk
circumflex	circunflexo
clash	emparelhamento
clear-l	l-claro
click	clique
clitic	clítico
clitic group	grupo clítico
cliticization	cliticização
close approximation	aproximação fechada
closed	fechada
closed syllable	sílaba fechada
coalescence	coalescência
coarticulation	coarticulação
coda	coda

cognition	cognição	contrast	contraste
Cognitive Linguistics	Linguística Cognitiva	contrastive stress	acento contrastivo
compact	compacto	coronal	coronal
compensatory lengthening	alongamento compensatório	corpora	corpora
		corpus	corpus
competence	competência	correlate	correlato
complement	complemento	counter example	contraexemplo
complementary distribution	distribuição complementar	counter-bleeding	contrassangramento
complex consonant	consoante complexa	counter-feeding	contra-alimentação
complex segment	segmento complexo	creole	crioulo
		creolization	crioulização
component	componente[1]	CV Phonology	Fonologia CV
component	componente[2]	CV syllable	CV
component	componente[3]	cyclical rule	regra cíclica
compound	composto		

D

connected speech	fala espontânea	dactylic foot	pé datílico
connectionism	conexionismo	dark-l	l-escuro
consonant	consoante	deafness	surdez
consonantal harmony	harmonia consonantal	decibel	decibel
		Declarative Phonology	Fonologia Declarativa
consonantal	consonantal		
consonantal cluster	encontro consonantal	declination	declinação
		default	ambiente[2]
conspiracy	conspiração	degemination	degeminação
constituent	constituinte	degenerate foot	pé degenerado
constraint	restrição	delayed release	soltura retardada
constricted glottis	constrição glotal	deletion	apagamento
constructivism	construtivismo	deletion	cancelamento
content word	palavra de conteúdo	delinking	desligamento
		dental	dental
continuant	contínuo	depalatalization	despalatalização

Dependency Phonology	Fonologia de Dependência
dependent	dependente
derivation	derivação[1]
derivation	derivação[2]
derivational	derivacional
derivational phonology	fonologia derivacional
derived	derivado
devoicing	desvozeamento
devoicing	ensurdecimento
diachronic	diacrônico
diacritic	diacrítico
diagram	diagrama
dialect	dialeto
diffuse	difuso
diphthong	ditongo
diphthongization	ditongação[1]
diphthongization	ditongação[2]
direction	direção
disharmony	desarmonia
disjunction	disjunção
dissimilation	dissimilação
distinctive feature	traço distintivo
distribution	distribuição
disyllabic	dissílabo
domain	domínio
dominant	dominante
dorsal	dorsal
downdrift	abaixamento tonal
drift	alteração
drop	queda

duration	duração[1]
duration	duração[2]

E

egressive	egressiva
ejective	ejectiva
E-language	língua-E
element	elemento
elision	elisão
Elsewhere Condition	Elsewhere Condition
empiricism	empirismo
empty	vazio
empty onset	onset vazio
entonational phrase	frase entonacional
environment	ambiente[1]
environment	contexto
epenthesis	epêntese
epenthetic	epentético
epiglottis	epiglote
esophagus	esôfago
european structuralism	estruturalismo europeu
exemplar	exemplar
Exemplar Model	Teoria de Exemplares
Experimental Phonology	Fonologia Experimental
extrametrical	extramétrico
extrametricality	extrametricalidade
extrametricity	extrametricidade
extrasyllabicity	extrassilabicidade
extrinsic ordering	ordenamento extrínseco

F

falling diphthong	ditongo decrescente
Feature Geometry	Geometria de Traços
feeding	alimentação
final	final
final-r	r-final
fingerspelling	datilologia
Firthian Phonology	Fonologia Firthiniana
flap	flepe
floating	flutuante
floating consonant	consoante flutuante
floating consonant	flutuante
formalism	formalismo
formant	formante
fortis	fortis
fortition, strengthening	fortalecimento
frequency	frequência[1]
frequency	frequência[2]
fricative	fricativa
front	anterior[2]
front	anteriorização
functional word	palavra funcional
functionalism	funcionalismo
fundamental frequency	frequência fundamental
fusion	fusão[1]
fusion	fusão[2]

G

geminate	geminada

general language	língua geral
generalization	generalização
Generative Phonology	Fonologia Gerativa
generativism	gerativismo
gesture	gesto
glide	glide
Glossematic Phonology	Fonologia Glossemática
glottal	glotal
glottal stop	oclusiva glotal
glottalic	glotálico
glottis	glote
government	governo
Government Phonology	Fonologia de Governo
gradient	gradiente
gradual	gradual[1]
gradual	gradual[2]
Grammar	Gramática
grammatical word	palavra gramatical
grapheme	grafema
grave	grave[1]
grave	grave[2]
grid	grade
grid	grelha

H

half-close	média-fechada
half-open	média-aberta
hard palate	palato duro
head	cabeça
head	líder

Índice inglês-português

head	núcleo[2]
hearing	audição
hearing loss	perda auditiva
heavy diphthong	ditongo pesado
heavy syllable	sílaba pesada
height	altura[1]
heterosyllabic	heterossilábico
hiatus	hiato
hierarchical structure	estrutura hierárquica
high	alta
high	alto
high mid	média-alta
historical phonology	fonologia histórica
homophony	homofonia
homorganic	homorgânico
hypercorrection	hipercorreção
hypocorism	hipocorização
hypocoristics	hipocorístico
hypocorrection	hipocorreção

I

iamb	iambo
iambic	iâmbico
I-language	língua-I
implementation	implementação
implosive	implosiva
inffix	infixo
ingressive	ingressiva
input	input
insertion	inserção
intensity	intensidade
interface	interface

International Phonetic Alphabet (IPA)	Alfabeto Internacional de Fonética
International Phonetic Association	Associação Internacional de Fonética
intervocalic	intervocálico
intonation	entoação
intonation	entonação
intonational group	grupo entonacional
intonational phrase	frase entonacional
intonational phrase	sintagma entonacional
intrinsic ordering	ordenamento intrínseco
IPA	IPA
isochrony	isocronia

J

juncture	juntura

L

labial	labial
labialization	labialização
labiodental	labiodental
Laboratory Phonology (Lab Phon)	Fonologia de Laboratório
language	língua[2]
language acquisition	aquisição da linguagem
language family	família linguística

language games	jogos de linguagem
language-specific	específico
laryngeal	laríngeo
larynx	laringe
latent consonant	consoante latente
lateral	lateral[1]
lateral	lateral[2]
lax	frouxa
lax	frouxo
laxing	afrouxamento
lengthening	alongamento
lenis	lenis
lenition	lenição
letter	letra
level, tier	nível
level-ordering	ordenamento de níveis
lexical blending	mesclagem lexical
lexical category	categoria lexical
Lexical Diffusion	Difusão Lexical
Lexical Phonology	Fonologia Lexical
lexical word	palavra lexical
lexicalization	lexicalização
lexicon	léxico
LIBRAS	LIBRAS
light diphthong	ditongo leve
light syllable	sílaba leve
lingua franca	língua franca
linking r	r de ligação
lip	lábio

liquid	líquida
loan word, borrowing	empréstimo
locality	localidade
long vowel	vogal longa
long	longa
low	baixa
low	baixo
low mid	média-baixa
lowering	abaixamento

M

manner of articulation	maneira de articulação
manner of articulation	modo de articulação
marginal contrast	contraste marginal
marked	marcado
markedness	marcação
Maximal Onset Principle	Principio de Maximização do Onset
medial	medial
melody	melodia
mental lexicon	léxico mental
mentalism	mentalismo
merger	fusão[3]
metaphony	metafonia
metathesis	comutação
methatesis	metátese
metrical	métrico
metrical foot	pé métrico
Metrical Phonology	Fonologia Métrica

metrical tree	árvore métrica
mid	média
mid-low	média-baixa
minimal pair	par mínimo
modular	modular
monophthong	monotongo
monophthongization	monotongação
monosyllable	monossílabo
mora	mora
morpheme	morfema
morphology	morfologia
morphophoneme	morfofonema
morphophonological	morfofonológico
morphosyntactic	morfossintático
Moscow School	Escola de Moscou
mother tongue	língua materna
motivation	motivação

N

narrow transcription	transcrição restrita
nasal	nasal[1]
nasal	nasal[2]
nasal	nasal[3]
nasal assimilation	assimilação nasal
nasal cavity	cavidade nasal
nasal diphthong	ditongo nasal
nasal stop	oclusiva nasal
nasality	nasalidade
nasalization	nasalização
nasalized	nasalizada
native speaker	falante nativo
natural	natural

natural class	classe natural
Natural Generative Phonology	Fonologia Gerativa Natural
natural language	língua natural
Natural Phonology	Fonologia Natural
Neogrammarian	Neogramática
neologism	neologismo
neutral position	posição neutra
neutralization	neutralização
node	nó
Nonlinear Phonology	Fonologia Não Linear
non-syllabic	assilábica
normalization	normalização
notation	notação
nucleus	núcleo[1]

O

Obligatory Contour Principle	OCP
Obligatory Contour Principle	Princípio do Contorno Obrigatório
Obligatory Contour Principle (PCO)	PCO
obstruent	obstruinte
onset	ataque
onset	onset
opacity	opacidade
opaque	opaco
open	aberta
open syllable	sílaba aberta
open syllable lengthening	alongamento em sílaba aberta
openess	abertura

opposition	oposição
Optimality Theory	Teoria da Otimalidade
oral	oral
oral cavity	cavidade bucal
oral cavity	cavidade oral
oral stop	oclusiva oral
output	output
overlapping	sobreposição
oxytone	oxítono

P

palatal	palatal
palatalization	palatalização
palate	palato
palato-alveolar	palato-alveolar
paradigm	paradigma
paradigmatic	paradigmático
paragoge	paragoge
parameter	parâmetro[1]
parameter	parâmetro[2]
parasynthesis	parasíntese
paroxytone	paroxítono
Particle Phonology	Fonologia de Partícula
pause	pausa
penultimate	penúltimo
peosodic constituent	constituinte prosódico
performance	desempenho
performance	performance
pharingeal cavity	cavidade faringal
pharyngealization	faringalização
phonation	fonação
phonatory system	sistema fonatório

phone	fone
phoneme	fonema
phonemic	fonêmica
phonemic inventory	inventário fonêmico
phonemic overlapping	sobreposição fonêmica
Phonemic Principle	Princípio Fonêmico
phonemic transcription	transcrição fonêmica
phonetic inventory	inventário fonético
phonetic similarity	similaridade fonética
phonetic transcription	transcrição fonética
phonetics	fonética
phonological phrase	frase fonológica
phonological rule	regra fonológica
phonological transcription	transcrição fonológica
phonological word	palavra fonológica
phonologization	fonologização
phonology	fonologia
phonotactics	fonotática
phrasal stress	acento frasal
pidgin	pidgin
pitch	altura[2]
pitch	pitch
pitch accent	acento de altura
place of articulation	lugar de articulação
plosive	plosiva
polysyllable	polissílabo

polysystemic	polissistêmico
Portuguese	português
Portuguese sounds	sons do português
postalveolar	pós-alveolar
post-cyclical	pós-cíclica
post-lexical	pós-lexical
postonic	postônico
postvocalic	pós-vocálico
Poverty of Stimulus (POS)	Pobreza do Estímulo
Prague School	Escola de Praga
preffix	prefixo
prenasalized	pré-nasalizada
pretonic	pretônico
prevocalic	pré-vocálico
primary articulation	articulação primária
primary stress	acento primário
principle	princípio
Principle of No Crossing Constraint	Princípio de Não Cruzamento de Linhas
Principle of Prosodic Licensing	Princípio de Licenciamento Prosódico
Principle of Structure Preservation	Princípio da Preservação da Estrutura
privative	privativo
privative opposition	oposição privativa
Probabilistic Phonology	Fonologia Probabilistica
process	processo
productivity	produtividade
progressive	progressiva
prominence	proeminência

proparoxytone	proparoxítono
prosodic constituent	constituinte prosódico
prosodic domain	domínio prosódico
prosodic hierarchy	hierarquia prosódica
prosodic licensing	licenciamento prosódico
Prosodic Morphology	Morfologia Prosódica
Prosodic Phonology	Fonologia Prosódica
prosody	prosódia
prototype	protótipo
psychological reality	realidade psicológica
pulmonic	pulmonar

Q

quantity	quantidade
quantity sensitive	sensível à quantidade
quantity sensitive	sensível ao peso silábico

R

r-sounds	sons de r
racionalism	racionalismo
raising	levantamento
ranking	ranqueamento
rationalism	racionalismo
real time	tempo real
realization	realização
reanalysis	reanálise
recessive	recessivo
reduced vowel	vogal reduzida

reduction	redução
redundancy	redundância
redundancy rule	regra de redundância segmental
redundancy rule	regra de restrição sequencial
redundant	redundante
reduplication	reduplicação
regressive	regressiva
repair strategy	estratégia de reparo
representation	representação
representational level	nível de representação
respiratory system	sistema respiratório
resyllabification	ressilabação
resyllabification	ressilabificação
retroflex	retroflexo
rhotic	rótico
rhyme	rima[1]
rhyme	rima[2]
rhythm	ritmo
rhythm rule	regra de ritmo
rising diphthong	ditongo crescente
root	raiz
rhotacism	rotacismo
rounded	arredondada
rounded	arredondado
rounding	arredondamento
rule	regra

S

salience	saliência
SAMPA	SAMPA
sandhi	sândi
schwa	schwa
second language	segunda língua
secondary articulation	articulação secundária
secondary stress	acento secundário
segment	segmento
segmental	segmental
semivowel	semivogal
sentence stress	acento da sentença
SFS	SFS
short	curto
short vowel	vogal breve
shortening	encurtamento
sibilant	sibilante
sign	signo
sign language	língua de sinais
signified	significante
signifier	significado
sintax	sintaxe
skeletal position	posição esqueletal
slashes, slanted brackets	barras transversais
sociolinguistics	sociolinguística
sociophonetics	sociofonético
soft palate	palato mole
sonorant	soante
sonority	sonoridade
sonority hierarchy	hierarquia de sonoridade
sonority hierarchy	escala de sonoridade

sound change	mudança sonora	stricture	estritura
Sound Patter of English (SPE)	SPE	strident	estridente
		strong-R	R-forte
sound wave	onda sonora	structural analogy	analogia estrutural
spectrogram	espectrograma	structural change	mudança estrutural
Speech Assissment Methods Phonetic Alphabet	SAMPA	structural description	descrição estrutural
speech community	comunidade de fala	structuralism	estruturalismo
		substrate	substrato
spirantization	espirantização	suffix	sufixo
spirantization	fricativização	superstrate	superstrato
split	separação	suprasegmental	suprassegmental
spondaic foot	pé espondeu	surface form	forma de superfície
spontaneous voicing	vozeamento espontâneo	surface representation	representação de superfície (representação superficial)
spreading	espraiamento		
spreading	propagação		
square brackets	colchetes		
standard	norma		
standard	padrão	suspected pair	par suspeito
standard pronunciation	pronúncia padrão	syllabic	silábico[1]
		syllabic	silábico[2]
Stochastic Phonology	Fonologia Estocástica	syllabic consonant	consoante silábica
stop, plosive	oclusiva	syllabic constituent	constituinte silábico
stratal	estratal		
stratal phonology	fonologia estratal	syllabification	silabificação
		syllable	sílaba
stratum	estrato	syllable constituent	constituinte silábico
stress	acento		
stress clash	choque de acento	syllable structure	estrutura silábica
stressed	tonicidade	syllable weight	peso silábico
stressed vowel	vogal acentuada	synchronic	sincrônico
stress-timed	silábico[3]	syncope	síncope
strict cycle	ciclo estrito	syntax	sintaxe

T

tableau	tableau
tanscription	transcrição
tap	tepe
tautosyllabic	tautossilábico
teeth	dentes
template	molde
tense	tenso
tense	tensa
ternary foot	pé ternário
tier, layer	camada
tip	ápice
token	ocorrência
token	token
token frequency	frequência de ocorrência
tone	tom
tone language	língua tonal
tongue	língua[1]
tongue root	raiz da língua
tonic	tônica
transcription	transcrição
trill	vibrante
triphthong	tritongo
trisyllable	trissílabo
transparency	transparência
trochaic	trocaico
trochee	troqueu
truncation	truncamento
type	tipo
type frequency	frequência de tipo
typology	tipologia

U

UG	GU

umlaut	trema
underlying form	forma subjacente
underlying representation	representação subjacente
underspecification	subespecificação
Universal Grammar (UG)	Gramática Universal
universals	universais
unmarked	não marcado
unrounded	não arredondada
unstressed	não acentuado
Usage-Based Phonology	Fonologia de Uso
utterance	enunciado
uvula	úvula
uvular	uvular

V

V	V
variable	variável[1]
variable	variável[2]
variant, allophone	variante
variation	variação
velar	velar
velar softening	afrouxamento velar
velaric	velárico
velarised	velarizado
velarization	velarização
velic opening	abertura vélica
velum	véu palatino
vocabular reduction	redução vocabular
vocal cords, vocal folds	cordas vocais
vocal folds	pregas vocais

vocal tract	aparelho fonador
vocal tract	trato vocal
vocalization	vocalização
vocative	vocativo
Voice Onset Time (VOT)	VOT
voiced	sonoro
voiced	vozeado[1]
voiced	vozeado[2]
voiceless	desvozeado
voiceless	surdo
voicing	vozeamento
vowel	vogal
vowel harmony	harmonia vocálica
vowel quality	qualidade vocálica
vowel raising	alçamento

vowel reduction	redução vocálica
vowel space	área vocálica
vowel space	espaço vocálico

W

weakening	enfraquecimento
weak-r	r-fraco
Welformedness Condition	Condição de Boa-Formação
well-formed	bem-formado
well-formedness	boa-formação
word	palavra
word stress	acento da palavra
word-final	fim de palavra
word-final devoicing	desvozeamento final
word-initial	início de palavra

Sons do português

Os sons do português listados nesta seção ilustram as principais características do sistema sonoro consonantal e vocálico do português brasileiro. Os sons foram divididos em três grandes grupos: consoantes, vogais e ditongos. As vogais foram dividas em dois grupos: orais e nasais. Os ditongos foram divididos em dois grupos: *orais* (crescentes e decrescentes) e *nasais* (decrescentes). Cada som listado apresenta o símbolo fonético correspondente, a classificação a ele atribuída, um exemplo em forma ortográfica e em transcrição fonética e, finalmente, observações gerais sobre a distribuição regional do som ou propriedades particulares específicas. Quando não há especificidade atribuída ao som, indicamos que a sua pronúncia é uniforme em todo o português brasileiro. Os exemplos têm caráter ilustrativo e representativo da variedade do português do Brasil.

Consoantes

	Bilabial		Labiodental		Dental ou Alveolar		Alveopalatal		Palatal		Velar		Glotal	
	desv	voz	desv	voz	desv	voz	desv	voz	desv	voz	desv	voz	desv	voz
Oclusiva	p	b			t	d					k kʷ	g gʷ		
Africada							tʃ	dʒ						
Fricativa			f	v	s	z	ʃ	ʒ			x	ɣ	h	ɦ
Nasal		m				n			ɲ ỹ					
Tepe						ɾ								
Vibrante						ř								
Retroflexa						ɹ								
Lateral					l ɫ w				ʎ lʲ y					

Símbolo	Classificação do segmento	Exemplo	Transcrição	Observação
p	Oclusiva bilabial desvozeada	pata	['pata]	Uniforme em todos os dialetos do português brasileiro.
b	Oclusiva bilabial vozeada	bata	['bata]	Uniforme em todos os dialetos do português brasileiro.
t	Oclusiva alveolar desvozeada	tapa	['tapa]	Uniforme em todos os dialetos do português brasileiro, podendo ocorrer com articulação alveolar ou dental.
d	Oclusiva alveolar vozeada	data	['data]	Uniforme em todos os dialetos do português brasileiro, podendo ocorrer com articulação alveolar ou dental.
k	Oclusiva velar desvozeada	capa	['kapa]	Uniforme em todos os dialetos do português brasileiro.
g	Oclusiva velar vozeada	gata	['gata]	Uniforme em todos os dialetos do português brasileiro.
tʃ	Africada alveolar desvozeada	tia	['tʃia]	Corresponde ao primeiro som da palavra *tcheco-eslováquia* em todos os dialetos do português brasileiro. Pronúncia típica do Sudeste brasileiro em dialetos que apresentam a palatalização de oclusivas alveolares. Ocorre também em outras regiões, como Norte e Nordeste, de maneira menos delimitada.
dʒ	Africada alveolar vozeada	dia	['dʒia]	Corresponde ao primeiro som da palavra *jeans* em todos os dialetos do português brasileiro. Pronúncia típica do Sudeste brasileiro em dialetos que apresentam a palatalização de oclusivas alveolares. Ocorre também em outras regiões, como Norte e Nordeste, de maneira menos delimitada.
f	Fricativa labiodental desvozeada	faca	['faka]	Uniforme em todos os dialetos do português brasileiro.
v	Fricativa labiodental vozeada	vaca	['vaka]	Uniforme em todos os dialetos do português brasileiro.
s	Fricativa alveolar desvozeada	saga caça paz	['saga] ['kasa] ['pas]	Em início de sílaba é uniforme em todos os dialetos do português brasileiro, podendo ocorrer com articulação alveolar ou dental. Em final de sílaba marca variação dialetal, por exemplo em *paz*, *vasta*, podendo ocorrer uma das consoantes [s, ʃ], dependendo do dialeto.

z	Fricativa alveolar vozeada	zaga casa rasga	[ˈzaga] [ˈkaza] [ˈhazga]	Em início de sílaba, é uniforme em todos os dialetos do português brasileiro, podendo ocorrer com articulação alveolar ou dental. Em final de sílaba, marca variação dialetal, por exemplo em *rasga*, *desvio*, podendo ocorrer uma das consoantes [z, ʒ], dependendo do dialeto.
ʃ	Fricativa alveopalatal desvozeada	chá acha paz	[ˈʃa] [ˈaʃa] [ˈpaʃ]	Em início de sílaba é uniforme em todos os dialetos do português brasileiro, podendo ocorrer com articulação alveolar ou dental. Em final de sílaba marca variação dialetal, por exemplo em *paz*, *vasta*, podendo ocorrer uma das consoantes [s, ʃ], dependendo do dialeto.
ʒ	Fricativa alveopalatal vozeada	já haja rasga	[ˈʒa] [ˈaʒa] [ˈhaʒga]	Em início de sílaba, é uniforme em todos os dialetos do português brasileiro, podendo ocorrer com articulação alveolar ou dental. Em final de sílaba, marca variação dialetal, por exemplo em *rasga*, *desvio*, podendo ocorrer uma das consoantes [z, ʒ], dependendo do dialeto.
x	Fricativa velar desvozeada	rata marra mar carta	[ˈxata] [ˈmaxa] [ˈmax] [ˈkaxta]	Pronúncia típica do dialeto carioca. Ocorre fricção audível na região velar. Ocorre em início de sílaba que seja precedida por silêncio (início de palavra): *rata*; em início de sílaba precedida por vogal: *marra*; em início de sílaba precedida por consoante: *Israel*. Em alguns dialetos, ocorre em final de sílaba seguida por consoante desvozeada: *carta*; e em final de sílaba seguida por silêncio (final de palavra): *mar*.
ɣ	Fricativa velar vozeada	carga	[ˈkaɣga]	Pronúncia típica do dialeto carioca. Ocorre fricção audível na região velar. Ocorre em final de sílaba seguida por consoante vozeada: *carga*. Pode ocorrer nos demais contextos listados para a fricativa velar desvozeada. Contudo, a variabilidade entre a fricativa velar vozeada e desvozeada é dificilmente percebida e não implica em falta de inteligibilidade entre os falantes.
h	Fricativa glotal desvozeada	rata marra mar carta	[ˈhata] [ˈmaha] [ˈmah] [ˈkahta]	Pronúncia típica do dialeto de Belo Horizonte. Não ocorre fricção audível no trato vocal. Ocorre em início de sílaba que seja precedida por silêncio (início de palavra): *rata*; em início de sílaba precedida por vogal: *marra*; em início de sílaba precedida por consoante: *Israel*. Em alguns dialetos, ocorre em final de sílaba seguida por consoante desvozeada: *carta*; e em final de sílaba seguida por silêncio (final de palavra): *mar*.

ɦ	Fricativa glotal vozeada	carga	[ˈkaɦɡa]	Pronúncia típica do dialeto de Belo Horizonte. Não ocorre fricção audível no trato vocal. Ocorre em final de sílaba seguida por consoante vozeada: "carga". Pode ocorrer nos demais contextos listados para a fricativa glotal desvozeada. Contudo, a variabilidade entre a fricativa glotal vozeada e desvozeada é dificilmente percebida e não implica a falta de inteligibilidade entre os falantes.
m	Nasal bilabial vozeada	mala	[ˈmala]	Uniforme em todos os dialetos do português brasileiro.
n	Nasal alveolar vozeada	nada	[ˈnada]	Uniforme em todos os dialetos do português brasileiro, podendo ocorrer com articulação alveolar ou dental.
ɲ ou ỹ	Nasal palatal vozeada ou Glide palatal nasalizado	banha	[ˈbaɲa] ou [ˈbaỹa]	A consoante nasal palatal [ɲ] ocorre na fala de poucos falantes do português brasileiro. Geralmente um glide palatal nasalizado [ỹ] ocorre no lugar da consoante nasal palatal para a maioria dos falantes. Na articulação da consoante nasal palatal [ɲ] a parte média da língua toca o palato causando obstrução. Por outro lado, o glide palatal nasalizado [ỹ] não apresenta o contato da língua com o palato, tendo, portanto, uma articulação diferente da consoante nasal palatal [ɲ].
ɾ	Tepe alveolar vozeado	cara prata mar carta	[ˈkaɾa] [ˈpɾata] [ˈmaɾ] [ˈkaɾta]	Em posição intervocálica e seguindo consoante o tepe é uniforme em todos os dialetos do português brasileiro, podendo ocorrer com articulação alveolar ou dental: [ˈkaɾa] *cara* ou [ˈpɾata] *prata*. Em alguns dialetos, o tepe ocorre em final de sílaba, seja em final de palavra: *mar*, ou em meio de palavra: *carta*. Neste último contexto é a pronúncia típica dos dialetos de São Paulo e dos estados do sul do Brasil.
ř	Vibrante alveolar vozeada	rata marra	[ˈřata] [ˈmařa]	Pronúncia recorrente no português europeu. Ocorre em certas variantes do português brasileiro (por exemplo, em certos dialetos paulistas). A articulação deste som envolve múltiplas vibrações da ponta da língua na região alveolar. Ocorre sistematicamente em início de sílaba que seja precedida por silêncio (início de palavra): *rata*; em início de sílaba precedida por vogal: *marra*; em início de sílaba precedida por consoante: *Israel*.

ɹ	Retroflexa alveolar vozeada	mar	[ˈmaɹ]	Pronúncia típica do dialeto caipira para o *r* em final de sílaba: *maɹ, caɹta*. Adota-se também o símbolo [ɻ].
l	Lateral alveolar vozeada	lata placa	[ˈlata] [ˈplaka]	Em início de sílaba e em encontros consonantais é uniforme em todos os dialetos do português brasileiro, podendo ocorrer com articulação alveolar ou dental: [ˈlata] *lata* ou [ˈplaka] *placa*.
ɫ ou w	Lateral alveolar vozeada velarizada	sal salta	[ˈsaɫ] [ˈsaɫta] ou [ˈsaw] [ˈsawta]	Ocorre em final de sílaba em alguns dialetos do português brasileiro, podendo ocorrer com articulação alveolar ou dental. Em posição final de sílaba, pode ocorrer a vocalização da lateral, sendo realizado um segmento com as características articulatórias de uma vogal do tipo [u]. Sugerimos a adoção do símbolo [w] para a lateral vozeada, mas o símbolo [u̯] seria também adequado de acordo com o IPA. Adotamos o símbolo [w] porque em termos distribucionais a lateral vocalizada se comporta como uma consoante.
ʎ ou lʲ	Lateral palatal vozeada	malha	[ˈmaʎa] ou [ˈmalʲa]	A consoante lateral palatal [ʎ] ocorre na fala de poucos falantes do português brasileiro. Geralmente uma lateral alveolar ou dental palatalizada [lʲ] ocorre para a maioria dos falantes do português brasileiro. Em alguns dialetos, pode ocorrer a vocalização da lateral palatal, sendo realizado um segmento com as características articulatórias de uma vogal do tipo [i], transcrito como [y].

VOGAIS ORAIS

	anterior		central		posterior	
	arred.	não arred.	arred.	não arred.	arred.	não arred.
alta		i ɪ			u ʊ	
média-alta		e			o	
média-baixa		ɛ		ə	ɔ	
baixa				a		

Símbolo	Classificação do segmento	Exemplo	Transcrição	Observação
i	Vogal alta anterior não arredondada	vida	['vida]	Ocorre em posição tônica, de maneira uniforme, em todos os dialetos do português brasileiro: ['vida] *vida*. Em posição átona, pode ser reduzido a [ɪ] ou até ser sujeito a processos de cancelamento como, por exemplo, *piscina* ['psina]. A vogal [i] é também a vogal epentética do português e ocorre entre duas obstruintes como, por exemplo, em *afta* ['afita].
e	Vogal média-alta anterior não arredondada	cera	['seɾa]	Ocorre em posição tônica, de maneira uniforme, em todos os dialetos do português brasileiro: ['seɾa] *cera*. Em posição pretônica, a vogal [e] é sujeita à variação, podendo ocorrer como uma vogal média-baixa ou como uma vogal alta: *[pe]rigo, [pɛ]rigo* ou *[pi]rigo*. Em posição postônica final ocorre em alternância com a vogal [i] ou [ɪ] como, por exemplo: *doc[e], doc[i]* ou *doc[ɪ]*. Em posição postônica medial pode ocorrer como uma vogal média-baixa ou como uma vogal alta: *almônd[e]ga, almônd[ɛ]ga* ou *almônd[i]ga*. As vogais médias-altas podem ser sujeitas ao fenômeno de harmonia vocálica.
ɛ	Vogal média-baixa anterior não arredondada	vela	['vɛla]	Ocorre em posição tônica, de maneira uniforme, em todos os dialetos do português brasileiro: ['vɛla] *vela*. Em posição pretônica, a vogal [ɛ] é sujeita à variação, podendo ocorrer como uma vogal média-alta ou como uma vogal alta: *[pe]rigo, [pe]rigo* ou *[pi]rigo*. Em posição postônica medial pode ocorrer como uma vogal média-alta ou como uma vogal alta: *almônd[e]ga, almônd[ɛ]ga* ou *almônd[i]ga*. As vogais médias-altas podem ser sujeitas ao fenômeno de harmonia vocálica.
a	Vogal baixa central não arredondada	sala	['sala]	Ocorre em posição tônica, de maneira uniforme, em todos os dialetos do português brasileiro: ['sala] *sala*. Em posição átona pretônica ou postônica pode ocorrer como uma vogal central, ou schwa, como, por exemplo, em *tr[ə]duzir, [ə]pareceu* ou *sal[ə]*.

ɔ	Vogal média-baixa posterior arredondada	bola	[ˈbɔla]	Ocorre em posição tônica, de maneira uniforme, em todos os dialetos do português brasileiro: [ˈbɔla] *bola*. Em posição pretônica, a vogal [ɔ] é sujeita à variação, podendo ocorrer como uma vogal média-alta ou como uma vogal alta: *[bo]neca, [bɔ]neca* ou *[bu]neca*. Em posição postônica final, ocorre em alternância com a vogal [u] ou [ʊ] como, por exemplo: *pat[o], pat[u]* ou *pat[ʊ]*. Em posição postônica medial, pode ocorrer como uma vogal média-alta ou como uma vogal alta: *pér[ɔ]la, pér[o]la, pér[u]la*. As vogais médias-baixas podem ser sujeitas ao fenômeno de harmonia vocálica.
o	Vogal média-alta posterior arredondada	sopa	[ˈsopa]	Ocorre em posição tônica, de maneira uniforme, em todos os dialetos do português brasileiro: [ˈsopa] *sopa*. Em posição pretônica, a vogal [o] é sujeita à variação, podendo ocorrer como uma vogal média-alta ou como uma vogal alta: *[bo]neca, [bɔ]neca* ou *[bu]neca*. Em posição postônica medial pode ocorrer como uma vogal média-alta ou como uma vogal alta: *pér[ɔ]la, pér[o]la, pér[u]la*. As vogais médias-baixas podem ser sujeitas ao fenômeno de harmonia vocálica.
u	Vogal alta posterior arredondada	jura	[ˈʒura]	Ocorre em posição tônica, de maneira uniforme, em todos os dialetos do português brasileiro: [ˈʒura] *jura*. Em posição átona, pode ser reduzido a [ʊ]: j[ʊ]rado ou prat[ʊ].
ɪ	Vogal alta anterior não arredondada frouxa	passe	[ˈpasɪ]	Ocorre somente em posição átona, ou não acentuada. Em posição átona final é recorrente na maioria dos dialetos do português brasileiro, como em [ˈpasɪ] *passe*. Em posição pretônica – *p[ɪ]rata* – e postônica medial – *ár[ɪ]do* – é sujeita à variação dependendo, sobretudo, de fatores estilísticos.
ʊ	Vogal alta posterior arredondada frouxa	passo	[ˈpasʊ]	Ocorre somente em posição átona ou não acentuada. Em posição átona final é recorrente na maioria dos dialetos do português brasileiro, como em [ˈpasʊ] *passo*. Em posição pretônica – *p[ʊ]mada* – e postônica medial – *cúm[ʊ]lo* – é sujeita à variação dependendo, sobretudo, de fatores estilísticos.

| ə | Vogal baixa central não arredondada frouxa | passa | [ˈpasə] | Ocorre somente em posição átona ou não acentuada. Em posição átona final é recorrente na maioria dos dialetos do português brasileiro, como em [ˈpasə] *passa*. Há variação de símbolos para representar esta vogal, dentre eles: [a,ɐ]. Independentemente do símbolo utilizado, reflete a redução vocálica em direção de uma vogal central frouxa com curta duração. Em posição pretônica, sua ocorrência é condicionada por fatores dialetais e até idioletais, como, por exemplo, em *tr[ə]duzir* ou *[ə]pareceu*. |

VOGAIS NASAIS

	anterior		central		posterior	
	arred.	não arred.	arred.	não arred.	arred.	não arred.
alta		ĩ			ũ	
média-alta		ẽ			õ	
média-baixa						
baixa				ã		

Símbolo	Classificação do segmento	Exemplo	Transcrição	Observação
ĩ	Vogal alta anterior não arredondada nasal	cinto	[ˈsĩtu]	Ocorre em posição tônica e pretônica no português brasileiro, sendo em alguns casos obrigatória e, em outros, pode alternar com a vogal oral correspondente, ou seja, [i]. Quando a vogal [ĩ] ocorre obrigatoriamente, ela é seguida de consoante oral – [ˈsĩtu] *cinto* – ou encontra-se em final de palavra – [ˈsĩ] *sim*. Quando a vogal [ĩ] alterna com a vogal oral correspondente [i] ela é seguida de consoante nasal: *acįma, fįna, vįnho*.

ẽ	Vogal média anterior não arredondada nasal	cento	['sẽtu]	Ocorre recorrentemente em posição tônica e pretônica no português brasileiro, sendo em alguns casos obrigatória e, em outros, pode alternar com a vogal oral correspondente, ou seja, [e]. Quando a vogal [ẽ] ocorre obrigatoriamente, é seguida de consoante oral ['sẽtu] *sento*. Quando a vogal [ẽ] alterna com a vogal oral correspondente [e] é seguida de consoante nasal: *l*e*ma, p*e*na, l*e*nha*. Quando em posição postônica, geralmente ocorre em um ditongo – *garag[ẽɪ]* – ou pode alternar com uma vogal oral *garag[ɪ]*. A vogal [ẽ] tipicamente não ocorre em final de palavra em português.
ã	Vogal baixa central não arredondada nasal	santo	['sãtu]	Ocorre em posição tônica, pretônica e postônica no português brasileiro, sendo em alguns casos obrigatória e, em outros, pode alternar com a vogal oral correspondente, ou seja, [a]. Há variação de símbolos para representar esta vogal nasal, dentre eles: [ɐ̃, ɜ̃]. Quando a vogal [ã] ocorre obrigatoriamente, ela é seguida de consoante oral – ['sãtu] *santo* – ou encontra-se em final de palavra – ['lã] *lã*. Quando a vogal [ã] alterna com a vogal oral correspondente [a], é seguida de consoante nasal: *c*a*ma, c*a*na, b*a*nha*. Nesses casos de nasalidade opcional, pode ocorrer uma vogal central não arredondada oral em alguns dialetos: *c[ʌ]ma, c[ʌ]na, b[ʌ]nha*. Em posição postônica, tende a alternar com o schwa: *ím[ã]* ou *ím[ə]*.

õ	Vogal média posterior arredondada nasal	*conto*	['kõtu]	Ocorre recorrentemente em posição tônica e pretônica no português brasileiro, sendo em alguns casos obrigatória e, em outros, pode alternar com a vogal oral correspondente, ou seja, [o]. Quando a vogal [õ] ocorre obrigatoriamente, é seguida de consoante oral – ['kõtu] *conto* – ou encontra-se em final de palavra ['sõ] *som*. A vogal nasal [õ] pode ser ditongada em alguns dialetos quando temos pronúncias como: ['kõu̯tu] *conto* ou ['sõu̯] *som*. Quando a vogal [õ] alterna com a vogal oral correspondente [o], ela é seguida de consoante nasal: *tomo, sono, sonho*.
ũ	Vogal alta posterior arredondada nasal	mundo	['mũdu]	Ocorre em posição tônica e pretônica no português brasileiro, sendo em alguns casos obrigatória e, em outros, pode alternar com a vogal oral correspondente, ou seja, [u]. Quando a vogal [ũ] ocorre obrigatoriamente, ela é seguida de consoante oral – ['mũdu] *mundo* – ou encontra-se em final de palavra – [a'tũ] *atum*. Quando a vogal [ũ] alterna com a vogal oral correspondente [u], ela é seguida de consoante nasal: *uma, une, punho*.

Ditongos orais decrescentes e crescentes

Orais					
Crescentes				**Decrescentes**	
ɪ̯		ʊ̯		ɪ̯	ʊ̯
ɪ̯ə	ɪ̯a	ʊ̯ə	ʊ̯a	aɪ̯	aʊ̯
ɪ̯ɪ	ɪ̯i	ʊ̯ɪ	ʊ̯i	eɪ̯	eʊ̯
	ɪ̯e		ʊ̯e	ɛɪ̯	ɛʊ̯
ɪ̯ʊ	ɪ̯u	ʊ̯ʊ	ʊ̯u	oɪ̯	oʊ̯
	ɪ̯o		ʊ̯o	ɔɪ̯	
				uɪ̯	iʊ̯

Classificação do segmento	Símbolo	Exemplo	Transcrição	Observação
Ditongo oral decrescente com [ɪ̯]	i̯	cárie	[ˈkaɾi̯ɪ]	Ocorre em posição postônica como ditongo decrescente – [ˈkaɾi̯ɪ] *cárie* – podendo alternar com uma sequência de vogais – [ˈkaɾiɪ] – ou pode ser reduzido a uma única vogal [ɪ] – [ˈkaɾɪ]. Em formas verbais as duas vogais são preservadas, como, por exemplo, em [ẽˈviɪ] *envie*.
	e̯ɪ	meigo	[ˈmeɪɡu̯]	Ocorre em posição tônica – *lei* –, pretônica – *beirada* – e postônica – *Sidney*. É sujeito, em algumas circunstâncias, à redução para [e] em posição tônica – *feira* [ˈfeɪɾa] ou [ˈfeɾa] – ou pretônica – *beirada* [beɪˈɾada] ou [beˈɾada].
	ɛ̯ɪ	anéis	[aˈnɛɪ̯s]	Ocorre em posição tônica, tipicamente em formas de plural, como, por exemplo, em [aˈnɛɪ̯s] *anéis*. Em alguns dialetos, ocorre em posição pretônica, como, por exemplo, [heɪ̯ˈnadu] *reinado*.
	a̯ɪ	baile	[ˈba̯ɪli]	Ocorre em posição tônica e pretônica. É sujeito à redução para [a] quando seguido de consoante fricativa alveopalatal, como, por exemplo, em [ˈkaʃa] *caixa*.
	ɔ̯ɪ	faróis	[faˈɾɔɪ̯s]	Ocorre em posição tônica, tipicamente em formas de plural, como, por exemplo, em [faˈɾɔɪ̯s] *faróis*. Em alguns dialetos, ocorre em posição pretônica, como, por exemplo, [ɔɪ̯ˈtavu] *oitavo*.
	o̯ɪ	foice	[ˈfoɪ̯si]	Ocorre em posição tônica – *foice* – e pretônica – *coitado*. Não apresenta redução.
	u̯ɪ	cuidado	[ku̯ɪˈdadu]	Ocorre em posição tônica – *fui* – e pretônica – *cuidado*. Em alguns casos o ditongo decrescente [u̯ɪ] – *j[u̯ɪ]zado* – pode alternar com uma sequência de vogais – *j[ui]zado* – ou pode ocorrer como um ditongo crescente – *j[u̯i]zado*.

Ditongo oral decrescente com [u̯]	iu̯	abriu	[aˈbɾiu̯]	Ocorre em posição tônica em final de palavra, sobretudo, em formas verbais.
	eu̯	comeu	[koˈmeu̯]	Ocorre em posição tônica – *meu* – e pretônica – *Europa*. Não apresenta redução.
	ɛu̯	chapéu	[ʃaˈpɛu̯]	Ocorre em posição tônica em final de palavra seguido ou não de **s**, como, por exemplo, em *chapéu* ou *Ilhéus*. Em alguns dialetos pode alternar com o ditongo [eu̯] em posição pretônica, como, por exemplo, em *[eu̯]ropa* ou *[eu̯]ropa Europa*.
	au̯	degrau	[deˈgɾau̯]	Ocorre em posição tônica – *grau* – pretônica – *caudilho*. Não apresenta redução.
	ou̯	levou	[leˈvou̯]	Ocorre em posição tônica – *sou* – e pretônica – *ousado*. É, tipicamente, sujeito à redução para [o]. Em algumas poucas palavras a redução para [o] tende a não ocorrer, dentre elas, *Moscou*, *Couto* e *grou*.
	uu̯	vácuo	[ˈvakuu̯]	Ocorre em posição postônica como ditongo decrescente – [ˈvakuu̯] *vácuo* – podendo alternar com uma sequência de vogais – [ˈvakuʊ] – ou pode ser reduzido a uma única vogal – [ˈvakʊ]. Em formas verbais, as duas vogais são preservadas, como, por exemplo, em [aˈtuʊ] *atuo*.
Ditongo oral crescente com [ɹ]	ɹi	cárie	[ˈkaɾɹi]	Ocorre em posição postônica como ditongo crescente – [ˈkaɾɹi] *cárie* – podendo alternar com uma sequência de vogais – [ˈkaɾɪi] – ou pode ser reduzido a uma única vogal [ɪ] – [ˈkaɾɪ]. Em formas verbais, as duas vogais são preservadas, como, por exemplo, em [ẽˈviɪ] *envie*.
	ɹe	piedade	[ˈpɹedadʒi]	Ocorre em alternância com uma sequência de vogais como, por exemplo, em *p[ɹe]dade* ou *p[ie]dade*.
	ɹɛ	viela	[ˈvɹɛla]	Ocorre em alternância com uma sequência de vogais, como, por exemplo, em [ˈvɹɛla] ou [viˈɛla] *viela*.
	ɹa	miado	[ˈmɹadu]	Ocorre em alternância com uma sequência de vogais, como, por exemplo, em [ˈmɹadʊ] ou [miˈadʊ] *miado*.
	ɹ	piora	[ˈpɹɔɾa]	Ocorre em alternância com uma sequência de vogais, como, por exemplo, em [ˈpɹɔɾa] ou [piˈɔɾa] *piora*.
	ɹo	piolho	[ˈpɹoʎu]	Ocorre em alternância com uma sequência de vogais, como, por exemplo, em [ˈpɹoʎu] ou [piˈoʎu] *piolho*.
	ɹu	viúva	[ˈvɹuva]	Ocorre em alternância com uma sequência de vogais, como, por exemplo, em [ˈvɹuva] ou [viˈuva] *viúva*.

Ditongo oral crescente com [ʊ̯]	ʊ̯i	ruído	['hʊ̯idu]	Ocorre em alternância com uma sequência de vogais, como, por exemplo, em ['hʊ̯idu] ou [hʊ'idu] *ruído*.
	ʊ̯e	dueto	['dʊ̯etu]	Ocorre em alternância com uma sequência de vogais, como, por exemplo, em ['dʊ̯etu] ou [du'etu] *dueto*.
	ʊ̯ɛ	duelo	['dʊ̯ɛlu]	Ocorre em alternância com uma sequência de vogais, como, por exemplo, em ['dʊ̯ɛlu] ou [du'ɛlu] *duelo*.
	ʊ̯a	luar	['lʊ̯ah]	Ocorre em alternância com uma sequência de vogais, como, por exemplo, em ['lʊ̯ah] ou [lu'ah] *luar*.
	ʊ̯	suor	['sʊɔh]	Ocorre em alternância com uma sequência de vogais, como, por exemplo, em ['sʊɔh] ou [su'ɔh] *suor*.
	ʊ̯o	monstruoso	[mõs'trʊ̯ozu]	Ocorre em alternância com uma sequência de vogais, como, por exemplo, em [mõs'trʊ̯ozu] ou [mõstrʊ'ozu] *monstruoso*.
	ʊ̯u	vácuo	['vakʊ̯u]	Ocorre em posição postônica como ditongo crescente – ['vakʊ̯u] *vácuo* – podendo alternar com uma sequência de vogais – ['vakʊu] – ou pode ser reduzido a uma única vogal – ['vakʊ]. Em formas verbais as duas vogais são preservadas, como, por exemplo, em [a'tuʊ] *atuo*.

DITONGOS NASAIS DECRESCENTES

Nasais decrescentes			
ã̯ɪ̯	ẽ̯ɪ̯	õ̯ɪ̯	ũ̯ɪ̯
	ã̯ʊ̯		

Classificação do segmento	Símbolo	Exemplo	Transcrição	Observação
Ditongo nasal decrescente com [ɪ̯]	ẽɪ̯	garagem	[ga'raʒẽɪ̯]	Ocorre em posição tônica – *vem* – pretônica – *enfeite* – ou postônica – *garagem*. É sujeito à redução para [ɪ] em posição postônica: [ga'raʒẽɪ̯] ou [ga'raʒɪ]. Em posição átona em início de palavra alterna com [ĩ]:*[ẽɪ̯]feite* ou *[ĩ]feite-enfeite*
	ãɪ̯	mãe	['mãɪ̯]	Ocorre em sílaba tônica – *mãe*. Em alguns dialetos, em algumas palavras, o ditongo nasal alterna com o ditongo oral, como, por exemplo, em ['ʒãɪ̯mɪ] ou ['ʒaɪ̯mɪ] *Jaime*.
	õɪ̯	põe	['põɪ̯]	Ocorre sempre em sílaba tônica e, tipicamente, em formas de plural como, por exemplo, *leões* [le'õɪ̯s].
	ũɪ̯	muito	['mũɪ̯tu]	Ocorre sempre em sílaba tônica nas palavras *muito* e *ruim*.
Ditongo nasal decrescente com [ʊ̯]	ãʊ̯	órfão	['ɔhfãʊ̯]	Ocorre em posição tônica – *mão* – ou postônica – *órfão*. Em formas verbais, quando ocorre em posição postônica, o ditongo [ãʊ̯] pode ser reduzido para a vogal [ʊ], como, por exemplo, em *falar[ãʊ̯]* ou *falar[ʊ]-falaram*.

RELAÇÃO LETRA-SOM

As tabelas que seguem apresentam a correspondência letra-som para o português brasileiro listando inicialmente as consoantes e em sequência as vogais. Para ser possível a interpretação de textos escritos antes da vigência do acordo ortográfico de 2009, foram preservadas as notações possíveis para o trema e acentos em geral.

CONSOANTES

Letra	Som	Contexto	Exemplo
b	b	sempre	bar
c	s	antes de **e** e **i**: [i, e, ɛ]	cinema, acervo, cela
	k	nos outros casos	casa, crime
ch	ʃ	sempre	chá
d	dʒ	antes de **i** e **e** postônico final: [i, ɪ]	dia, tarde
	d	nos outros casos	dar, linda

f	f	sempre	faca
g	ʒ	antes de e e i: [i, e, ɛ]	girafa, gelo, flagelo
	g	nos outros casos	garfo, grata
gu	g	antes de e e i: [i, e, ɛ]	guia, gueto, guerra
	gw	nos outros casos	guarita
gü	gw	sempre	lingüiça
h	*mudo*	sempre (exceto em empréstimos recentes: Hollywood)	hora
j	ʒ	sempre	já
k	k	sempre	kiwi
l	w, ɫ	em final de sílaba	sal, caldo
	l	nos outros casos	lata, atlas
lh	ʎ	sempre	palha
m	m	entre vogais, início de palavra	cama, camada,
		nos outros casos ver nasalização de vogal	mala
n	n	entre vogais, início de palavra	cana, caneta, nada
		nos outros casos ver nasalização de vogal	
nh	ɲ	sempre	banho
p	p	sempre	par
qu	k	antes de e e i: [i, e, ɛ]	quilo, queijo, queda
	kw	nos outros casos	quadro
qü	kw	sempre	conseqüência
r	ɾ	entre vogais	cara
		após consoante na mesma sílaba	prato
rr	h	entre vogais	arroz
r	h	início de palavra	rapaz
		após consoante em sílaba diferente	Israel
r	h, ɾ, ɹ	final de sílaba	carta
		final de palavra	mar
s	z	entre vogais	casa
	z	antes das consoantes vozeadas: b, d, g, v, j, m, n, l, r	asma
	s ou z	após n	cansar, trânsito
	s	nos outros casos	mês, casca
ss	s	sempre	passa
ç	s	sempre	caça
sç	s	sempre	desça
sc	s	antes de e e i: [i, e, ɛ]	oscila, obsceno, cresce
	sk	nos outros casos	escada, escola
t	tʃ	antes de i e e postônico final: [i, ɪ]	tia, arte
	t	nos outros casos	estar, trata

v	v	sempre	vaca
w	v/w	sem previsão (empréstimos)	Weber, William
x	ʃ ks s s, ʃ, ks, z	início de palavra final de palavra antes de consoante entre vogais	xarope fax expira caixa, próximo, táxi, exemplo
xc	s sk	antes de e e i: [i, e, ɛ] nos outros casos	excita, excelente, exceto exclamação
z	s z	em final de palavra nos outros casos	paz zero, anzol

VOGAIS

Letra	Som	Contexto	Exemplo
a	a	posição tônica e pretônica	caso, cabelo
	ã	posição tônica ou átona seguido de consoante nasal	cama, janela
	ə	em posição postônica medial ou final	sílaba
á	a	sempre	lá
à	aː	somente em crase	à, àquela
â	ã	posição tônica em proparoxítonas seguidas de consoante nasal	câmara
ã	ã	fim de palavra; em ditongo decrescente	maçã, pão, pães
e	e	posição tônica e pretônica	medo, geral
	ɛ	posição pretônica	geral
	ẽ	posição tônica ou átona seguido de consoante nasal	lema
	i	posição pretônica	perigo, escola
e	ɪ	posição pretônica	perigo
	ɪ̯	precedido de vogal em ditongo	Geraes, pães
	ĩ	seguido de consoante nasal em posição átona de início de palavra	empresta
	zero	fim de palavra átono; entre algumas consoantes	doce, precisa
é	ɛ	sempre	fé
ê	e	posição tônica em oxítonas ou posição tônica em proparoxítonas seguido de consoante oral	ipê, pêssego
	ẽ	posição tônica em proparoxítonas seguido de consoante nasal	cênico

i	i	posição tônica ou pretônica	vida, pirata
	ɪ	posição pretônica ou postônica	pirata, hábito
	ĩ	posição tônica ou átona seguido de consoante nasal	lima, final
	i̯	precedido de vogal em ditongo	lei, papai
	zero	entre algumas consoantes	participa
o	o	posição tônica e pretônica	bolo, colega
	ɔ	posição pretônica	colega
	u	posição pretônica	bolacha
	ʊ	posição pretônica	bolacha
	õ	posição tônica ou átona seguido de consoante nasal	fome, sonata
	u̯	precedido de vogal em ditongo	caos
	ũ	precedido de vogal em ditongo nasal	mão
	zero	fim de palavra átono	passo
ó	ɔ	sempre	avó
ô	o	posição tônica em oxítonas ou posição tônica em proparoxítonas seguidas de consoante oral	avô, sôfrego
	õ	posição tônica em proparoxítonas seguido de consoante nasal	cômico
u	u	posição tônica ou pretônica	cura, buraco
	ʊ	posição pretônica ou postônica	buraco, cápsula
	u̯	precedido de vogal em ditongo	pau, museu
ú	u	posição tônica em proparoxítonas	cúmulo

abaixamento *lowering* fenômeno fonológico caracterizado pelo abaixamento da posição da língua na articulação de uma vogal. Relaciona-se, portanto, ao abaixamento da propriedade de altura dos segmentos vocálicos. Em termos fonológicos, o abaixamento diz respeito à perda do traço [+alto] nas vogais. No português, esse fenômeno é comum nas alternâncias verbais. Por exemplo, a forma infinitiva do verbo *qu[e]r[e]r* apresenta vogais médias-altas ou médias-fechadas. Em formas flexionadas, como *qu[ɛ]ro* ou *qu[ɛ]r*, a vogal da raiz se manifesta como uma vogal média-baixa ou média-aberta, caracterizando o **abaixamento** da vogal. Ver **alçamento**, **harmonia vocálica**, **vogal**.

abaixamento tonal *downdrift* fenômeno observado em línguas tonais em que um **tom** alto é levemente abaixado após um tom baixo. Como decorrência desse fenômeno, observa-se que a diferença entre um tom **alto** e um tom **baixo** passa a ser menos saliente quando um tom baixo é seguido de um tom alto. O fenômeno é também conhecido como **declinação**. Várias línguas indígenas brasileiras são línguas tonais. O português por não ser uma língua tonal não apresenta abaixamento tonal. Ver **tom**.

aberta *open* característica da vogal em relação à abertura da boca. No português, as vogais [ɛ, a, ɔ], que ocorrem na posição tônica das palavras *bela*, *bala* e *bola*, são caracterizadas como vogais abertas. Ver **abertura vocálica**, **baixa**, **fechada**.

abertura *openness* configuração de abertura da boca para caracterizar a **abertura vocálica** de uma vogal. O termo se refere também à **abertura**

vélica. Pode também estar relacionado com a abertura das **pregas vocais** na produção de vozeamento. Ver **abertura vélica, abertura vocálica, pregas vocais.**

abertura vélica *velic opening* espaço de abertura entre a úvula e a faringe que permite a passagem do ar para a cavidade nasal. Sons nasais, sejam consoantes ou vogais, são produzidos com a úvula abaixada, conforme indicado na figura ilustrativa à direita em (b). Em sons nasais a corrente de ar passa através da cavidade nasal e oral. Por outro lado os sons orais são produzidos com o fechamento da abertura vélica, conforme ilustrado na figura ilustrativa à esquerda em (a). A abertura vélica pode ocorrer em diferentes graus e, assim, temos diferentes graus de nasalidade. Geralmente, as línguas diferenciam apenas duas categorias de sons com relação à abertura vélica: orais e nasais. O português tem consoantes e vogais tanto nasais quanto orais. Ver **nasal**[1], **vozeamento**.

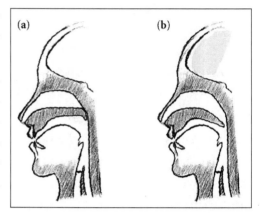

abertura vocálica *aperture of the jaw* posição da mandíbula na articulação das vogais. As vogais podem ser classificadas em graus de abertura da boca: **aberta** ou **fechada**. Há graus intermediários de abertura: **média-aberta** e **média-fechada**. Ver **aberta, alta, baixa, fechada**.

abreviação *abreviation* ver **siglagem**.

acento *stress* proeminência de uma vogal em relação às demais vogais do enunciado. Embora o acento seja atribuído às vogais, é comum se referir a sílabas acentuadas. A proeminência acentual pode ser realizada foneticamente por meio da **intensidade**, da **altura**, da **duração** ou de uma combinação dessas propriedades. O acento pode ser ou não sensível ao **peso silábico**.

Quando sensível ao peso silábico, o acento recai em **sílabas pesadas**. Quando não é sensível ao **peso silábico**, o acento é atribuído a qualquer sílaba independentemente desta ser leve ou pesada. O **domínio** de atribuição do acento pode ser, por exemplo, uma palavra. O **acento primário** marca a principal proeminência do **domínio**. O **acento secundário** é atribuído a outras vogais no **domínio**. O acento em posição final de uma palavra é denominado **oxítono**. O **acento penúltimo** ocorre na sílaba que precede o fim da palavra e é denominado **paroxítono**. O **acento antepenúltimo** ocorre na sílaba vogal a partir do fim da palavra e é denominado **proparoxítono**. Ver **Fonologia Métrica, prosódia**.

acento contrastivo *contrastive stress* tem a propriedade de diferenciar palavras que tenham a mesma sequência de segmentos e diferenciam-se apenas com relação à sílaba acentuada. Por exemplo, as palavras do português *sábia, sabia* e *sabiá* diferenciam-se essencialmente pela sílaba acentuada que pode ser proparoxítona, paroxítona ou oxítona. É também denominado **acento de intensidade**. Ver **oxítono, paroxítono, proparoxítono, tônica**.

acento da palavra *word stress* acento principal que indica a **vogal** ou **sílaba** proeminente de uma **palavra**. Também identificado como acento **tônico** da palavra. Por exemplo, na palavra *vida* o acento da palavra é atribuído à vogal [i]. Ver **acento, Fonologia Métrica, sílaba, tônica**.

acento da sentença *sentence stress* acento principal de uma sentença que caracteriza a proeminência de um enunciado. O acento da sentença pode ser atribuído a palavras diferentes, dependo da ênfase de significado a ser dada. Ver **domínio prosódico, Fonologia Métrica, prosódia**.

acento de altura *pitch accent* saliência de *pitch*, ou **altura** realizada como um tom mais alto ou mais baixo atribuído a uma sílaba que se destaca das demais dentro de um **domínio**. Ver **acento, pitch, prosódia**.

acento frasal *phrasal stress* caracteriza a proeminência de sílabas específicas em uma **frase entonacional**. Ver **prosódia, Fonologia Métrica, hierarquia prosódica**.

acento primário *primary stress* ver **acento, Fonologia Métrica, tônica.**

acento secundário *secondary stress* ver **acento, Fonologia Métrica.**

acomodação[1] *accomodation* alteração articulatória que ocorre em um segmento ao acomodar-se à transição do segmento que o segue. Por exemplo, em português, o som [k] na palavra *quilo* sofre acomodação e é articulado em direção à região palatal. Já na palavra *casa* o som [k] tem características velares devido a acomodação à vogal [a] que o segue. Ver **alofone.**

acomodação[2] *accomodation* ajuste ou alteração de comportamento linguístico de um falante em relação a um outro falante que é seu interlocutor. Ver **adaptação.**

acústica *acoustic* ramo da ciência que estuda as propriedades físicas dos sons. A análise de uma onda sonora oferece informações importantes sobre correlatos articulatórios e auditivos dos sons produzidos. Ver **amplitude, formante, frequência**[1].

adaptação *adaptation* ação consciente e voluntária de um falante que ajusta seu comportamento linguístico ao de outro falante que pertença a uma variedade linguística de maior prestígio social. Ver **acomodação**[2], **hipercorreção.**

aerodinâmica *aerodynamic* ramo da dinâmica que estuda a movimentação do ar em relação a um corpo em movimento. No processo fonatório, a aerodinâmica está relacionada com o movimento do ar que sai dos pulmões e passa através da glote na produção do vozeamento. Ver **mecanismo de corrente de ar, vozeamento.**

aférese *aphaeresis* fenômeno fonológico caracterizado pela omissão de um som no início da palavra. Por exemplo, a vogal inicial pode ser omitida na pronúncia *[ɛ]roporto* para *aeroporto.*

afixo *affix* elemento adicionado a um **morfema** base para formar palavras. O afixo pode ser classificado em relação à posição em que ocorre na palavra. O **prefixo** se encontra no início da palavra, como, por exemplo, em *re*fazer, *des*fazer. O **sufixo** se encontra no final da palavra, como, por exemplo, em *padeiro, farrista*. O **infixo** é um afixo inserido no meio da palavra. No português não há infixos. Contudo, alguns fenômenos fonológicos que se aplicam durante o processo de afixação, como a **epêntese**, podem se assemelhar a uma espécie de infixo. Por exemplo, em *(chá + l + eira)* = *chaleira*, uma lateral [l] é inserida entre a base e o sufixo. Contudo, a inserção da consoante lateral neste processo de derivação é assistemática em português e, portanto, não se caracteriza como um infixo. Ver **morfema**.

africação *affrication* fenômeno fonológico em que consoantes oclusivas se tornam africadas. No português brasileiro, a africação ocorre com as consoantes oclusivas [t] e [d] quando seguidas da vogal alta anterior [i]. Por exemplo, palavras como *tia* e *dia* quando sofrem africação são pronunciadas respectivamente como ['tʃia] e ['dʒia]. A africação ocorre em vários dialetos do português brasileiro, sendo importante marca dialetal dessa variedade. É também denominada **palatalização**. Ver **africada, oclusiva**.

africada *affricate* modo ou maneira de articulação das consoantes produzidas com completa e total obstrução da passagem do ar pelo **trato vocal**, que é imediatamente seguida de uma articulação fricativa **sibilante**. Há dois momentos contíguos na produção de africadas: uma obstrução completa da passagem de ar, que é seguida por um ruído intenso de energia acústica, característico das fricativas sibilantes. A fricativa sibilante pode ser alveolar ou alveopalatal e vozeada ou desvozeada: [ts, tʃ, dz, dʒ]. As africadas alveopalatais [tʃ, dʒ] ocorrem no português brasileiro, em geral, precedendo a vogal alta anterior [i], em **distribuição complementar** com as oclusivas alveolares, caracterizando um fenômeno de **alofonia**. Em português as consoantes africadas alveopalatais [tʃ, dʒ] podem ocorrer seguidas de vogais diferentes de [i] em neologismos e empréstimos. Exemplos são: *tchurma, jazz*. Ver **africação, alofone, distribuição complementar**.

afrouxamento *laxing* fenômeno fonológico em que um som **tenso**, tipicamente uma vogal, passa a ser **frouxo**, havendo, portanto, alteração na qualidade vocálica do segmento. Ver **frouxo, tenso**.

afrouxamento velar *velar softening* fenômeno em que uma oclusiva velar é convertida, em condições específicas, em uma fricativa ou africada. O fenômeno de afrouxamento velar, tipicamente, envolve formas que são morfológica e semanticamente relacionadas. Por exemplo, a alternância de [k] e [s] nas formas *elétri[k]o* e *eletri[s]idade* exemplificam o afrouxamento velar em português. Ver **afrouxamento**.

agrupamento *chunk* expressão coloquial de ocorrência muito frequente na fala. É constituída de duas ou mais palavras lexicais e apresenta comportamento próprio tanto semântico quanto fonológico. Agrupamentos tendem a ser analisados como uma unidade independente, de modo análogo às palavras. A **Fonologia de Uso** sugere que fonologicamente os agrupamentos e as palavras sejam tratados da mesma maneira. Agrupamento é também denominado *chunk* (pronuncia-se ['tʃãki]). Um exemplo de agrupamento em português seria *tudo bem* ou *Bom dia!*, que têm significados específicos e recorrentes. Não há consenso quanto ao comportamento de agrupamentos de muitas palavras com significado específico. Por exemplo, *onde Judas perdeu as botas* é obrigatoriamente uma sequência de palavras com significado específico e com comportamento independente tanto semântico quanto fonológico (normalmente não se diz *onde João perdeu as botas*). Contudo, há evidências de que agrupamentos de muitas palavras, como, por exemplo *onde Judas perdeu as botas*, sejam gramaticalmente organizados de maneira diferente de agrupamentos do tipo *tudo bem* ou *Bom dia!*

agudo[1] *acute* traço distintivo do sistema de traços de Jakobson e Halle definido como característica dos sons que apresentam concentração de energia nas frequências mais altas do espectro. Representa, tipicamente, articulações dentais, alveolares, alveopalatais e palatais. No sistema de traços do **SPE**, tem correlato aproximado com o traço [+coronal] para consoantes e [-posterior] para vogais. Ver **grave**[1].

agudo[2] *acute* marca gráfica acentual, ou diacrítico, utilizado na ortografia de algumas línguas. No português, o acento agudo indica, quando apropriado, a sílaba acentuada ou tônica em palavras proparoxítonas e oxítonas. Em proparoxítonas, as vogais **i**, **e**, **a**, **o** e **u** podem receber o acento agudo, como, por exemplo: *sílaba, pérola, diálogo, fonólogo, número*. Em oxítonas, as vogais **e**, **a** e **o** podem receber o acento agudo, como, por exemplo: *café, guaraná, cipó*. O acento agudo, em português, indica, na ortografia, uma vogal média-aberta [ɔ], como em *avó*, ou [ɛ], como em *pé*, em oposição a uma vogal média-fechada [o], como em *avô*, ou [e], como em *lê*. No **IPA**, o acento agudo é utilizado para marcar um tom alto. Ver **diacrítico, grave**[2].

alçamento *vowel raising* fenômeno fonológico que envolve a elevação da propriedade de altura da língua das vogais médias-altas [e] e [o] que se realizarão como as vogais altas [i] e [u]. O alçamento, em português, ocorre em posição postônica como, por exemplo, em *bolo* ['bolu], *neve* ['nɛvi], em que a vogal átona final é foneticamente manifestada como uma vogal alta. No contexto postônico, o alçamento é sistemático e presente em praticamente todas as variedades do português brasileiro. O alçamento também pode ocorrer em posição pretônica, como, por exemplo, nas palavras *bonito* [bu'nitʊ] e *perigo* [pi'rigʊ], em que ocorre uma vogal alta em posição pretônica. Alguns estudos do português brasileiro indicam que o alçamento de vogais médias pretônicas é regulado socialmente, por parâmetros sociolinguísticos, combinados com princípios de harmonia vocálica. Por exemplo, o alçamento de uma vogal pretônica seria mais provável quando a vogal tônica for uma vogal alta: *coruja* ou *menina*. Outros estudos apontam para o condicionamento lexical do alçamento. Ou seja, o alçamento ocorrerá em itens léxicos específicos. Assim, palavras como *p[o]rção* (sentido gastronômico) e *p[u]rção* (sentido de agrupamento coletivo) desenvolveram comportamentos diferentes em relação ao alçamento. O fenômeno de alçamento de vogais médias pretônicas apresenta grande variação dialetal no português brasileiro. Ver **harmonia vocálica.**

alegro *allegro* ritmo de fala rápida que apresenta, tipicamente, grande incidência de fenômenos fonológicos de redução segmental e silábica.

alfabeto *alphabet* conjunto de letras que constituem os símbolos utilizados em sistemas de escrita alfabética. O português adota um sistema de escrita alfabético. Após o acordo ortográfico de 2009, o alfabeto português conta com 26 letras: a, b, c, d, e, f, g, h, i, j, k, l, m, n, o, p, q, r, s, t, u, v, w, x, y, z. Letra e som não são termos equivalentes. As letras representam a escrita e os sons representam a fala. No português, como também em outras línguas alfabéticas, a correspondência letra-som pode ou não ser biunívoca. Ou seja, uma **letra** pode estar associada a um único **som**, como a letra *p*, que é sempre pronunciada como [p], ou uma letra pode estar associada a mais de um som, como a letra *x*, que é associada aos sons [s, ʃ, ks, z] nas palavras *próximo, caixa, táxi, exemplo*. Uma letra pode não ter correlato sonoro, ou um som associado a ela, como, por exemplo, na palavra *hotel* a letra *h* não tem correlato sonoro. Por outro lado, um som pode não ter uma letra que o represente. Por exemplo, o som [i] não tem correlato ortográfico, ou uma letra que o represente na palavra *segmento*, que é, tipicamente, pronunciada como *seg[i]mento*. Ver **grafema, IPA, letra.**

Alfabeto Internacional de Fonética *International Phonetic Alphabet (IPA)* sistema de notação fonética, criado pela *Associação Internacional de Fonética* com o objetivo de propor uma representação específica para os sons da fala. Geralmente é referido como IPA, que é pronunciado ['ipa]. O IPA sugere um conjunto de símbolos e de diacríticos para registrar todo e qualquer som atestado nas línguas naturais. É o sistema notacional da fonética utilizado mais amplamente pela comunidade científica. O sistema do IPA permite caracterizar segmentos consonantais e vocálicos e suas propriedades secundárias, além de caracterizar também o acento, o tom e outras características prosódicas, como a entonação. A notação do IPA permite expressar também a divisão silábica, o limite de palavras e dos enunciados. A figura ilustrativa da página que segue apresenta o **Alfabeto Internacional de Fonética** conforme a última versão da Associação Internacional de Fonética, datada de 2005. Informações gerais sobre a *Associação Internacional de Fonética*, bem como *download* de fontes fonéticas e outros recursos, podem ser obtidos em http://www.langsci.ucl.ac.uk/ipa/.

O ALFABETO INTERNACIONAL DE FONÉTICA (VERSÃO REVISADA EM 2005*)

Consoantes (mecanismo de corrente de ar pulmonar)

	bilabial	labiodental	dental	alveolar	pós-alveolar	retroflexa	palatal	velar	uvular	faringal	glotal
Oclusiva	p b			t d		ʈ ɖ	c ɟ	k g	q ɢ		ʔ
Nasal	m	ɱ		n		ɳ	ɲ	ŋ	ɴ		
Vibrante	B			r						R	
Tepe (ou flepe)		ⱱ		ɾ		ɽ					
Fricativa	ɸ β	f v	θ ð	s z	ʃ ʒ	ʂ ʐ	ç ʝ	x ɣ	χ ʁ	ħ ʕ	h ɦ
Fricativa lateral				ɬ ɮ							
Aproximante		ʋ		ɹ		ɻ	j	ɰ			
Aprox. lateral				l		ɭ	ʎ	L			

Em pares de símbolos tem-se que o símbolo da direita representa uma consoante vozeada. Acredita-se ser impossível as articulações nas áreas sombreadas.

Consoantes (mecanismo de corrente de ar não pulmonar)

Cliques	Implosivas vozeadas	Ejectivas
ʘ bilabial	ɓ bilabial	' como em
| dental	ɗ dental/alveolar	p' bilabial
! pós-alveolar	ʄ palatal	t' dental/alveolar
ǂ palatoalveolar	ɠ velar	k' velar
ǁ lateral alveolar	ʛ uvular	s' fricativa alveolar

Suprassegmentos

ˈ acento primário
ˌ acento secundário
ˌfoʊnəˈtɪʃən
ː longa eː
ˑ semilonga eˑ
˘ muito breve ĕ
. divisão silábica ɹi.ækt
\| grupo acentual menor
‖ grupo entonativo principal
‿ ligação (ausência de divisão)

Tons e acentos nas palavras

Nível
e̋ ou ˥ muito alta
é ou ˦ alta
ē ou ˧ média
è ou ˨ baixa
ȅ ou ˩ muito baixo
↓ downstep
↑ upstep (subida brusca)

Contorno
ě ou ˩˥ ascendente
ê ˥˩ descendente
e᷄ ˦˥ alto ascendente
e᷅ ˩˨ baixo ascendente
ẽ ˦˥˦ ascendente-descendente etc.
↗ ascendência global
↘ descendência global

Vogais

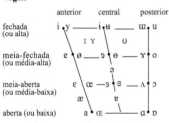

anterior   central   posterior
fechada (ou alta)   i • y — ɨ • ʉ — ɯ • u
                        ɪ Y   ʊ
meia-fechada (ou média-alta) e • ø — ɘ • ɵ — ɤ • o
                                        ə
meia-aberta (ou média-baixa) ɛ • œ — ɜ • ɞ — ʌ • ɔ
                              æ   ɐ
aberta (ou baixa)   a • ɶ ——— ɑ • ɒ

Quando os símbolos aparecem em pares aquele da direita representa uma vogal arredondada.

Outros símbolos

ʍ fricativa labiovelar desvozeada
w aproximante labiovelar vozeada
ɥ aproximante labiopalatal vozeada
ʜ fricativa epiglotal desvozeada
ʢ fricativa epiglotal vozeada
ʡ oclusiva epiglotal

ɕ ʑ fricativas alveopalatais
ɺ flepe alveolar lateral
͡ articulação simultânea de ʃ e X

Para representar consoantes africadas e uma articulação dupla utiliza-se um elo ligando os dois símbolos em questão.

k͡p t͡s

Diacríticos
Pode-se colocar um diacrítico acima de símbolos cuja representação seja prolongada na parte inferior, por exemplo ŋ̊

̥ desvozeado	n̥ d̥	̤ voz. sussurrada	b̤ a̤	̪ dental	t̪ d̪
̬ vozeada	s̬ t̬	̰ voz tremulante	b̰ a̰	̺ apical	t̺ d̺
ʰ aspirada	tʰ dʰ	̼ linguolabial	t̼ d̼	̻ laminal	t̻ d̻
̹ mais arred.	ɔ̹	ʷ labializado	tʷ dʷ	̃ nasalizado	ẽ
̜ menos arred.	ɔ̜	ʲ palatalizado	tʲ dʲ	ⁿ soltura nasal	dⁿ
̟ avançado	u̟	ˠ velarizado	tˠ dˠ	ˡ soltura lateral	dˡ
̠ retraído	e̠	ˤ faringalizado	tˤ dˤ	̚ soltura não audível	d̚
̈ centralizada	ë	̴ velarizada ou faringalizada ɫ			
̽ centraliz. média	e̽	̝ levantada	e̝ (ɹ̝ = fricativa bilabial vozeada)		
̩ silábica	n̩	̞ abaixada	e̞ (β̞ = aproximante alveolar vozeada)		
̯ não silábica	e̯	̘ raiz da língua avançada	e̘		
˞ roticização	ɚ a˞	̙ raiz da língua retraída	e̙		

*A Associação Internacional de Fonética gentilmente autorizou a reprodução desta Tabela Fonética.

algoritmo *algorithm* conjunto de regras ou procedimentos relacionados ao cálculo. No estudo da sonoridade, os algoritmos são, tipicamente, relacionados com a organização métrica ou acentual. Pode-se, por exemplo, formular um algoritmo para a construção do padrão acentual das palavras de uma língua. Um exemplo de algoritmo de organização acentual seria: atribua o acento tônico à última sílaba da palavra e construa pés binários com dominância à esquerda. Esse exemplo de algoritmo pode se aplicar a várias línguas. Há controvérsias quanto ao algoritmo de organização acentual mais adequado ao português brasileiro.

alimentação *feeding* interação entre regras fonológicas em que a aplicação de uma regra cria o ambiente para a outra regra se aplicar. Em uma situação de alimentação, a ordenação das duas regras é crucial, pois, sem a aplicação da primeira regra, a segunda

		/ˈpɔte/
Afrouxamento	/e/ → [i] / __ [-acento]#	ˈpɔti
Palatalização	/t/ → [tʃ] / __ /i/	ˈpɔtʃi

regra não se aplicaria. A figura ilustrativa mostra como a regra de "afrouxamento da vogal alta final" se aplica à forma /ˈpɔte/ *pote* e produz uma sequência de oclusiva alveolar seguida de vogal alta anterior [ti] criando o contexto para aplicação da regra de palatalização de oclusiva alveolar, que gera a forma final [ˈpɔtʃi]. Para que a regra de **palatalização** possa se aplicar, a regra de **afrouxamento** deve ter sido aplicada antes. Diz-se que a regra de afrouxamento alimenta a regra de palatalização. Ver **sangramento**.

aliteração *alliteration* repetição de um mesmo som inicial em várias palavras em sequência, como, por exemplo: *O rato roeu a roupa do rei de Roma*. Pesquisas demonstram a importância da aliteração no desenvolvimento da consciência fonológica. Ver **rima**[2].

alofone *allophone* som que apresenta equivalência funcional com um ou mais sons, constituindo o conjunto de realizações de um mesmo fonema. Quando alofones são substituídos no mesmo contexto de uma palavra não propiciam mudança de significado. Por exemplo, se substituirmos os sons [l] e [w] na posição final da palavra *papel* não haverá mudança de significado da palavra. Diz-se que [l] e [w] são alofones do fonema /l/. Os alofones são também denominados **variantes** e podem ser classificados como alofones posicionais ou alofones livres. Os alofones livres são, geralmente, associados com variações sociais da língua. Ou seja, são condicionados por fatores sociais e geográficos. Por exemplo, alofones livres seriam as várias pronúncias relacionadas com o som de **r** em final de palavra em português: [ɾ, h, ɦ, ɹ]. Por outro lado, os alofones posicionais dependem do contexto em que ocorrem e são identificados pelo método de **distribuição complementar**. Dois sons estão em distribuição complementar quando um som ocorre exclusivamente em um contexto e outro som ocorre exclusivamente em outro contexto. No português, as oclusivas alveolares [t, d] e as africadas alveopalatais [tʃ, dʒ] estão em distribuição complementar e, portanto, são alofones posicionais. A determinação do fonema se dá por aquele som que tenha ocorrência mais abrangente do que os demais sons envolvidos. A distribuição complementar no caso das oclusivas e africadas é caracterizada como: as africadas ocorrem antes de uma vogal alta anterior [i] e as oclusivas alveolares ocorrem nos demais ambientes. Como as oclusivas têm abrangência mais ampla, elas serão selecionadas para representar os fonemas /t/ e /d/ que têm como alofones posicionais as oclusivas [t, d] e as africadas [tʃ, dʒ]. Ver **alofonia, distribuição complementar.**

alofonia *allophony* fenômeno pelo qual diferentes variantes, ou alofones, apresentam equivalência funcional, podendo ocorrer em **distribuição complementar** ou variação livre. No português, um exemplo de alofonia seria a **palatalização** ou **africação** das oclusivas alveolares /t/ e /d/ antes da vogal [i]. Ver **alofone.**

alomorfe *allomorph* variante de um morfema em função do contexto. O conceito de **alomorfe** na **morfologia** é análogo ao conceito de **alofone** na **fonologia**. Os alomorfes podem expressar a relação entre a fonologia e a morfologia. Por exemplo, pode-se sugerir três alomorfes para o prefixo de negação {iN-} em português: [in], [i] ou [ĩ]. A ocorrência de [in] em *ina-cabado* se deve ao fato de *acabado* começar com uma vogal (como também em *inativo, inoperante*). A ocorrência de [i] na palavra *ilegal* se deve ao fato de *legal* começar com uma consoante líquida (como também em *imigrar, irrestrito*). A ocorrência de [ĩ] em *infeliz* se deve ao fato de *feliz* começar com uma consoante obstruinte (como também em *impermeável, intransigente*). A distribuição de alomorfes indica a relação entre a fonologia e a morfologia. Ver **alomorfia, morfema.**

alomorfia *allomorphy* fenômeno pelo qual diferentes variantes de um morfema, ou alomorfes, ocorrem em distribuição complementar. A manifestação do morfema depende do contexto em que ocorre. No português, um exemplo de alomorfia seria a distribuição dos prefixos de negação [in], [i] ou [ĩ] em *inacabado, ilegal* e *infeliz*. Ver **alomorfe, morfema.**

alongamento *lengthening* aumento da duração de consoantes ou de vogais em condições específicas. Geralmente, o alongamento envolve as vogais. O alongamento, em português, ocorre, por exemplo, na vogal inicial da palavra *afta* quando ocorre a **epêntese** e as consoantes **ft** são separadas pela vogal [i]: ['afita]. Nesse caso, a vogal inicial da palavra *afta* será alongada. Por outro lado, se a sequência de consoantes [ft] for preservada, a vogal inicial da palavra *afta* não é alongada. O alongamento ilustrado diz respeito ao **alongamento em sílaba aberta.** Ver **duração**[2].

alongamento compensatório *compensatory lengthening* fenômeno fonológico em que uma vogal é alongada quando um segmento adjacente é apagado. O alongamento compensatório, tipicamente, diz respeito à supressão de uma consoante pós-vocálica e do concomitante alongamento da vogal precedente. Por exemplo, /a'moR/ → [a'moː] *amor*. Em português pode ocorrer o alongamento da vogal nasal no final da palavra *passarinho* quando a sílaba final é apagada: [pasa'rĩː], caracterizando um caso de alongamento compensatório.

alongamento em sílaba aberta *open syllable lengthening* fenômeno fonológico em que uma vogal é alongada quando ocorre em sílaba aberta. Por exemplo, há o alongamento da vogal inicial da palavra *afta* quando ocorre a **epêntese,** ou inserção da vogal [i] entre as consoantes **ft**: ['afita]. Por outro lado, se a epêntese não ocorrer a vogal inicial da palavra *afta* não é alongada por se encontrar em uma **sílaba travada:** ['afta].

alta *high* característica da vogal que é articulada com a língua em posição alta ou elevada na cavidade bucal. Há graus intermediários de altura da posição da língua: **média-alta** ou **média-baixa**. No português, as vogais altas são: [i, ɪ, ĩ, u, ʊ, ũ]. Ver **altura, baixa, fechada**.

alteração *drift* mudança relacionada a processos atuantes durante várias gerações, no eixo diacrônico da língua. O propósito da mudança pode ou não ser plenamente atingido por estratégias diferentes. No português brasileiro, pode-se sugerir uma série de processos que têm por propósito criar sílabas do tipo (consoante+vogal). Dentre tais processos estão a epêntese (*afta* ➔ *af[i]ta*), a redução de encontros consonantais (*livro* ➔ *livo*) ou o cancelamento de r-final (*amor* ➔ *amo*). A alteração, nesses casos, engloba vários fenômenos que atuam para criar sílabas do tipo (consoante+vogal). Ver **mudança sonora**.

alternância *alternation, alternants* relação entre formas alternativas de uma determinada unidade linguística. É simbolizada pelo símbolo: ~ . Por exemplo, a alternância entre formas com ou sem a redução do ditongo [eɪ] na palavra *feira* é representada por: ['feɪɾa] ~ ['feɾa]. Lê-se: a forma ['feɪɾa] alterna com a forma ['feɾa]. Esse exemplo ilustra a alternância entre formas de uma mesma palavra. A alternância pode refletir a variação entre consoantes, vogais, sílabas, morfemas ou outras unidades linguísticas. A alternância está relacionada a duas ou mais formas que estejam em variação. Ver **variação**.

alto *high* traço distintivo que caracteriza os sons produzidos com o levantamento do corpo da língua acima da posição neutra. Esse traço caracteriza as consoantes alveopalatais, velares e as vogais altas e as distingue dos demais sons. No português, as consoantes alveopalatais, velares e as vogais altas são [+alto]. Os demais sons são classificados como [-alto]. Ver **traço distintivo**.

altura[1] *height* propriedade relativa à posição da língua na dimensão vertical durante a articulação das vogais. A língua pode estar deslocada em direção à parte superior, ou mais alta, da cavidade bucal ou a língua pode estar deslocada para a parte mais baixa, ou inferior, da cavidade bucal. Quando a língua se encontra na parte alta da cavidade bucal, há o levantamento do corpo da língua, e uma vogal articulada com esta propriedade é classificada como **alta**.

Quando a língua se encontra na parte inferior da cavidade bucal, há abaixamento da língua. Uma vogal articulada com essa propriedade é classificada como **baixa**. Há graus intermediários da posição da língua na articulação das vogais: **média-alta** ou **média-baixa**. Ver **aberta, alta, baixa, fechada.**

altura[2] ver **pitch.**

alveolar *alveolar* lugar ou ponto de articulação de uma consoante cujo **articulador ativo** é o **ápice** ou a **ponta** da língua e o **articulador passivo** são os alvéolos. Os alvéolos se localizam imediatamente atrás dos dentes superiores. No português, as consoantes alveolares são: [t, d, s, z, n, l, ɾ, ř, ɹ, ɫ]. As consoantes alveolares ocorrem na maioria dos dialetos do português brasileiro, por exemplo, nos sons que correspondem às letras em negrito nas palavras *três, cada, sapo, casa, ano, bala, cara*. As consoantes alveolares podem, alternativamente, ser produzidas como dentais. Ver **aparelho fonador, sons do português.**

alvéolos *alveolar ridge* articulador passivo localizado na parte anterior do céu da boca, imediatamente atrás dos dentes incisivos superiores, que é utilizado na produção de sons alveolares. Ver **alveolar, aparelho fonador.**

alveopalatal *alveopalatal* lugar ou ponto de articulação de uma consoante cujo **articulador ativo** é a parte média-anterior da língua e o **articulador passivo** é o palato duro. Uma consoante alveopalatal é, alternativamente, denominada palato-alveolar. No português as consoantes alveopalatais são: [tʃ, dʒ, ʃ, ʒ] que ocorrem por exemplo nas palavras *tchau, jeans, riacho, loja*. Ver **africada, aparelho fonador, fricativa, sons do português.**

ambiente[1] *environment* ver **CAA, CAI, contexto.**

ambiente[2] *default* expressa o valor não marcado, predizível ou esperado, em um determinado contexto. Por exemplo, vogais têm como propriedade ambiente, ou *default*, o vozeamento. O termo *default*, com a pronúncia [de'fo], é também utilizado com o significado de ambiente como discutido neste verbete. Ver **contexto**, **regra**.

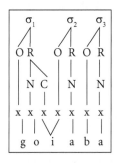

ambissilabicidade *ambisyllabicity* propriedade de um segmento que ocupa simultaneamente duas sílabas consecutivas. No português, pode ser sugerido que na palavra *goiaba* o som relativo → **i** esteja relacionado simultaneamente com a sílaba inicial σ_1 e também com a segunda sílaba σ_2, como apresentado na figura ilustrativa. Pode-se dizer que o segmento **i** é **ambissilábico** por ocupar concomitantemente duas sílabas distintas. Uma consoante **geminada** é dita ambissilábica. Ver **geminada**.

amplitude *amplitude* medida da magnitude durante um ciclo de uma onda sonora. A unidade de medida é o decibel (dB). A amplitude está relacionada com a **intensidade** de um som. Na figura ilustrativa é indicada a **amplitude**, o **período** e a **frequência** de uma onda. Ver **intensidade**.

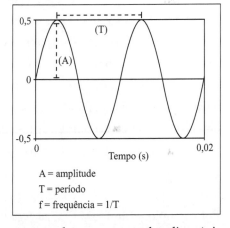

A = amplitude
T = período
f = frequência = 1/T

analogia *analogy* fenômeno em que uma palavra, ou um padrão linguístico qualquer, é alterado de maneira a se tornar semelhante, ou análogo, a um outro padrão da língua. Na linguagem infantil, em português, verifica-se um caso de analogia relacionado com formas verbais irregulares. Por exemplo, as formas verbais irregulares *fiz* ou *fosse* são atestadas na linguagem infantil como respectivamente *fazi* e *isse*. A analogia relaciona-se ao fato de as crianças utilizarem, nas formas verbais irregulares, o padrão adotado na conjugação verbal regular. Na linguística histórica a analogia é sugerida para explicar a regularização de formas irregulares. Na tradição **neogramática** a analogia é invocada para explicar a não-aplicação de uma mudança linguística a uma determinada forma em que a mudança deveria ter se aplicado ou que apresente contexto adequado para a aplicação. Ver **Difusão Lexical**, **empréstimo**.

analogia estrutural *structural analogy* equivalência sugerida por modelos como a **Fonologia de Dependência** e a **Fonologia de Governo** em que as estruturas hierárquicas postuladas para a sintaxe se aplicam também à fonologia.

antepenúltimo *antepenultimate* padrão acentual em que a terceira sílaba a partir do final da palavra é acentuada. Também denominado acento **proparoxítono**. Por exemplo, em português, as palavras *cálice*, *simpática* e *sábio* têm acento antepenúltimo. O padrão acentual antepenúltimo impõe desafios para análises que assumem pés métricos binários. O acento antepenúltimo é seguido de duas sílabas átonas, não sendo possível construir um pé binário. Nesse caso, uma alternativa para a análise é assumir que a sílaba do final da palavra é invisível à atribuição do acento e é dita ser **extramétrica**. Assim, em uma palavra como *cálice*, a silaba final *ce* seria invisível à atribuição do acento – i.e., é extramétrica –, ao passo que as sílabas (cá-li) teriam atribuição do acento como (forte-fraco) ou (acentuado-não acentuado). O padrão acentual proparoxítono, em português, pode sofrer redução na sílaba medial. Por exemplo, *xícara* → *xícra*, *córrego* → *córgo*. Restrições segmentais são observadas em palavras que têm acento antepenúltimo no português. Por exemplo, na sílaba que segue o acento antepenúltimo, em português, não ocorre um R-forte *érrado*, nem consoantes palatais *grélhada*, *acánhado* e nem as consoantes complexas [k^w, g^w]: *équino*, *línguiça*. Outra restrição segmental diz respeito à posição final de palavras com acento antepenúltimo, que não podem apresentar sílabas **pesadas** (*pósição* ou *lábial)*, um R-forte (*cígarro)*, nem consoantes palatais (*mánilha*, *rébanho*, *fántoche*, *várejo)* e nem as consoantes complexas [k^w,g^w]: (*óbliqua*, *ánagua)*. Ver **extrametricalidade, pé métrico, proparoxítono**.

anterior[1] *anterior* traço distintivo que caracteriza sons com obstrução da passagem da corrente de ar na região mais à frente da cavidade bucal, ou seja, na região do palato duro e dos alvéolos. Este traço caracteriza as consoantes labiais, dentais e alveolares e as distingue dos outros pontos de articulação. No português, as consoantes labiais, dentais e alveolares são [+anterior]. Os demais sons, alveopalatais, palatais e velares, são [-anterior]. Ver **traço distintivo**.

anterior[2] *front* vogal que é articulada com o corpo da língua deslocado para a parte da frente, ou parte anterior, da cavidade bucal. No português, as vogais anteriores são: [i, ɪ, e, ɛ, ĩ, ẽ]. Ver **anteriorização, central, posterior**.

anteriorização *front* propriedade relativa à posição da língua na dimensão horizontal durante a articulação das vogais ou das consoantes. A língua pode estar deslocada para a parte da frente ou anterior da cavidade bucal ou pode estar deslocada para a parte de trás, ou posterior, da cavidade bucal. Quando a língua se desloca para a parte anterior da cavidade bucal, há a anteriorização da língua. Uma vogal articulada com esta propriedade é classificada como **anterior**. Quando a língua se desloca para a parte posterior da cavidade bucal, há **posteriorização** da língua, e uma vogal articulada com esta propriedade é classificada como **posterior**. Para indicar a anteriorização utiliza-se o símbolo [ˌ] que é colocado abaixo do segmento. Assim, [u̟] indica que a vogal [u] é articulada com anteriorização. A consoante [k̟] é articulada com anteriorização para a região palatal. Ver **anterior**[1], **posterior**[1], **posteriorização**.

antiformante *antiformant* regiões de frequências em que a amplitude do sinal da fonte é atenuada porque a cavidade nasal absorve energia da onda sonora. Sons nasais criam antiformantes ou antirressonâncias no trato vocal. Os antiformantes ocorrem como espaços em branco no espectrograma e são mais claramente observados nas consoantes nasais do que nas vogais nasais.

apagamento *deletion* fenômeno fonológico em que um segmento consonantal ou vocálico é cancelado. Utiliza-se o símbolo Ø para indicar que houve o cancelamento ou o apagamento da vogal ou da consoante. Apagamento é sinônimo de **cancelamento** e **queda**. O apagamento de vogais ocorre, tipicamente, em sílaba átona. Por exemplo, /Øbaka'ʃi/ para *abacaxi*. O apagamento de consoantes ocorre, tipicamente, nas bordas das palavras ou em encontros consonantais. Por exemplo, [a'mo] para *amor* ou ['livu] para *livro*. O apagamento equivale ao fenômeno de **lenição**, ou seja, de enfraquecimento consonantal, em grau máximo.

aparelho fonador *vocal tract* parte do corpo humano utilizada na articulação dos sons da fala. A figura ilustrativa apresenta o aparelho fonador indicando as cavidades de ressonância oral (bucal) e nasal e os articuladores. Os articuladores envolvidos na produção de um som irão determinar o **ponto** ou **lugar** de articulação que é um dos parâmetros utilizados para a classificação dos sons da fala. Um articulador pode ser **passivo** ou **ativo**. Na produção dos segmentos consoantais, o articulador ativo desloca-se em direção ao articulador passivo, causando obstrução total ou parcial da

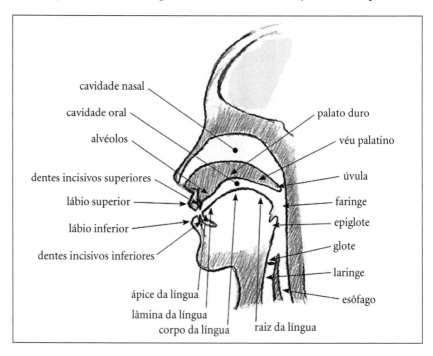

passagem da corrente de ar. Na produção dos segmentos vocálicos, a língua assume diferentes configurações sem que haja obstrução da passagem da corrente de ar. Diferentes interações entre os articuladores determinam a **maneira** ou **modo** de articulação que é um dos parâmetros utilizados para a classificação dos sons da fala. A maneira ou modo de articulação refere como se dá a passagem da corrente de ar pelo trato vocal, definindo o grau e natureza da **estritura**. Segmentos consonantais e vocálicos são descritos e classificados de acordo com os parâmetros articulatórios do aparelho fonador. Para cada um dos itens indicados na figura ilustrativa há uma definição neste dicionário. Ver **consoante, estritura, vogal**.

apical *apical* lugar ou ponto de articulação de um som cujo articulador ativo é o **ápice** da língua. Quando o ápice da língua se desloca em direção aos dentes superiores, o som é classificado como ápico-dental. Quando o ápice da língua se desloca em direção aos alvéolos, o som é classificado como ápico-alveolar. Sons apicais podem, alternativamente, ter como articulador ativo a **lâmina** da língua. Ver **aparelho fonador**.

ápice *tip* extremidade frontal e anterior da língua que é utilizada como articulador ativo na produção de sons dentais e alveolares. Ver **aparelho fonador, apical**, ver também a figura no verbete **úvula**.

apócope *apocope* fenômeno fonológico caracterizado pela omissão de um ou mais sons no fim de uma palavra. Por exemplo, a palavra *lanche* pronunciada como [ˈlãʃ]. O termo é comumente utilizado na linguística histórica. Diz respeito às mudanças diacrônicas relacionadas à supressão de elementos ao final da palavra, como, por exemplo, *amare* do latim para *amar* do português.

aproximação fechada *close approximation* grau de estritura da passagem da corrente de ar pelo trato vocal. Na **aproximação fechada**, os articuladores se aproximam, obstruindo parcialmente a passagem da corrente de ar e produzindo turbulência nos sons fricativos. Ver **fricativa**.

aproximante *approximant* som produzido com a aproximação dos articuladores ativo e passivo, mas em que a aproximação não é suficiente para produzir obstrução total ou parcial da passagem da corrente de ar. Aproximantes são classificadas como segmentos consonantais por comportarem-se de maneira igual às consoantes de uma língua.

aquisição da linguagem *language acquisition* construção da linguagem pela criança no percurso de desenvolvimento da capacidade de compreender e falar uma língua. Argumenta-se que as características fonéticas e fonológicas atestadas durante a aquisição da linguagem podem ter semelhanças com fenômenos relacionados com a evolução das línguas. A aquisição da linguagem é um campo importante para a construção de argumentos sobre o caráter inato da linguagem. Ver **Pobreza do Estímulo**.

área vocálica *vowel space* espaço da cavidade oral em que as vogais são articuladas à partir das diferentes configurações da língua, sem que haja obstrução da passagem da corrente de ar. Ver **diagrama, espaço vocálico, vogal cardeal**.

arquifonema *archiphoneme* termo utilizado pela **Escola de Praga** para representar a **neutralização** de dois ou mais fonemas em um contexto específico. O arquifonema expressa, em princípio, todas as propriedades dos fonemas envolvidos na neutralização. Arquifonemas são, geralmente, indicados por letras maiúsculas. Em português, por exemplo, postula-se o arquifonema /S/ para representar sibilantes em posição pós-vocálica, como, por exemplo, em /ˈfɛSta/ *festa*, havendo a neutralização dos fonemas /s, z, ʃ, ʒ/ neste contexto.

arredondada *rounded* característica de vogal que é articulada com os lábios arredondados. No português, as vogais arredondadas são: [u, ʊ, ũ, o, ɔ, õ]. Ver **arredondamento, labialização, não arredondada, posteriorização**.

arredondado *rounded* traço distintivo que caracteriza os sons produzidos com o arredondamento dos lábios. Esse traço caracteriza as consoantes labializadas e as vogais arredondadas e as distingue dos demais sons. No português, as vogais arredondadas [u, ʊ, ũ, o, ɔ, õ] e as consoantes complexas /kʷ, gʷ/ são [+arredondado]. Os demais sons são [-arredondado]. Ver **arredondamento, traço distintivo.**

arredondamento *rouding* propriedade relativa à posição dos lábios na articulação das vogais. Os lábios podem estar completamente distendidos ou completamente arredondados. Quando os lábios estão distendidos as vogais são classificadas como não arredondadas. Quando os lábios se encontram em posição arredondada, as vogais são classificadas como arredondadas. Há graus intermediários de arredondamento dos lábios, mas as línguas distinguem somente dois graus para a posição dos lábios: arredondado ou não arredondado. Qualquer vogal pode ser articulada com ou sem o arredondamento dos lábios. Contudo, a tendência geral observada nas línguas naturais é de que as vogais posteriores sejam arredondadas e as vogais anteriores sejam distendidas. No português, as vogais posteriores[u, ʊ, ũ, o, ɔ, õ]são arredondadas. Ver **labialização.**

articulação primária *primary articulation* propriedade articulatória principal na produção de sons que também têm articulação secundária. Por exemplo, uma lateral **alveolar** velarizada [ɫ] tem como articulação primária a propriedade de ser alveolar, enquanto a **velarização** é uma propriedade secundária da articulação desta consoante. Ver **articulação secundária.**

articulação secundária *secondary articulation* propriedade articulatória que complementa a articulação primária de um som e ocorre concomitantemente com a articulação primária. Por exemplo, uma lateral alveolar velarizada [ɫ] tem como articulação secundária a **velarização** e como articulação primária a propriedade de ser **lateral alveolar.** A articulação secundária é, geralmente, indicada por diacríticos que coocorrem com o símbolo da **articulação primária.** Por exemplo, a lateral velarizada é representada com um símbolo adicional sobreposto ao símbolo da lateral alveolar: [ɫ]. Ver **diacrítico.**

articulador *articulator* parte do corpo humano envolvida na articulação dos sons consonantais. Pode ser classificado como articulador **passivo** ou articulador **ativo.** Na articulação das consoantes, o articulador ativo movimenta-se em direção ao articulador passivo, causando obstrução parcial ou total da passagem da corrente de ar. Os articuladores ativos são o lábio inferior, os dentes inferiores, a língua, o véu palatino, a úvula e as cordas vocais. Os articuladores passivos são o lábio superior, os dentes superiores, os alvéolos, o palato duro, o palato mole e a úvula. Ver **aparelho fonador.**

árvore métrica *metrical tree* ver **grade, pé métrico.**

aspiração *aspiration* propriedade relativa à soltura da corrente de ar que ocorre após uma articulação oclusiva desvozeada. Utiliza-se o símbolo [ʰ] após a consoante que apresenta a aspiração. A aspiração ocorre em diversas línguas do mundo, mas não tem caráter contrastivo em todas as línguas. No português, a aspiração ocorre raramente e tem características estilísticas e não fonológicas.

assilábica *non-syllabic* característica de uma vogal que não pode ser o **núcleo** de uma sílaba. Vogais assilábicas não recebem acento. Ver **glide.**

assimilação *assimilation* fenômeno fonológico em que um determinado som compartilha propriedades de um som adjacente. É um fenômeno muito recorrente nas línguas naturais e pode envolver consoantes e vogais. A assimilação pode ser **progressiva** ou **regressiva.** Em casos de assimilação progressiva, um som compartilha alguma(s) de sua(s) propriedade(s) com o som que o segue. Por exemplo, em algumas variedades do português um glide palatal compartilha a propriedade de palatalização com a oclusiva que o segue, como em *mu[ɪtʃ]o* para *muito* e *do[ɪʒ]o* para *doido*. Em casos de assimilação regressiva, um som compartilha alguma(s) de sua(s) propriedade(s) com o som precedente. Por exemplo, no português, as sibilantes tornam-se vozeadas quando seguidas de consoantes vozeadas, como em *rasga* [ˈhazga], ou tornam-se sibilantes desvozeadas quando seguidas de consoantes desvozeadas, como em *casca* [ˈkaska]. Esse é um fenômeno de assimilação regressiva em que a consoante oclusiva compartilha a propriedade de vozeamento com a consoante que a precede. A assimilação regressiva é mais recorrente nas línguas naturais do que a assimilação progressiva. Ver **dissimilação, processo.**

assimilação nasal *nasal assimilation* fenômeno fonológico em que consoantes nasais assimilam o **ponto de articulação** da consoante seguinte, passando a ser homorgânicas. Esse fenômeno ocorreu historicamente em português, mas já não se manifesta atualmente. Entende-se que o prefixo /iN/ era sujeito à assimilação nasal, de modo que na palavra *[im]possível* ocorria um [m] – bilabial porque a consoante seguinte é bilabial: [p]. Na palavra *[in]direto* ocorria um [n] – alveolar, porque a consoante seguinte é alveolar: [d]. A assimilação nasal ilustrada ocorre em várias línguas, como, por exemplo, o inglês, o espanhol e italiano. Ver **nasalidade, nasalização.**

associação *association, attached* vínculo de um segmento a uma **posição esqueletal.** Pode também ser relativo à associação de uma posição esqueletal a um **constituinte** silábico. O termo é comumente relacionado com **linha de associação.** Ver **Condição de Boa-Formação, constituinte, posição esqueletal, representação.**

Associação Internacional de Fonética *International Phonetic Association* ver **IPA.**

ataque *onset* ver **onset.**

ativação *actuation* início ou surgimento de uma mudança linguística em uma língua qualquer, em um momento específico. Por razões metodológicas, não é possível precisar o momento exato da ativação. Contudo, uma vez que ocorra a propagação de uma mudança linguística, deve-se assumir que houve um momento inicial da mudança em questão. Ver **implementação.**

átona *atonic, unstressed* propriedade do acento produzido com um pulso torácico brando, de esforço muscular leve. A sílaba átona é também denominada sílaba não acentuada. A vogal em sílaba átona é percebida como mais branda e tendo duração menor do que as vogais acentuadas ou tônicas. Em geral, as sílabas átonas são sujeitas aos processos fonológicos que envolvem redução segmental, como, por exemplo, **cancelamento** e **redução.** Ver **acento, tônica.**

ATR *ATR* abreviatura para *Advanced Tongue Root*, que pode ser traduzido como *Raiz da Língua Avançada*. É um termo associado, geralmente, com vogais e é pronunciado [ateˈɛhi]. ATR expressa que a raiz da língua desloca-se para a parte anterior da cavidade bucal. Pares de vogais que se diferenciam por terem ou não a propriedade de ATR são: i/ɪ, u/ʊ, e/ɛ, o/ɔ. Em sistemas de traços distintivos, o traço [ATR] permite expressar a diferença entre vogais médias-fechadas que seriam [-ATR] e vogais médias-abertas que seriam [+ATR]. Os traços [tenso] e [frouxo], em certas línguas, são utilizados no lugar do traço ATR para diferenciar as vogais médias-fechadas das vogais médias-abertas. O traço ATR pode desempenhar um papel importante em casos de **harmonia vocálica**. Ver **frouxo, tenso**.

audição *hearing* sentido que permite a percepção da fala e outros eventos sonoros pela via auditiva, através da captação e processamento de sons presentes em um determinado ambiente. O órgão responsável pela audição é o ouvido, como apresentado na figura ilustrativa. As ondas sonoras chegam até o aparelho auditivo e produzem vibração no tímpano. O tímpano faz com que os três ossos da orelha (martelo, bigorna e estribo) vibrem, e essas vibrações são passadas para a cóclea, onde viram impulsos nervosos que são transmitidos ao cérebro pelo nervo auditivo.

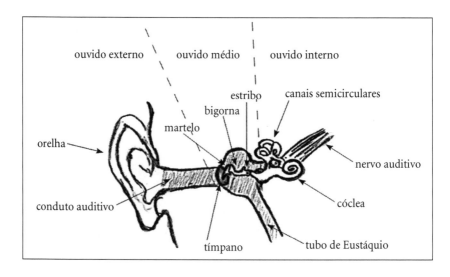

baixa *low* característica da vogal que é articulada com a língua em posição baixa na cavidade bucal. Há graus intermediários de altura da posição da língua: **média-alta** ou **média-baixa**. No português, as vogais baixas são [ɛ, a, ɔ]. Ver **aberta, alta, altura**[1], **fechada**.

baixo *low* traço distintivo que caracteriza os sons produzidos com o corpo da língua situado abaixo da **posição neutra**. Esse traço caracteriza as consoantes faringais, glotais e as vogais baixas. No português, a fricativa glotal e as vogais baixas são [+baixo]. Os demais sons são [-baixo]. Ver **traço distintivo**.

balbucio *babbling* estágio na aquisição da linguagem em que a criança faz uso de ampla gama de sons. São sugeridos dois tipos de balbucio: o balbucio reduplicado e o balbucio variado. O balbucio reduplicado ocorre quando a criança reproduz sequências de uma mesma sílaba, como, por exemplo, [bababa]. O balbucio variado é caracterizado pela alternância de diferentes segmentos consonantais e vocálicos. Um exemplo de balbucio variado seria [mabəda]. O estudo do balbucio contribui para o debate sobre o desenvolvimento da linguagem, a aquisição das primeiras palavras e o desenvolvimento fonológico consolidado. Ver **aquisição da linguagem**.

barras transversais *slashes, slanted brackets* símbolo utilizado para representar a transcrição fonêmica ou fonológica. Indica um nível de representação abstrato. Por exemplo, a palavra *livro* tem a seguinte representação fonêmica ou fonológica: /ˈlivɾo/ e a representação fonética [ˈlivɾu]. Representações entre barras transversais não são pronunciáveis por consistirem de construto abstrato proposto por uma análise. Ver **colchetes, representação, transcrição fonética.**

base *base* termo da morfologia que caracteriza a parte de uma palavra que tem potencial para receber afixos. A forma base é assumida como a representação abstrata de um morfema. É, em certa medida, equivalente à **raiz**. Ver **morfologia.**

behaviorismo *behaviorism* corrente teórica que postula que somente o conhecimento observável constitui objeto de investigação científica. Defende que o comportamento deriva unicamente da experiência e pode ser explicado pelo condicionamento. Nessa perspectiva, as noções como estímulo-resposta ou imitação-reforço são os principais mecanismos que conduzem a criança ao aprendizado de uma língua. Opõe-se à perspectiva inatista. Ver **empirismo, racionalismo.**

bem-formado *well-formed* padrão que se conforma com as regras ou princípios gramaticais estabelecidos para uma determinada língua. Ver **Condição de Boa-Formação.**

bilabial *bilabial* lugar ou ponto de articulação de uma consoante cujo **articulador ativo** é o lábio inferior e o **articulador passivo** é o lábio superior. No português, as consoantes bilabiais são: [p, b, m], como em posição inicial nas palavras *paz, boa, mel.* Ver **aparelho fonador, sons do português.**

binário *binary* característica de unidades linguísticas classificadas em termos de duas possibilidades exclusivas, por exemplo, a presença ou ausência de **vozeamento**. A **Fonologia Gerativa** sugere que valores binários, ou seja, positivos e negativos, sejam utilizados na classificação de traços distintivos: [+vozeado] e [-vozeado]. Em teorias privativas assume-se que uma determinada propriedade encontra-se ausente ou presente em um **domínio**. Ver **privativo.**

boa-formação *well-formedness* adequação de um padrão linguístico dentro das condições de gramaticalidade de uma língua. Por exemplo, as sílabas [ba], [pa] e [ta] têm boa formação em português e são denominadas bem formadas, podendo ocorrer em palavras como: *batata, bata, taba, pata, babá* etc. Contudo, sílabas como [pta] não são bem formadas em português, ou seja, representam um padrão malformado para sílabas nesta língua. Contudo, a sequência [pta] pode ocorrer em português se as consoantes estiverem em sílabas distintas: [ap.ta] *apta*. Ver **epêntese**.

C representa uma **consoante** qualquer na estrutura silábica. Em uma sílaba do tipo CVC, como na palavra *mas*, os segmentos inicial e final são consoantes e podem ser representados por C na descrição da sílaba CVC da palavra *mas*. Ver **sílaba, V**.

CAA sigla para *Contraste em Ambiente Análogo*. Evidencia o contraste fonêmico envolvendo duas palavras com significados diferentes que apresentam sequência segmental diferente em relação a duas ou mais posições da palavra. Por exemplo, as palavras *sumir* e *zunir* apresentam o som inicial e o som medial diferentes e representam um **par análogo**. O **CAA** pode ser utilizado para a identificação de fonemas quando o Contraste em Ambiente Idêntico, **CAI**, não tenha sido evidenciado. Ver **CAI**.

cabeça *head* elemento ou membro que assume a posição mais proeminente em um determinado **domínio**. Por exemplo, o **núcleo** é o cabeça do domínio da **sílaba**, a sílaba tônica é o cabeça do **pé métrico** etc. Geralmente é referido no gênero masculino, como *o cabeça* do constituinte. Por ser de tradução difícil o termo **cabeça** é muitas vezes traduzido como **núcleo**, expressando o elemento que tem liderança no domínio. É também comum a utilização do termo *head* pronunciado como [ˈhɛdʒi]. Ver **direção**.

CAI sigla para *Contraste em Ambiente Idêntico*. Evidencia o contraste fonêmico envolvendo duas palavras com significados diferentes que apresentam sequência segmental diferente em relação a uma única posição da palavra. Por exemplo, as palavras *faca* e *vaca* apresentam o som inicial diferente. O par de palavras em questão, *faca* e *vaca*, é denominado **par mínimo** e evidencia que /f/ e /v/ são fonemas. Ver **CAA**.

camada *tier, layer* instância representacional postulada em modelos não lineares. Camadas podem representar diferentes níveis, como, por exemplo, o nível segmental, o nível das posições esqueletais, o nível dos constituintes silábicos ou o nível do acento e o nível do tom. Ver **Fonologia CV**, **Fonologia Não Linear**, **Fonologia de Governo** e **Fonologia Autossegmental**.

cancelamento *deletion* ver **apagamento**.

canônico *canonical* padrão de referência em determinada língua. Em geral, o padrão canônico é simples, recorrente e significativo na língua, permitindo generalizações amplas. Por exemplo, a sílaba canônica do português é do tipo CV, ou seja, consoante seguida de vogal. Esse tipo de sílaba ocorre em início, meio e fim de palavra; aceita uma ampla gama de combinações entre consoantes e vogais e pode ocorrer em todas as posições acentuais, dentre outras generalizações.

categoria *category* conjunto que agrupa as relações que podem ser estabelecidas entre objetos e eventos com base em algum critério de organização. Uma categoria linguística é, tipicamente, relacionada a um domínio específico da **Gramática** – por exemplo, uma categoria fonética, fonológica, morfológica ou sintática. Uma categoria agrupa propriedades específicas e que engloba generalizações. Uma categoria fonética, como, por exemplo, consoante **oclusiva**, apresenta a propriedade específica de obstrução total da passagem da corrente de ar pelo trato vocal. Assim, consoantes que apresentem essa característica são classificadas como pertencendo à categoria de oclusivas. Ver **categorização**.

categoria lexical *lexical category* unidade com conteúdo semântico que é parte do **léxico** de uma língua. Categorias lexicais podem ou não englobar as palavras gramaticais, dependendo da abordagem assumida. Em propostas teóricas que assumem que o léxico é constituído de morfemas, a noção de categoria lexical pode se estender aos morfemas e afixos da língua, os quais se combinarão para formar palavras. Ver **afixo, morfema, palavra, palavra de conteúdo, palavra gramatical, palavra lexical.**

categorização *categorization* procedimento pelo qual são agrupados objetos e eventos em unidades com base em um critério de organização. A categorização organiza a experiência humana em rótulos específicos denominados **categorias.** Na descrição gramatical, a categorização diz respeito ao estabelecimento de unidades classificatórias usadas na análise e descrição linguística, por exemplo, **substantivos, adjetivos, verbos** etc. Ver **categoria.**

cavidade bucal *oral cavity* ver **cavidade oral.**

cavidade faringal *pharingeal cavity* uma das três câmaras de ressonância do aparelho fonador que se estende da laringe até a cavidade bucal. Ver **aparelho fonador.**

cavidade nasal *nasal cavity* uma das três câmaras de ressonância do aparelho fonador que se estende da faringe até as narinas. Permite a saída do ar pelas fossas nasais na produção de um som nasal. Ver **aparelho fonador.**

cavidade oral *oral cavity* uma das três câmaras de ressonância do aparelho fonador que tem como limite as bochechas, nas laterais, palato duro, na parte superior, mandíbula, na parte inferior, e úvula e parede faríngea, na parte posterior. Os sons orais são produzidos com ressonância na cavidade oral. É também denominada **cavidade bucal.** Ver **aparelho fonador.**

central *central* característica da vogal que é articulada com a língua posicionada no centro da cavidade bucal. No português, as vogais centrais são: [a, ə]. Ver **anterior[1], centralização, posterior[1].**

centralização *centralization* propriedade relativa à posição da língua na cavidade bucal durante a articulação das vogais. Vogais centralizadas são articuladas com a língua na parte central da cavidade bucal. O diacrítico [ˌ] indica a propriedade de centralização. Por exemplo, [ï] expressa uma vogal alta anterior não arredondada que tem articulação centralizada. A vogal anterior que tem articulação centralizada pode ocorrer, por exemplo, na palavra *cérebro* como *cér[i]bro*.

charme *charm* ver **Fonologia de Governo.**

choque de acento *stress clash* sequência de sílabas acentuadas adjacentes. As línguas naturais tendem a evitar o choque de acentos. Tipicamente, as línguas preferem a alternância entre sílabas acentuadas e sílabas átonas, formando um **pé métrico** do tipo (forte-fraco) ou (fraco-forte). Quando ocorrem sequências acentuais do tipo (forte-forte), estas tendem a ser evitadas com **regras de ritmo.** Ver **acento, emparelhamento, Fonologia Métrica.**

chunk *chunk* ver **agrupamento.**

ciclo estrito *strict cycle* geralmente referido como *Condição Estrita do Ciclo.* É uma restrição que determina que as regras cíclicas devem se aplicar somente em representações derivadas. Ver **Fonologia Lexical.**

circunflexo *circumflex* marca gráfica acentual, ou diacrítico, utilizado na ortografia de algumas línguas. No português, o acento circunflexo indica, quando apropriado, a sílaba acentuada ou tônica da palavra. Ademais, o acento circunflexo, em português, pode indicar, na ortografia, uma vogal média-fechada [e, o], como em *patê, avô*, em oposição a uma vogal média-aberta [ɛ, ɔ], como em *pé, avó*. No **IPA**, o acento circunflexo é utilizado como diacrítico para marcar um tom descendente. Ver **agudo**[2], **grave**[2].

classe natural *natural class* noção postulada pela **Fonologia Gerativa** para explicar porque sons com características semelhantes tendem a apresentar comportamentos equivalentes. É determinada como um grupo de segmentos, seja consonantal ou vocálico, que possa ser caracterizado por um número de dados informacionais menor do que qualquer um dos elementos da classe individualmente. Por exemplo, a classe de todas as consoantes nasais pode ser caracterizada pela propriedade [+nasal]. Contudo, para especificar qualquer uma das consoantes nasais, por exemplo [m, n, ɲ], seria necessário especificar além do **traço distintivo** [+nasal] outros traços específicos para cada uma das consoantes. Assim, pode-se generalizar, dizendo que dois segmentos constituem uma classe natural quando é necessário um menor número de traços para especificar a classe do que para especificar qualquer um e seus membros.

clique *click* som consonantal produzido com o mecanismo de corrente de ar **velárico**. Em algumas línguas, os cliques têm propriedades fonológicas, sendo caracterizados como fonemas. No português, esse não é o caso, uma vez que os cliques ocorrem somente em algumas exclamações de deboche e negação, como, por exemplo, *tsc, tsc!*.

cliticização *cliticization* fenômeno pelo qual uma palavra passa a ter proeminência acentual fraca e passa a ser fonologicamente dependente de outra palavra adjacente com a qual deverá coocorrer, tornando-se um **clítico**. No português, há pesquisas que demonstram o fenômeno de cliticização do pronome *você* quando realizado como *cê*. Embora a forma *cê* tenha conteúdo gramatical de pronome de 2ª pessoa do singular, ela não ocorre isoladamente. Ou seja, *cê* tende a ser adjacente a uma forma que tenha proeminência acentual.

clítico *clitic* elemento que tem independência gramatical, mas é fonologicamente dependente de um elemento adjacente. O clítico tem proeminência acentual fraca, sendo dependente do acento primário da palavra adjacente e à qual se associa. São exemplos de clíticos em português: *se, te, me, lhe* etc. Ver **cliticização**.

coalescência *coalescence* fenômeno fonológico em que dois sons sofrem **assimilação recíproca**. Ou seja, dois sons adjacentes se influenciam concomitantemente. Por exemplo, as vogais [a] e [u] sofrem coalescência quando sua junção leva à pronúncia [o], como na palavra *Aurora* com a pronúncia *[o]rora*. A **coalescência** ocorre também em sequências de vogais idênticas:

*coo*perativa → *co*perativa, ou de vogal alta e outra vogal, como em *j[ui]zado* → *j[u̯i]zado* ou *j[u̯i]zado*. Ver **assimilação, fusão**[2], **hiato**.

coarticulação *coarticulation* fenômeno que envolve a articulação simultânea de dois sons ou a sobreposição de características articulatórias de sons adjacentes. Em casos de articulação simultânea, tipicamente, dois sons da mesma categoria ocorrem com realização concomitante, por exemplo, [p͡k]. No caso de sobreposição de características articulatórias de sons adjacentes, as propriedades de sons distintos são realizadas concomitantemente. Por exemplo, quando ocorre o cancelamento da vogal final em uma palavra como *doce*, há sobreposição dos gestos da vogal final [i] e da sibilante [s] que são coarticuladas no mesmo tempo de realização. Em casos de sobreposição de gestos, o registro de fenômenos de coarticulação com símbolos fonéticos enfrenta problemas, pois assume que os segmentos são produzidos linearmente, como unidades discretas. Ver **Fonologia Articulatória, gesto**.

coda *coda* termo adotado pela **Fonologia Autossegmental** para indicar a parte pós-vocálica da sílaba que é ocupada por um som consonantal. Há debate na literatura sobre se a consoante pós-vocálica é associada a um constituinte coda,

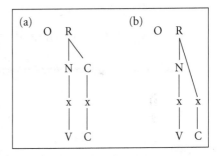

como apresentado na figura ilustrativa (a), ou se a consoante pós-vocálica é associada diretamente a uma posição de rima, como apresentado na figura ilustrativa (b). A proposta mais recorrentemente adotada assume a existência do constituinte coda. Por exemplo, na palavra *mês*, a coda é preenchida pelo som [s]. Codas podem ocorrer em final de palavra, como no exemplo *mês*, ou podem ocorrer no meio de palavra, como nos exemplos *carta, festa*. No português as consoantes que podem ocupar a posição de coda são: os sons de **r**, as sibilantes e a lateral (em alguns dialetos, podendo ou não ser velarizada). Na maioria dos dialetos do português brasileiro, a coda preenchida com uma consoante lateral tende a ser vocalizada: *salto* → *sa[w]to*. Quando a coda é ocupada pelo som de **r**, este pode, em alguns casos, ser apagado: *amor* → *amô*, *cantar* → *cantá*. Nos casos em que a coda é ocupada por uma sibilante, há variação dialetal e um dos seguintes sons pode ocorrer: [s, z, ʃ, ʒ, h]. O som [h] tende a ter ocorrência mais restrita do que os demais sons listados: *mesmo* → *me[h]mo*. A coda é também denominada **cauda**. Ver **núcleo**[1], **onset, sílaba.**

cognição *cognition* conjunto de estados e processos mentais dos indivíduos, geralmente relacionados com a organização de informação e com a categorização do conhecimento.

colchetes *square brackets* símbolos utilizados para marcar o início e o fim da transcrição fonética. Por exemplo, a palavra *livro* tem a seguinte representação fonética: [ˈlivɾʊ], que representa o nível empírico, da pronúncia atestada. Representações entre colchetes são pronunciáveis a partir da interpretação dos símbolos fonéticos adotados. Ver **barras transversais, representação, transcrição fonética.**

colchetes angulares *angled brackets, chevrons* símbolos que englobam dois elementos opcionais, de maneira que ambos estejam ou presentes, ou ausentes, na aplicação da regra. Por exemplo, os contextos (C__C) e (VC__CV) podem ser combi-

$$\begin{bmatrix} +\text{silábico} \\ <+\text{alto}> \end{bmatrix} \rightarrow \begin{bmatrix} +\text{acento} \end{bmatrix} / \underline{\quad} <C> \#$$

nados com a utilização de colchetes angulares em (<V> C__C<V>). Os colchetes angulares indicam que as vogais das bordas em (<V> C__C<V>) podem estar presentes ou podem estar ausentes no processamento da regra. Na figura ilustrativa, a regra fonológica indica que uma vogal alta recebe acento se preceder uma consoante em final de palavra. Na leitura alternativa da regra, adotando os colchetes angulares, temos que, caso uma vogal alta não ocorra (pois o traço [+alto] está entre colchetes angulares), qualquer outra vogal será acentuada em final de palavra (pois a consoante está entre colchetes angulares e é omitida da leitura da regra neste caso). Ver **regra.**

compacto *compact* traço distintivo proposto no modelo de Jakobson e Halle relacionado com lugar de articulação. É um traço definido com propriedades articulatórias (parte anterior da cavidade bucal) e acústicas (concentração de energia na parte central do espectrograma). No sistema de traços do **SPE**, tem correlato aproximado com o traço [-anterior] para as consoantes e [+baixo] para as vogais. As vogais abertas são [+compacto]. Ver **difuso**.

competência *competence* termo associado com a Gramática Gerativa e com a proposta teórica de Noam Chomsky. Diz respeito ao conhecimento linguístico internalizado que o falante/ouvinte tem da sua língua. Compreende o conjunto de regras que caracterizam a **Gramática** de uma língua, contrapondo-se à noção de **desempenho**. É um termo análogo, porém não idêntico, ao conceito de **língua** formulado por Saussure. Ver **desempenho, língua-E, língua-I**.

complemento *complement* termo inicialmente utilizado na sintaxe para caracterizar relações entre constituintes. Modelos fonológicos que buscam um paralelo com a sintaxe, como, por exemplo, a **Fonologia de Dependência, Fonologia de Governo** ou **Fonologia Regida por Cabeça**, sugerem que a **coda** seja interpretada como um **complemento** da vogal que a precede. Ver **analogia estrutural, cabeça, sílaba**.

componente[1] *component* parte ou módulo da Gramática que engloba uma área específica. Por exemplo, componente fonológico, componente sintático, componente semântico. Ver **Gramática, modular**.

componente[2] *component* ver **elemento**.

componente[3] *component* ver **Fonologia Lexical**.

composto *compound* grupo de duas ou mais palavras que, geralmente, apresenta características semânticas próprias. Por exemplo, *guarda-chuva* ou *minissaia*. Podem ser compreendidos como um caso de reanálise, uma vez que a palavra formada – por exemplo, *minissaia* – não quer dizer literalmente uma *saia mini*, mas uma saia cujo modelo refere-se a uma saia curta em termos de comprimento. A noção tradicional de palavras compostas tem sido reavaliada e fenômenos diversos têm sido propostos para uma melhor compreensão da formação de palavras. Ver **agrupamento, cruzamento vocabular, parassíntese.**

comunidade de fala *speech community* comunidade de falantes que apresentam características linguísticas comuns e que podem ser agrupados a partir de critérios metodológicos específicos, como, por exemplo, critérios linguísticos, geográficos, sociais ou etários. Ver **dialeto.**

comutação *metathesis* ver **metátese.**

Condição de Boa-Formação *Welformedness Condition* princípio da **Fonologia Autossegmental** que requer que, a cada estágio da derivação, os segmentos, posições esqueletais ou constituintes silábicos sejam associados a pelo menos um elemento do nível superior. O **Princípio de Não Cruzamento de Linhas** é um dos princípios da **Fonologia Autossegmental** que define as condições de **boa-formação.** Ver **Fonologia Autossegmental.**

conexionismo *connectionism* proposta teórica que sugere um modelo computacional de modelagem das funções cognitivas com vistas a simulação de sua implementação biológica. É baseado em computação numérica e não em manipulação simbólica.

consoante *consonant* som produzido com algum tipo de obstrução da passagem de ar no trato vocal. A obstrução do ar pode ser total ou parcial, podendo ou não haver fricção. As consoantes são classificadas em termos do **ponto** e do **modo** ou **maneira** de articulação. Na articulação dos segmentos consonantais, é também relevante o estado das **pregas vocais,** que define o grau de **vozeamento.** As consoantes em português podem ser classificadas quanto ao modo de articulação como **oclusivas, africadas, fricativas, nasais,**

tepe, vibrante, retroflexa e **laterais**. Quanto ao lugar de articulação, as consoantes em português podem ser classificadas como **bilabiais, labiodentais, dentais/alveolares, alveopalatais, palatais, velares** e **glotais**. Quanto ao vozeamento, podem ser classificadas como **vozeadas** ou **desvozeadas**. Ver **aparelho fonador, letra, português, vogal**.

consoante complexa *complex consonant* ver **segmento complexo**.

consoante flutuante *floating consonant* consoante não associada a um dos elementos da representação e que não se manifesta foneticamente. Ao longo da derivação, uma consoante flutuante pode associar-se a um elemento da representação e se manifestar foneticamente. Caso não seja associada a um elemento ao longo da derivação, a consoante flutuante deve ser apagada. A figura ilustrativa mostra a consoante flutuante [ɾ]. Ver **extrassilabicidade, derivação**[2]**, desligamento**.

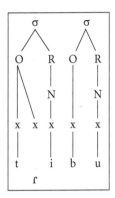

consoante latente *latent consonant* ver **consoante flutuante**.

consoante silábica *syllabic consonant* consoante que ocupa a posição de núcleo de uma sílaba. Utiliza-se o diacrítico [̩] abaixo da consoante silábica para indicar que a mesma é o núcleo da sílaba: [Ç]. Por exemplo, em português, a sibilante é silábica na exclamação de pedido de silêncio: [ps̩] *psss*! Exceto neste caso, as consoantes no português não são silábicas. As consoantes silábicas típicas nas línguas naturais são as líquidas e nasais.

consonantal *consonantal* traço distintivo que diferencia os segmentos consonantais e vocálicos. Um segmento é classificado como [+consonantal] quando é produzido com uma obstrução significativa na região médiosagital do trato vocal. Um som é [-consonantal] quando é produzido sem tal obstrução. Todas as consoantes em português são [+consonantal] e as vogais são [-consonantal]. Glides são fonologicamente classificados como [-consonantal, -silábico]. Ver **silábico**[2]**, traço distintivo**.

conspiração *conspiracy* atuação conjunta de duas ou mais regras, interagindo ou "conspirando" para produzir um resultado específico que não seria possível, ou econômico, se formulado como uma única regra.

constituinte *constituent* unidade linguística que é parte de um **domínio** específico. Um constituinte tem, portanto, um papel funcional em relação aos demais elementos em um domínio. Na Fonologia, a noção de constituinte é, tipicamente, relacionada com a estrutura silábica e com a **Fonologia Prosódica**. Ver **Fonologia Métrica, Fonologia Prosódica, sílaba**.

constituinte prosódico *prosodic constituent* ver **hierarquia prosódica**.

constituinte silábico *syllabic constituent* elemento que compõe a estrutura interna da sílaba que pode ser **onset, núcleo, rima** e **coda**, e se organizam hierarquicamente na construção de sílabas bem-formadas em uma língua. Ver **sílaba**.

constrição glotal *constricted glottis* traço distintivo que caracteriza o fechamento das cordas vocais. A oclusiva glotal, os sons glotalizados e as vogais e as consoantes laringalizadas são [+constrição glotal] e os demais sons são [-constrição glotal]. Ver **traço distintivo**.

construtivismo *constructivism* proposta teórica que sugere a participação ativa do indivíduo na construção e organização do conhecimento em geral e do conhecimento linguístico em particular.

contexto *environment* local estruturalmente específico em que uma unidade linguística pode ocorrer, seja uma palavra, um morfema ou um som. Em **fonologia**, o **contexto** ou **ambiente** define as condições ou locais estruturais em que um fenômeno

A → B / C __ D
em que:
A = descrição estrutural
B = mudança estrutural
C D = ambiente ou contextos

ocorre. A figura ilustrativa apresenta o esquema de uma **regra** fonológica. Em A, tem-se a **descrição estrutural**, em B, tem-se a **mudança estrutural** e, em C e D, tem-se os contextos específicos. Os contextos específicos podem ser de natureza variada, como, por exemplo, início, meio ou final de palavra; início, meio ou final de sílaba; em sílaba átona ou tônica, dentre outros. Ver **regra fonológica**.

contínuo *continuant* traço distintivo que caracteriza a obstrução parcial da passagem da corrente de ar pelo trato vocal. No português, as vogais, glides, líquidas e fricativas são [+contínuo]. Os demais sons, ou seja, oclusivas, africadas e nasais, são [-contínuo]. Ver **traço distintivo**.

contra-alimentação *counter-feeding* interação entre duas regras fonológicas em que a aplicação de uma regra "alimenta" ou cria o ambiente para a outra regra se aplicar, mas somente após a mesma já ter se aplicado. Ou seja, na contra-alimenta-

		/ tris'teza /
Palatalização	/t/ → [tʃ] / __ /i/	
Cancelamento	[ɾ] → ø / $C __	tis'teza

ção, a regra alimentadora se aplica depois da regra alimentada, ao contrário do que acontece na **alimentação**. Em uma situação de contra-alimentação, se as duas regras tivessem sua ordenação invertida, ambas se aplicariam. Como consequência, a forma resultante da contra-alimentação apresenta uma configuração inesperada, pois traz o contexto para uma regra que deveria se aplicar, mas não se aplica – nesse caso, a forma resultante é dita opaca. A figura ilustrativa apresenta uma situação de opacidade causada por contra-alimentação, em que a regra de *palatalização de oclusivas alveolares* se encontra ordenada à frente, mas não encontra o ambiente necessário para ser aplicada em /triS'teza/ *tristeza*. Em seguida, aplica-se a regra de *cancelamento de tepe em encontro consonantal*, criando em [tis'teza] o contexto propício para a regra de palatalização – oclusiva alveolar seguida de vogal alta anterior –, não disponível no momento de atuação da primeira regra (de palatalização). Ver **alimentação, opacidade**.

contraexemplo *counter example* um exemplo que contradiz uma generalização. Por exemplo, em português a palatalização de oclusivas alveolares prevê que as africadas ocorram sempre seguidas de [i] e que sequências do tipo *[ti] não devem ocorrer. Uma forma como *ele[ti]cista* é um contraexemplo para a generalização que prevê que *[ti] não deve ocorrer.

contrassangramento *counter-bleeding* interação entre duas regras fonológicas em que a aplica-

		/ˈpatio/
Palatalização	/t/ → [tʃ] / __ /i/	ˈpatʃiu
Cancelamento	[i] → ø / [-contínuo +coronal] __ [-silábico]	ˈpatʃu

ção de uma regra "sangra" ou dissipa o ambiente para a outra regra se aplicar, mas somente após a mesma já ter se aplicado. Ou seja, no contrassangramento, a regra sangradora se aplica depois da regra sangrada, ao contrário do que acontece no **sangramento**. Em uma situação de contrassangramento, se as duas regras tivessem sua ordenação invertida, uma se aplicaria e impediria a aplicação da outra, por desfazer o ambiente requerido pela segunda. Como consequência, a forma resultante do contrassangramento apresenta uma configuração inesperada, pois, mesmo não apresentando a princípio o contexto necessário para uma regra se aplicar, ela se aplica – nesse caso, a forma resultante é dita opaca. A figura ilustrativa mostra uma situação de opacidade causada por contrassangramento, em que a regra de *palatalização de oclusivas alveolares* se aplica em /ˈpatio/ *pátio*, criando uma sequência de africada e vogal alta anterior, [ˈpatʃiu]. Aplica-se então a regra de *cancelamento de [i] entre africada e vogal*, dissipando, em [ˈpatʃu], o ambiente que propiciou a aplicação a regra de palatalização. Ver **sangramento**.

contraste *contrast* competição entre dois sons que ocorram no mesmo **contexto** ou **ambiente**. Por exemplo, os sons [h, ɾ, ɹ] estão em contraste nas formas [ˈmah, ˈmaɾ, ˈmaɹ] *mar*. Nesses casos, o **contraste** não implica mudança de significado das palavras. Por outro lado, quando a presença de um som ou de outro implica uma mudança de significado há **oposição**

entre eles, configurando a oposição fonêmica. As duas palavras envolvidas na identificação da oposição fonêmica formam um **par mínimo** e determinam **fonemas**. Por exemplo, /f/ e /v/ são fonemas, e o par mínimo /ˈfaka/ e /ˈvaka/ caracteriza a oposição fonêmica entre estes sons. **Fonemas** são sons que estão em **contraste** e que se encontram em **oposição**. Por outro lado, quando a presença de um som ou de outro não implica mudança de significado das palavras envolvidas dizemos que os sons estão em **contraste**, mas não há oposição entre eles. Logo, não podem ser caracterizados como fonemas. Os termos **oposição** e **contraste** são muitas vezes utilizados na literatura com o mesmo significado. Ver **distribuição complementar**, **fonêmica, oposição**.

contraste marginal *marginal contrast* contraste fonêmico com pouca produtividade em uma língua que é atestado em poucas palavras. Em português, o contraste entre [k] e [kʷ] é marginal e ocorre, por exemplo, nas palavras *case* e *quase*, em que os significados são diferentes. Por outro lado, em outras palavras [k] e [kʷ] alternam sem evidenciarem contraste como em: *liquidação, quatorze*, dentre outras.

cordas vocais *vocal cords, vocal folds* ver **pregas vocais**.

coronal *coronal* traço distintivo que caracteriza as consoantes produzidas com o levantamento da lâmina ou ponta da língua acima da **posição neutra**. Caracteriza consoantes dentais, alveolares, alveopalatais e palatais e as distingue das bilabiais, labiodentais, velares e glotais. No português, as consoantes dentais, alveolares, alveopalatais e palatais são [+coronal]. Os demais sons do português, ou seja, bilabiais, labiodentais, velares e glotais, são [-coronal]. Ver **traço distintivo**.

corpo da língua *body of the tongue* articulador ativo utilizado na articulação de sons consonantais e vocálicos. Divide-se em três partes: anterior, medial e posterior. A parte anterior da língua é utilizada na produção de sons dentais, alveolares e retroflexos. A parte medial da língua é utilizada na produção de sons alveopalatais e palatais. A parte posterior da língua é utilizada na produção de sons velares. Ver **aparelho fonador**.

corpora *corpora* ver **corpus**.

corpus *corpus* conjunto de dados linguísticos que pode ser composto de material escrito, oral ou gestual. O material compilado no *corpus* representa um **domínio** para a investigação da linguagem escrita, oral ou de sinais. Um *corpus* é a matéria-prima a ser utilizada na análise linguística de um determinado fenômeno. A **Linguística de Corpus** desenvolve métodos e teorias de compilação e investigação de corpora linguísticos. Por se tratar de uma palavra latina, a forma plural é *corpora*.

correlato *correlate* caracteriza a relação entre um fenômeno fonológico e a manifestação fonética correspondente. Por exemplo, a **duração, volume** e **pitch** são correlatos do **acento tônico**.

corrente de ar *airstream* fluxo de ar utilizado na produção dos sons. No português, os sons são produzidos com o mecanismo de corrente de ar **pulmonar**. Nesse caso, o fluxo de ar origina-se nos pulmões. Existem mecanismos de corrente de ar **velárico** e **glotálico**, mas estes não ocorrem linguisticamente em português.

crase fusão ou contração de duas vogais idênticas. Graficamente, em português, a crase é indicada pelo acento grave, como em *à* ou *àquela*. A pronúncia da crase como uma vogal longa ou uma série de duas vogais contíguas tende a não ocorrer em português. De fato, ocorre uma única vogal, possivelmente decorrente de efeito de coalescência. Ver **coalescência, fusão**[2].

crioulização *creolization* processo em que um **pidgin** expande seu escopo estrutural e estilístico de maneira que passa a ter características de uma língua natural. Ver **pidgin**.

crioulo *creole* língua que emerge a partir do contato entre duas línguas, em princípio, ininteligíveis. Quando um **pidgin** passa a ter falantes nativos, torna-se um **crioulo**. Vários crioulos têm o português como uma das línguas de contato e são referidos como crioulos de base portuguesa. Ver **crioulização, pidgin**.

cromático *chromatic* denominação de uma vogal baixa em sonoridade, como as vogais altas [i, u], em modelos como a **Fonologia de Dependência**.

cruzamento vocabular ver **mesclagem lexical**.

curto *short* termo utilizado para expressar a duração breve de segmentos consonantais e vocálicos. Ver **duração**[2].

CV *CV syllable* sílaba constituída por consoante e vogal. É tida como **sílaba** universal, pois é a única que ocorre em todas as línguas naturais.

datilologia *fingerspelling* sistema de representação gestual do alfabeto utilizado por línguas oral-auditivas. Cada letra do alfabeto na datilologia tem uma configuração gestual específica que permite soletrar as palavras. É utilizado por surdos conjuntamente com a língua de sinas icônicos. Ver **letra, LIBRAS**.

decibel *decibel* expressa a medida de intensidade que tem por abreviatura (dB).

declinação *declination* ver **abaixamento tonal**.

degeminação *degemination* fenômeno fonológico em que dois sons passam a se comportar como um único som. Por exemplo, as duas consoantes [s] na sequência de palavras *dois sucos* passam a se realizar como uma única consoante: *doi[s]ucos*. A degeminação pode ser compreendida como um caso de **lenição**. Pode envolver duas vogais idênticas, como, por exemplo, na palavra *álcool* as vogais [o] sofrem degeminação e somente uma vogal ocorre: *álc[o]l*. A degeminação pode ocorrer também entre duas palavras. Por exemplo, *toda amiga*, que se manifesta como *tod[a]miga*. Ver **sândi**.

dental *dental* lugar ou ponto de articulação de uma consoante cujo **articulador ativo** é o ápice ou lâmina da língua e o **articulador passivo** são os dentes superiores. O diacrítico [̪] colocado abaixo do símbolo da consoante indica a articulação dental. No português, as consoantes dentais são: [t̪, d̪, s̪, z̪, n̪, l̪, ɾ̪, ř̪, ɹ̪, ɬ̪]. As consoantes dentais ocorrem na maioria dos dialetos do português brasileiro, por exemplo, em *três, cada, sala, casa, ano,* *bala, cara.* As consoantes dentais podem, alternativamente, ser produzidas como **alveolares.** Ver **aparelho fonador, sons do português.**

dentes *teeth* articuladores ativos ou passivos utilizados na produção de sons dentais e labiodentais. Os dentes incisivos superiores são articulares **passivos** em sons dentais. Os dentes inferiores são articulares **ativos** em sons labiodentais. Ver **aparelho fonador.**

dependente *dependent* no modelo de **Fonologia de Dependência** diz-se de um elemento que é governado por um **cabeça.** Ver **privativo.**

derivação[1] *derivation* processo de formação de palavras, que se dá pela junção de um morfema dependente a uma **base**, podendo ser de cinco tipos: sufixal, parassintética, conversiva, siglada e truncada. Ver **morfologia.**

derivação[2] *derivation* processo pelo qual uma forma subjacente é convertida em forma superficial através de processos derivacionais. Noção da **Fonologia Gerativa** que relaciona a fonologia com a fonética. Ver **forma de superfície, forma subjacente.**

derivacional *derivational* abordagem de modelos teóricos que propõe que uma **forma subjacente** é convertida em **forma superficial** através da aplicação de regras específicas. Ver **forma de superfície, forma subjacente.**

derivado *derived* resultante de um processo de **derivação**[1,2].

desarmonia *disharmony* fenômeno fonológico em que uma ou mais vogais são realizadas com **qualidade** distinta da vogal que as influencia em determinado **domínio**, geralmente, a palavra. Ocorre em línguas que apresentam harmonia vocálica, sendo que algumas palavras apresentam vogais que pertencem a conjuntos diferentes das vogais que acionam a harmonia. Apenas um pequeno grupo de palavras apresenta disarmonia e, geralmente, essas palavras são empréstimos. Por exemplo, se assumirmos que em português há harmonia de abertura vocálica, explicamos por que em palavras como *peteca, porosa, colega* e *pelota* temos vogais pretônicas abertas: por harmonia com a vogal tônica aberta da palavra. Por outro lado, nas palavras *colosso* e *certeza* temos, tipicamente, vogais fechadas. No português, um exemplo de desarmonia seria o de palavras com uma vogal aberta pretônica seguida de uma vogal fechada tônica, por exemplo, c[ɔ]losso e c[ɛ]rteza. Ver **harmonia vocálica**.

descrição estrutural *structural description* ver **contexto**.

desempenho *performance* termo associado com a Gramática Gerativa. Diz respeito à produção de enunciados linguísticos em situações reais de uso da língua, contrapondo-se à noção de **competência**. É um termo análogo, porém não idêntico, ao conceito de *parole* formulado por Saussure. É também denominado **performance**.

desligamento *delinking* em modelos não lineares, em particular, na Fonologia Autossegmental, diz respeito à desassociação de um elemento de uma posição previamente assumida. É indicado com um ou dois traços cortando a **linha de associação** em que ocorre o desligamento. Mostra-se um instrumento importante para descrever casos em que a **assimilação** seria esperada, mas não ocorre. Por exemplo, a palatalização de oclusivas alveolares é um fenômeno de assimilação 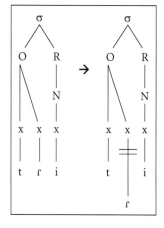 produtivo e recorrente no português brasileiro. De acordo com esse fenômeno, as oclusivas alveolares não devem ser seguidas de vogais altas anteriores, uma vez que neste contexto a palatalização se aplica: /ti/ → [tʃi]. Contudo, em alguns casos, ocorrem sequências não esperadas de oclusiva alveolar e vogal alta anterior, ou seja [ti]. Por exemplo, pode ocorrer *[ti]ste* para *triste* mas não **[tʃi]ste*. A ausência de palatalização na forma *[ti]ste* é descrita e explicada satisfatoriamente pelo fato de [t] e [i] de fato não serem adjacentes. Considere a figura ilustrativa, que apresenta a configuração silábica referente à sílaba inicial do exemplo citado: *triste*. Note que no diagrama o tepe é desligado de sua posição esqueletal. Embora esteja presente na representação o tepe [ɾ] não tem associação representacional e, portanto, não é pronunciado. Assim, na forma *[ti]ste*, a consoante [t] não é, de fato, seguida da vogal [i], pois há uma posição esqueletal que foi desligada do tepe e que intervém entre [t] e [i]. O fato de uma forma como *[tʃi]ste* não ocorrer reflete a não-adjacência entre [t] e [i]. Ver **propagação**.

despalatalização *depalatalization* fenômeno fonológico caracterizado pela perda do traço palatal. Um exemplo de despalatalização no português seria a **lenição** de [ɲ] em [n], em uma formas como *companhia*. Ver **lenição**.

desvozeado *voiceless* som produzido sem a vibração das **pregas vocais**. São sons desvozeados no português: [p, t, k, tʃ, f, s, ʃ, h]. É também denominado **surdo**. Ver **sonoro, vozeamento**.

desvozeamento *devoicing* fenômeno fonológico em que um som perde a propriedade de vozeamento. É indicado pelo diacrítico [̥] colocado abaixo do símbolo do som em questão. Pode ocorrer tanto em consoantes quanto em vogais. Por exemplo, a vogal átona final precedida de consoante desvozeada tende, em português, a ser sujeita ao desvozeamento: *pato*[ˈpatu̥]. Ver **desvozeamento, surdo**.

desvozeamento final *word-final devoicing* fenômeno fonológico em que consoantes que ocorrem em final de palavra, tipicamente consoantes **obstruintes**, são sistematicamente produzidas sem **vozeamento**. Em português, as sibilantes em final de sílaba são, geralmente, desvozeadas: [ˈmes] ou [ˈmeʃ] para *mês*. Contudo, quando as sibilantes ocorrem entre vogais, se manifestam como consoantes vozeadas: *meses* [ˈmezis]. Ver **desvozeamento**.

diacrítico *diacritic* símbolo que coocorre com outro símbolo fonético e que tem como função expressar uma propriedade fonética adicional. Geralmente, os diacríticos são colocados abaixo ou acima do símbolo fonético principal para expressar a propriedade fonética complementar. Por exemplo, uma pequena circunferência colocada abaixo de um segmento indica o desvozeamento, como em [d̪], ou um til colocado acima de uma vogal indica a nasalização, como em [ã]. O diacrítico pode aparecer também à frente do segmento e, neste caso, geralmente, aparece sobrescrito. Por exemplo, a aspiração é indicada pelo acréscimo de um *h* sobrescrito subsequente, como em [pʰ], e um *j* sobrescrito segue um segmento para indicar a palatalização, como em [kʲ]. O diacrítico que segue o símbolo fonético pode não ser sobrescrito, como o que indica alongamento, de forma que uma vogal longa é transcrita como [aː]. Pode ocorrer também a sobreposição do símbolo com diacrítico quando indica a centralização da vogal: [ɨ, ʉ] ou a velarização de uma lateral: [ɫ]. Ver **articulação secundária**.

diacrônico *diachronic* estudo da língua sob o ponto de vista de seu desenvolvimento histórico, ao longo do tempo, ou diacronia. Opõe-se a **sincrônico**.

diagrama *diagram* representação que se refere, primordialmente, ao diagrama das **Vogais Cardeais**, que é apresentado na figura ilustrativa. De acordo com este diagrama as vogais são representadas como pontos ou conjuntos de pontos na **área vocálica**, que tem a forma semelhante a de um trapézio. Permite caracterizar as principais propriedades articulatórias das vogais: altura, anterioridade/posterioridade e arredondamento dos lábios. Os ditongos são representados como transições entre um ponto e

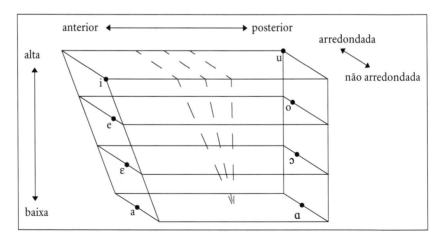

outro da área vocálica. A representação, em gráfico, dos valores de F1 e F2 apresenta correlato com o diagrama de Vogais Cardeais. Ver **formante, IPA, vogal cardeal.**

dialeto *dialect* variedade linguística que se distingue em relação a outras variedades linguísticas que tenham propriedades gramaticais, lexicais ou social diferentes. Pode-se referir, por exemplo, ao *dialeto mineiro* ou a um *dialeto feminino.* Embora o termo **dialeto** permita, em princípio, delinear um conjunto de falantes, há problemas metodológicos em se caracterizar um **dialeto.** Na prática não há homogeneidade plena em uma **comunidade de fala,** uma vez que a variação linguística é de natureza heterogênea entre indivíduos. Ver **comunidade de fala.**

Difusão Lexical *Lexical Diffusion* proposta teórica que postula que a mudança sonora afeta o léxico gradualmente. Isto é, uma vez engatilhada, uma mudança sonora atingirá algumas palavras e não outras, podendo ou não chegar a um estágio em que todo o léxico é atingido. A **Difusão Lexical** está em oposição à perspectiva **Neogramática.** Ver **Neogramática.**

difuso *diffuse* traço distintivo do sistema de traços de Jakobson e Halle, caracterizado pela dissipação de energia nas frequências mais altas do espectro. Representa, tipicamente, consoantes anteriores e vogais altas. No sistema de traços do **SPE,** tem correlato aproximado com o traço [+anterior] para as consoantes e [+alto] para as vogais. Ver **compacto.**

direção *direction* na **Fonologia Autossegmental,** indica o sentido em que os processos fonológicos se aplicam aos vários níveis ou camadas da representação. Os processos podem se aplicar da direita-para-esquerda ou da esquerda-para-direita. A direção em que um processo fonológico se aplica é dita ser paramétrica. Ver **Fonologia Autossegmental, regra.**

disjunção *disjunction* termo da lógica formal utilizado no formalismo de **regras** fonológicas para representar casos em que dois ou mais elementos devem

$$A \rightarrow B \, / \!\!-\!\! \begin{Bmatrix} C \\ D \end{Bmatrix}$$

ser considerados separadamente no processamento da regra. A disjunção é expressa por chaves. Na figura ilustrativa, os elementos C e D estão em disjunção e a regra deve ser lida como: A torna-se B, ou quando seguida de C, ou quando seguida de D.

dissílabo *disyllabic* palavra que contém duas sílabas, por exemplo *vida* ['vida]. Ver **acento, sílaba**.

dissimilação *dissimilation* fenômeno fonológico em que segmentos adjacentes com características semelhantes tendem a sofrer alterações para se tornarem diferentes. Por exemplo, em certas variedades do português do Nordeste do Brasil, uma sibilante pós-vocálica se manifesta como alveopalatal quando seguida de consoante coronal, ou alveolar. Por exemplo, *pasta* → pa[ʃ]ta ou *azno* → a[ʒ]no. Essa alteração tem por objetivo tornar a sibilante e a consoante seguinte dissimilares em relação ao ponto de articulação. Assim, a sibilante será alveopalatal e a consoante que a segue será alveolar. Contudo, se a consoante que segue a sibilante não for alveolar – por exemplo, *casca, aspas ou desvio* –, a sibilante ocorre com articulação alveolar – *ca[s]ca, a[s]pa, de[z]vio* – porque nestes casos não ocorrem segmentos adjacentes com características de ponto de articulação semelhantes. Ver **assimilação**.

distribuição *distribution* termo associado ao **estruturalismo** referindo-se à organização de unidades linguísticas de uma língua, que é a questão central do modelo estruturalista. Ver **distribuição complementar**.

distribuição complementar *complementary distribution* método de identificação de **alofones**. Dois sons estão em distribuição complementar quando ocorrem em ambientes exclusivos. No português, as oclusivas alveolares, oclusivas labializadas e africadas encontram-se em distribuição complementar, como apresentado na figura ilustrativa. A africada [tʃ] ocorre antes da vogal alta anterior, a oclusiva labializada [tʷ] ocorre antes de vogal arredondada e a oclusiva alveolar [t] ocorre nos demais ambientes. Na tabela da figura ilustrativa, a primeira linha lista os **ambientes** ou **contextos**. A primeira coluna lista os sons a serem analisados como alofones. As demais

Som	Ambiente	antes de V diferente de /u, o, ɔ/	antes de /i/	em CC	antes de V diferente de /u, o, ɔ, i/	Exemplos
t				X	X	*tribo; átlas, tala, tela, telha, tampa, tempo*
tʷ		X				*tudo, todo, tumba, tombo*
tʃ			X			*tipo, tinta*

colunas marcam com um (x) o contexto em que um determinado alofone ocorre. Dentre os alofones investigados, aquele que tem ocorrência em contextos mais abrangentes é selecionado como representante do fonema. Assim, o som [t] é escolhido como fonema por ter ocorrência mais abrangente dentre os demais alofones. Ou seja, [t] ocorre em encontros consonantais e antes de vogais não arredondadas e vogais diferentes de [i]. Diz-se que o **fonema** /t/ tem os alofones [t, tʃ, tʷ].

ditongação[1] *diphthongization* fenômeno fonológico em que uma vogal simples, ou monotongo, passa a ocorrer como um **glide**, ou seja, perdendo a propriedade de ocupar o núcleo silábico. Por exemplo, no português brasileiro, uma vogal alta em **hiato** com outra vogal pode, opcionalmente, ocorrer como glide, formando um ditongo: *d[iɔ]cese > d[i̯ɔ]cese* ou *mág[ua] > mág[u̯a]*. Ver **ditongo, monotongação.**

ditongação[2] *diphthongization* fenômeno fonológico de inserção de um **glide** após uma vogal ou transformação de um monotongo em um ditongo. No português brasileiro, a ditongação ocorre, em alguns dialetos, geralmente, em vogais tônicas em final de palavra, como, por exemplo, em *português* [pohtuˈge̯i̯s]; ou ocorre em vogais tônicas seguidas de consoantes palatais como em *peleja* [peˈle̯i̯ʒa]; ou ocorre em hiato, como em *Andréa* [ãˈdrɛi̯a] ou *boa* [ˈbou̯a], dentre outros. A ditongação, em português, ocorre em variação com **monotongos**. Ver **ditongo, monotongação.**

ditongo *diphthong* sequência de segmentos vocálicos ocorrendo em uma mesma **sílaba**, sendo que um deles é um **glide**. São classificados como **ditongos orais** e **ditongos nasais** e também como **ditongos crescentes** e **ditongos decrescentes**. Ver **monotongo**.

ditongo centralizado *centring diphthong* sequência de **vogal** e **glide** baixo centralizado, geralmente o **schwa**. O inglês britânico apresenta ditongos centralizados em palavras como *bier*[bɪə^r] ou *bear*[bɛə^r], enquanto no inglês americano ocorre apenas uma vogal nestes casos: *bier* [bɪ^r] ou *bear* [bɛ^r]. No português carioca, falado no Rio de Janeiro, ocorrem ditongos centralizados em sílabas tônicas, como, por exemplo, em *bela*['bɛəla] e *todo*['toədu]. Em outras variedades do português, como, por exemplo, a variante mineira, nas mesmas palavras ocorre apenas um monotongo em posição tônica: *bela* ['bɛla] e *todo* ['todu]. Ver **schwa**.

ditongo crescente *rising diphthong* sequência de **glide** e **vogal**. Exemplos do português brasileiro seriam *estac[ɪo]namento, d[ɪɛ]tético, árd[ʊo]* ou *vár[ɪa]s*. Tipicamente, os ditongos crescentes no português brasileiro alternam com uma sequência de vogais, como em *estac[ɪo]namento ~ estac[io]namento, d[ɪɛ]tético ~ d[iɛ]tético, árd[ʊo] ~ árd[uo]* ou *vár[ɪa]s ~ vár[ia]s*. Ver **ditongo decrescente**.

ditongo decrescente *falling diphthong* sequência de **vogal** e **glide**. Exemplos do português brasileiro seriam *b[aɪ̯]le, c[au̯]da* ou *r[eu̯]nião*. Tipicamente, os ditongos decrescentes no português brasileiro não podem ser separados em uma sequência de vogais. Contudo, em algumas palavras, os ditongos decrescentes alternam com uma sequência de vogais, como em *r[eu̯]nião ~ r[eu]nião* ou *It[aɪ̯]paiva ~ It[ai]paiva*. Ver **ditongo crescente**.

ditongo leve *light diphtong* ditongo associado a uma única posição esqueletal em representações da **Fonologia Autossegmental**. Apresenta comportamento análogo ao de uma vogal simples, ou **monotongo**, na análise da estrutura métrica. A figura ilustrativa apresentada no verbete **segmento complexo** ilustra a representação de um ditongo leve. Ver **ditongo pesado, sílaba leve**.

ditongo nasal *nasal diphthong* ditongo que tem a propriedade de nasalidade. Em termos fonéticos, os dois elementos do ditongo são nasalizados. Contudo, na transcrição fonética, indica-se a nasalidade com o til em apenas um dos elementos: [mãɪ̯] *mãe*. O ditongo nasal [ãɪ̯], em português, alterna com sua variante oral em algumas palavras. Por exemplo, [ˈʒãɪ̯mi] ou [ˈʒaɪ̯mi] para *Jaime*. No português os ditongos nasais são decrescentes e podem terminar em [ɪ̯], como em *mãe*, ou podem terminar em [ʊ̯] como em *mão*. Ver **nasalização**.

ditongo pesado *heavy diphthong* ditongo associado a duas posições esqueletais em representações da **Fonologia Autossegmental**. Apresenta comportamento análogo ao de uma vogal longa na análise da estrutura métrica. A figura ilustrativa (c) apresentada no verbete **núcleo** ilustra um ditongo pesado. Ver **ditongo leve, sílaba pesada**.

dominante *dominant* na **Fonologia Métrica** diz-se do elemento que representa o **cabeça** de um **domínio**. Em representação de grade o elemento dominante é indicado pelo símbolo (*). Em representação de árvore o elemento dominante é indicado pelo símbolo (s). Por exemplo, em um pé **troqueu**, temos (* .) ou (s w), onde (*) e (s) indicam o elemento dominante e (.) e (w) indicam o elemento **recessivo**. Ver **pé métrico**.

domínio *domain* espaço de extensão e natureza variadas, em cujos limites encontra-se o contexto para a aplicação de fenômenos gramaticais que, geralmente, contém dois ou mais constituintes. Os constituintes de um domínio estabelecem entre si relações do tipo dominante (**cabeça**) e dominado. São domínios de aplicação de processos fonológicos, por exemplo, a **sílaba**, o **pé métrico**, a **palavra fonológica** ou qualquer escopo que seja definido para a descrição e análise. Um **domínio** pode também representar um **corpus** específico, como, por exemplo, um banco de dados, do qual se extraem dados de **frequência**. Ver **frequência**[2], **hierarquia prosódica**.

domínio prosódico *prosodic domain* domínio relativo à **hierarquia prosódica**. Ver **domínio**.

dorsal *dorsal* sons articulados com a parte de trás ou dorso da língua. Os sons velares e uvulares tem articulação dorsal. São sons dorsais em português [k, g, x, ɣ]. Ver **sons do português**.

duração[1] *duration* medida do tempo gasto na articulação de um domínio específico que pode ser, por exemplo, um som, uma sílaba ou uma palavra. Geralmente, é expressa em milissegundos (ms).

duração[2] *duration* medida comparativa do tempo de realização de segmentos. Em algumas línguas, a duração dos segmentos é contrastiva e dita fonêmica. Nesses casos, as vogais longas estão em oposição às vogais breves. Por exemplo, no inglês, a palavra [liːv] *leave* apresenta a vogal longa [iː] e a palavra [lɪv] *live* apresenta a vogal curta [ɪ]. A classificação de uma vogal como longa ou breve depende da medida da duração estabelecida entre elas. Uma vogal breve é também denominada vogal curta. A duração não é contrastiva no português, mas ocorre em situações de ênfase como, por exemplo, em **vocativos**: *Tha[iː]s*!!!! O diacrítico utilizado para marcar a duração é [ː]. Ver **peso silábico**.

egressiva *egressive* propriedade da corrente de ar que tem origem nos pulmões e é expelida por meio da pressão exercida pelos músculos do diafragma. Todas as línguas naturais têm sons produzidos com o mecanismo de corrente de ar egressivo. Ver **ingressiva**.

ejectiva *ejective* propriedade de som consonantal produzido com o mecanismo de corrente de ar **glotálico**. São atestadas nas línguas naturais oclusivas, africadas e fricativas com tal mecanismo de corrente de ar. Utiliza-se um apóstrofo como diacrítico para indicar a consoante ejectiva, como, por exemplo, em [p']. Não ocorrem consoantes ejectivas em português a não ser em casos relacionados com a disfuncionalidade ou patologia de fala.

elemento *element* unidade mínima da formação de segmentos proposta por teorias fonológicas privativas, que assumem elementos unitários. São denominados componentes.

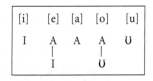

Dentre os modelos fonológicos privativos estão a **Fonologia de Governo**, a **Fonologia de Dependência** e a **Fonologia de Partícula**. Elementos são primitivos que estão presentes ou ausentes, mas aos quais não são atribuídos valores. Um elemento funciona como uma unidade que pode se combinar com outras para formar outras unidades. A figura ilustrativa apresenta a representação da Fonologia de Governo para os sons [i, e, a, o, u]. Os sons [i, a, u] são constituídos de um único elemento, ao passo que os sons [e, o] são constituídos de uma combinação de elementos. A combinação de elementos segue princípios propostos por teorias específicas.

elisão *elision* fenômeno fonológico que envolve **cancelamento** ou queda de consoantes, vogais ou de sílabas. Pode ocorrer dentro da palavra, como, por exemplo, em *qu[ie]to* → *qu[ɛ]to*, ou pode ocorrer em fronteira de palavras, como, por exemplo, em *casa impecável* → *cas[ĩ]pecável*. Fenômenos como **aférese, apócope** ou **síncope** são formas de elisão.

Elsewhere Condition *Elsewhere Condition* condição definida pela **Fonologia Lexical** que determina que, se dois princípios se encontram em conflito no curso da derivação, aquele princípio que tenha o domínio de aplicação mais restrito terá prioridade. O princípio prioritário se aplica e o outro princípio se aplicará nos demais contextos, ou seja, *elsewhere*.

emparelhamento *clash* ver **choque de acento, regra de ritmo.**

empirismo *empiricism* proposta teórica que sugere que o conhecimento humano emerge a partir da interação da mente com o mundo ou meio ambiente. O empirismo atribui à experiência um papel decisivo na construção e gerenciamento do conhecimento linguístico. É contrária à corrente nativista ou racionalista. Ver **racionalismo.**

empréstimo *loan word, borrowing* palavras de uma língua que são adotadas para compor o léxico de uma outra língua. As palavras que são tomadas como empréstimo tendem a se adequar ao sistema sonoro da língua que as adota. O estudo de empréstimos oferece evidências para o comportamento fonológico de uma língua. No português, são exemplos de empréstimos: *abajour* (francês), *futebol* (inglês) ou *jacaré* (tupi). Na tradição neogramática empréstimos são invocados para explicar a não-aplicação de uma mudança linguística a uma determinada forma em que a mudança deveria ter se aplicado ou que apresente contexto adequado para a aplicação da regra. Ver **analogia, neologismo.**

encontro consonantal *consonantal cluster* sequência de duas consoantes adjacentes. As duas consoantes podem estar na mesma **sílaba**, formando um encontro consonantal **tautossilábico**, como em *prato* ou *blusa*. Quando as duas consoantes estão em sílabas diferentes, o encontro consonantal é **heterossilábico**, como em *pasta* ou *afta*.

encurtamento *shortening* fenômeno fonológico em que um segmento longo, tipicamente uma vogal, passa a se manifestar como um segmento curto. Diz respeito à **duração** do segmento, diferindo do **afrouxamento**, que diz respeito à **qualidade** da vogal. Ver **alongamento**.

enfraquecimento *weakening* fenômeno fonológico em que um segmento consonantal se torna mais sonoro ou é produzido com menor grau de constrição no trato vocal. É também denominado **lenição**. Ver **fortalecimento, hierarquia de sonoridade, redução**.

ensurdecimento *devoicing* ver **desvozeamento**.

entoação *intonation* termo alternativo para **entonação**.

entonação *intonation* elemento prosódico ou suprassegmental que pode corresponder a variações de **pitch, frequência fundamental, volume,** pausas e tempo, dentre outras, em um domínio, geralmente, maior do que a palavra. A entonação pode caracterizar o limite entre constituintes sintáticos, pode indicar o tipo de enunciado (declarativo, interrogativo etc.) ou pode expressar as atitudes dos falantes (ironia, raiva etc.). A entonação interage com a sintaxe e com o discurso na produção de sentido. Pode, alternativamente, ser utilizado o termo **entoação**.

enunciado *utterance* constituinte prosódico mais alto na **hierarquia prosódica**, muitas vezes equivalente ao enunciado sintático. Ver **Fonologia Prosódica, hierarquia prosódica**.

epêntese *epenthesis* fenômeno fonológico de inserção de vogal ou consoante. No português, a epêntese se caracteriza pela inserção de uma vogal entre as consoantes em **encontros consonantais** que envolvam oclusivas, africadas, nasais ou fricativas. Por exemplo, *afta* ['afta] ~ ['afita] ou *dogma* ['dɔgma] ~ ['dɔgima]. Uma vogal epentética pode também ocorrer em final de palavra, como, por exemplo, em Varig ['varigi]. A vogal [i] é a vogal epentética recorrente no português. Consoantes epentéticas são raras em português e ocorrem, predominantemente, em casos de derivação. Exemplos ilustrativos seriam a consoante [l] em *chapelaria* e *paulada* ou a consoante [z] em *cafezal*. Ver **inserção**.

epentético *epenthetic* relativo a vogal ou consoante que se insere pelo fenômeno de **epêntese**. Ver **epêntese, inserção**.

epiglote *epiglottis* cartilagem localizada na raiz da língua e que protege as **pregas vocais**. Não é utilizada na produção da fala. Ver **aparelho fonador**.

escala de sonoridade *sonority hierarchy* ver **hierarquia de sonoridade**.

Escola de Moscou *Moscow School* tradição de estudos linguísticos também conhecida como Círculo Linguístico de Moscou, teve como expoente principal Roman Jakobson. Sofreu influência dos trabalhos de Baudouin de Courtenay e de Ferdinand de Saussure, reunindo um grupo de linguistas russos no início do século XX, na cidade de Moscou. Posteriormente, Roman Jakobson se envolveu com a **Escola de Praga** e com o **estruturalismo americano**.

Escola de Praga *Prague School* tradição de estudos linguísticos também conhecida como Círculo Linguístico de Praga reuniu vários linguistas e filósofos nas décadas de 1920 e 1930. Conceitos fonológicos importantes foram formulados por essa escola, dentre eles o de **marcação, arquifonema, neutralização, oposição** e **traços distintivos**. Teve como expoente principal Nikolay Trubetzkoy e contou com colaboração importante de Roman Jakobson.

esôfago *esophagus* parte do corpo humano que leva a comida da cavidade bucal até o estômago, sendo paralela à laringe. Não é utilizada na produção da fala. Ver **aparelho fonador**.

espaço vocálico *vowel space* área da cavidade bucal em que as vogais são articuladas. Na articulação de sons vocálicos, as diferentes configurações da língua alteram a passagem livre da corrente de ar pelo espaço vocálico sem causar obstrução significativa.

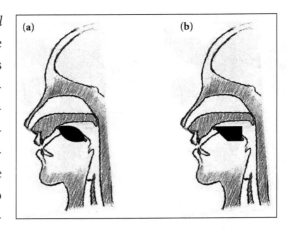

A figura ilustrativa apresenta duas propostas esquemáticas para o espaço vocálico ou área vocálica. A proposta à esquerda que configura a área vocálica com dois pontos evoluiu para a proposta de configuração de trapézio, que é adotada pelo método das **Vogais Cardeais**. Ver **diagrama, vogal cardeal**.

específico *language-specific* propriedade de uma língua em particular e não atestada em toda e qualquer língua. No português, por exemplo, há a propriedade específica de um grupo restrito de consoantes poderem ocorrem em fim de palavra: *amor, país* e *mil*. Em outras línguas, toda e qualquer consoante, e não apenas um grupo restrito, pode ocorrer em final de palavra. Por outro lado, há línguas que proíbem qualquer consoante em posição final de palavra. Ver **universais**.

espectrograma *spectrogram* tipo de visualização gráfica dos sons da fala. No eixo horizontal, é apresentada a duração, cuja medida é expressa em segundos (s). No eixo vertical, é apresentada a frequência, cuja medida é expressa em Hertz (Hz). As informações apresentadas em um espectrograma correspondem às características acústicas de segmentos consonantais e vocálicos. As características acústicas das vogais estão relacionadas, principalmente, com os **formantes**. As características acústicas de segmentos consonantais dependem do tipo de constrição que ocorre no trato vocal.

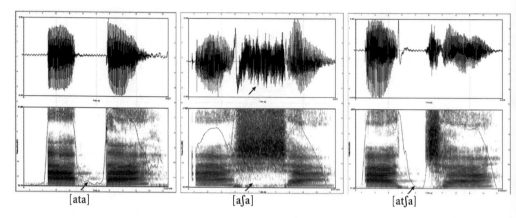

[ata]　　　　　　[aʃa]　　　　　　[atʃa]

Na figura ilustrativa são apresentadas, entre duas vogais [a], os seguintes segmentos consonantais: a oclusiva [t], a fricativa alveopalatal desvozeada [ʃ] e a africada desvozeada [tʃ]. A **oclusiva** é representada por um espaço em branco no espectrograma, devido à obstrução total da passagem da corrente de ar pelo trato vocal, e apresenta queda de intensidade como indicado pela linha na figura. A fricativa [ʃ] apresenta marcas cinzas não contínuas que caracterizam o ruído causado pela turbulência na produção de fricativas. A africada [tʃ] tem representação equivalente a uma sequência de oclusiva e fricativa. Ver **formante, onda sonora**.

espirantização *spirantization* fenômeno fonológico em que consoantes **oclusivas** passam a se manifestar como consoantes **fricativas**. É um tipo de **lenição**. Também denominado **fricativização**. A espirantização ocorre com oclusivas vozeadas entre vogais em algumas variedades do português europeu.

espraiamento *spreading* termo utilizado em modelos não lineares, como a **Fonologia Autossegmental**, para indicar a propagação de determinado traço, ou propriedade, em direção a **domínios** adjacentes ou vizinhos. A figura ilustrativa mostra em (a) a representação da palavra *boa* com uma sequência de vogais: ['boa]. A representação em (b) mostra o espraiamento do elemento U para a posição de **onset** intervocálico correspondente à pronúncia ['boy̯a].

O espraiamento também pode ocorrer em domínios não adjacentes. Por exemplo, a propriedade nasal pode se propagar por toda uma palavra a partir de um elemento específico, causando nasalidade. O fenômeno de **harmonia vocálica** pode ser interpretado como o espraiamento de uma propriedade da vogal por todo o domínio de uma palavra ou parte dela.

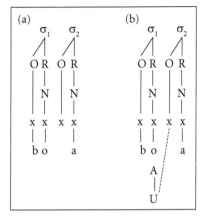

estratal *stratal* modelo de interação entre a fonologia e a morfologia que postula diferentes níveis ou **estratos**, para a aplicação dos fenômenos no processo de formação de palavras. Ver **Fonologia Lexical**.

estratégia de reparo *repair strategy* fenômeno fonológico utilizado pelas crianças na produção de determinado som-alvo para adequar a realização do sistema da língua ambiente ao seu sistema fonológico. Uma estratégia de reparo comumente utilizada pelas crianças na aquisição do português é a omissão de uma consoante presente na língua-alvo em encontros consonantais: *prato* [pa]to ou *festa* fe[t]a. Ver **aquisição da linguagem**.

estrato *stratum* qualquer nível de representação postulado por modelos que assumem níveis representacionais hierárquicos no processo de formação de palavras. Ver **estratal, Fonologia Lexical**.

estridente *strident* traço distintivo que caracteriza sons que apresentam ruído de alta intensidade no espectro. Esse traço caracteriza as fricativas labiodentais, sibilantes e africadas e as distingue dos demais sons. No português, as consoantes africadas e fricativas são [+estridente]. Os demais sons são [-estridente]. Ver **sibilante, traço distintivo**.

estritura *stricture* grau de constrição da passagem da corrente de ar pelo trato vocal na produção de segmentos consonantais. Pode ocorrer a obstrução completa da passagem da corrente de ar, como em consoantes oclusivas, ou pode haver obstrução com passagem significativa da corrente de ar pelo trato vocal, como nas consoantes **líquidas**. A estritura está relacionada com o **modo** ou **maneira** de articulação. Em português, inclui as **oclusivas, africadas, fricativas, nasais, tepe, vibrante, retroflexa e laterais**. Ver **sons do português**.

estrutura hierárquica *hierarchical structure* organização da linguagem pautada na organização de constituintes sendo inicialmente motivada para a sintaxe. Em fonologia, é sugerido que a estrutura dos constituintes silábicos e métricos seja hierárquica. Assim, por exemplo, os pés contêm as sílabas e o enunciado contém todas as unidades da **hierarquia prosódica**. Ver **hierarquia prosódica, sílaba**.

estruturalismo *structuralism* corrente teórica voltada para a determinação de estruturas e sistemas. Denota várias propostas e modelos de análise teórica e, em particular, linguística, cujo foco central é o estabelecimento da distribuição de unidades linguísticas de uma língua. Postula que as línguas naturais têm estruturas passíveis de investigação através da descrição de sistemas linguísticos específicos. Ver **estruturalismo americano, estruturalismo europeu**.

estruturalismo americano *american structuralism* perspectiva teórica de cunho estruturalista desenvolvida nos Estados Unidos da América nas décadas de 1940 e 1950, tendo como expoente Leonard Bloomfield. Devido ao amplo trabalho realizado com a descrição das línguas nativas norte-americanas, os estudos estruturalistas americanos desenvolveram técnicas rigorosas de documentação, descrição e análise linguística. Essa perspectiva teórica entende a estrutura da linguagem como um sistema de relações estruturais. O estruturalismo americano postulou a autonomia do **fonema** como unidade de análise fonológica. O termo **fonêmica** foi postulado e amplamente utilizado na linguística norte-americana e, para alguns linguistas, é tido como sinônimo do termo **fonologia**. Os problemas teóricos e metodológicos enfrentados pelo estruturalismo levaram à formulação do modelo gerativo. Ver **estruturalismo, Fonologia Gerativa**.

estruturalismo europeu *european structuralism* perspectiva teórica de cunho estruturalista desenvolvida na Europa a partir do início do século XX. Seu proponente inicial foi Ferdinand de Saussure, tendo sido seguido, sobretudo, pela **Escola de Praga**. As principais ideias do estruturalismo europeu são as noções de **signo** linguístico, **marcação** e sistemas de **oposição**. O estruturalismo europeu influenciou a linguística norte-americana com as contribuições de Roman Jakobson na formulação do modelo gerativo. Ver **Fonologia Gerativa**.

estrutura silábica *syllable structure* ver **fonotática, sílaba**.

exemplar *exemplar* representação multidimensional proposta pela **Teoria de Exemplares**. Exemplares agregam informações linguísticas e não linguísticas à representação. Assume-se que exemplares são categorizações da experiência e são organizados por efeitos probabilísticos. A figura ilustrativa apresenta representações de exemplares possíveis para as palavras *carta*, *rua* e *amor* em português. O diagrama em cinza indica que aquela forma é a mais recorrente na comunidade em questão e é, possivelmente, a forma de produção utilizada pelos falantes daquela comunidade. Ver **Fonologia de Uso**.

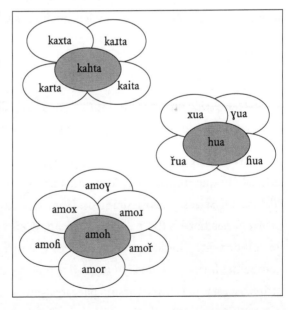

extrametricalidade *extrametricality* propriedade de um segmento ou de uma sílaba ser invisível à organização fonológica. Elementos extramétricos, geralmente, ocorrem nas bordas das palavras. Em português, a maioria das palavras é **paroxítona**, formando um pé métrico do tipo forte-fraco (**s w**). Já as palavras proparoxítonas representam um problema para a análise métrica do português, por apresentarem uma sílaba forte seguida por duas sílabas fracas: (**s w w**). Contudo, se assumirmos que em palavras proparoxítonas a sílaba final é **extramétrica**, ou seja, invisível ao **algoritmo** de atribuição acentual, teremos uma sequência acentual do tipo (**s w**), que é equivalente ao padrão observado para as palavras **paroxítonas**. Assim, em uma palavra como *cálice*, a sílaba final *ce* é invisível à atribuição do acento, i.e., *ce* é extramétrica, e as sílabas (*cá li*) têm atribuição do acento como (**s w**). Um segmento também pode ser considerado extramétrico. Ver **extrassilabicidade, Fonologia Métrica, pé métrico, sílaba pesada**.

extrametricidade *extrametricity* termo alternativo para **extrametricalidade**.

extramétrico propriedade de um segmento ou de uma sílaba ser invisível à representação fonológica. Ver **extrametricalidade**.

extrassilabicidade *extrasyllabicity* propriedade da **Fonologia Autossegmental** em que um ou mais segmentos não são incorporados à estrutura silábica. Ou seja, são **extrassilábicos**. Unidades extrassilábicas, geralmente, ocorrem nas bordas das palavras e são invisíveis à atribuição do acento e ao componente fonológico em geral. Por exemplo, se assumirmos que as consoantes finais em *ontem, ímpar, hábil, pires* são extrassilábicas, podemos atribuir a estas palavras o mesmo padrão acentual das palavras paroxítonas que terminam em vogal. Ver **consoante flutuante, extrametricalidade**.

fala espontânea *connected speech* fala produzida em condição real de uso, ou seja, em uma situação comunicativa, propensa à ocorrência de fenômenos linguísticos como **apagamento** e **lenição**.

falante nativo *native speaker* falante que adquiriu uma língua como **primeira língua** ou **língua materna**. Um falante que aprende uma língua como **segunda língua** é dito um falante não nativo. Ver **língua materna, segunda língua**.

família linguística *language family* agrupamento de línguas com base em relações genéticas. Consiste de duas ou mais línguas que possuem uma língua ou grupo de línguas como ancestral comum. A fonologia tem papel importante na classificação das línguas do mundo. A comparação entre as regularidades dos sons em línguas relacionadas permite investigar o grau de parentesco linguístico entre línguas relacionadas. O português é uma língua latina do grupo Romance Ocidental, como apresentado na figura

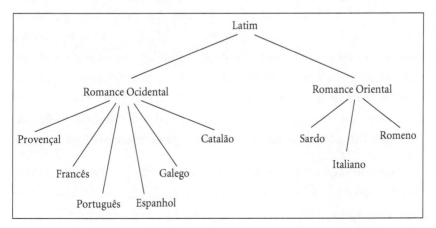

ilustrativa. O português, como as demais línguas românicas, descende do latim. Com base em mudanças sonoras específicas, reconstrói-se um estágio linguístico intermediário entre o latim e suas línguas filhas, o Romance, dividido em Ocidental e Oriental, de forma a refletir relações de maior ou menor proximidade linguística dentro da família românica. Como apresenta a figura ilustrativa, o português teria um grau de parentesco maior com o espanhol e com o francês, por exemplo, do que com o italiano.

faringalização *pharyngealization* propriedade relativa à constrição na região da faringe. No português, acontece na qualidade de voz faringalizada. Ver **aparelho fonador**.

fechada *closed* ver **alta, média-fechada**.

fim de palavra *word-final* **contexto** em que ocorrem vários fenômenos fonológicos, sobretudo, aqueles relacionados com a alteração segmental, como, por exemplo, o **afrouxamento**, a **lenição** ou a **redução vocálica**. Em muitas línguas, o contexto de **fim de palavra** aceita apenas um grupo restrito de consoantes. É o caso do português, que apresenta, em fim de palavra, restrição de ocorrência de apenas três consoantes: *amor, país* e *mil*. Em outras línguas, toda e qualquer consoante, e não apenas um grupo restrito, pode ocorrer em final de palavra. O símbolo adotado para indicar o fim de palavra é : ___#.

final *final* padrão acentual em que a última sílaba da palavra é acentuada. Também denominado acento **oxítono**. Por exemplo, em português as palavras *café, Brasil* e *amor* têm acento na última sílaba. O padrão acentual na última sílaba é pouco recorrente em português, quando comparado com o acento no paroxítono. Muitas palavras com acento final em português são originárias de línguas africanas ou línguas indígenas brasileiras. O termo final pode também expressar o contexto de fim de um **domínio**, como, por exemplo, a **sílaba** ou a **palavra**. Ver **acento, pé métrico, oxítono**.

flepe *flap* segmento consonantal produzido com o contato muito breve do articulador ativo (ponta da língua) no articulador passivo (alvéolos ou dentes superiores). O **IPA** classifica o **tepe** e o flepe como segmentos análogos.

Contudo, para alguns foneticistas e fonólogos, um **flepe** envolve o movimento da parte anterior e inferior da ponta da língua em direção aos alvéolos ou dentes superiores. Flepes podem ser considerados um segmento **retroflexo.** Um **tepe**, por outro lado, envolve o movimento da parte anterior e superior da ponta da língua em direção aos alvéolos ou dentes superiores. Ver **tepe.**

flutuante *floating* ver **consoante flutuante.**

fonação *phonation* configuração das **pregas vocais** no momento de produção da fala. Os vários tipos de configuração da **glote** promovem tipos de fonação diferentes, como, por exemplo, falseto ou sussurro. Ver **vozeamento.**

fone *phone* unidade sonora vocálica ou consonantal atestada na produção da fala. Elemento registrado na transcrição **fonética**, entre **colchetes.** Unidade sonora pronunciável isoladamente. Ver **fonema, fonética.**

fonema *phoneme* unidade sonora vocálica ou consonantal que se distingue funcionalmente de outras unidades sonoras da língua. Dois sons podem ser classificados como fonemas quando estão em **contraste** e **oposição.** Ou seja, são sons diferentes em um mesmo **contexto**, em palavras com significados diferentes. Por exemplo, os segmentos /f/ e /v/ são **fonemas** em português e o contraste é demonstrado pelo par mínimo *faca* e *vaca.* Dois sons podem também ser caracterizados como fonemas se eles apresentam diferenças fonéticas significativas entre si e a língua não apresenta parâmetros distribucionais para explicitar o contraste. Por exemplo, o som /h/ em inglês somente ocorre em início de palavra e o som /ŋ/ somente ocorre em final de palavra. Por não ocorrerem em um mesmo **ambiente**, não é possível atestar o contraste entre /h/ e /ŋ/, mas por serem bastante dissimilares os dois sons são caracterizados como fonemas distintos. Fonemas são transcritos entre barras transversais e não são pronunciáveis, pois expressam uma **representação** linguística abstrata. Ver **fonêmica, fonologia.**

fonêmica *phonemic* método utilizado para identificar os fonemas e a organização sonora geral de uma língua seguindo as proposições do modelo

estruturalista. Expressa o nível abstrato de análise dos sons da fala. O principal proponente da fonêmica foi Kenneth Pike, linguista norte-americano, cujo trabalho tinha como objetivo principal formular alfabetos para línguas ágrafas. Ver **estruturalismo, fonema.**

fonética *phonetics* disciplina da linguística que apresenta os métodos para descrição, classificação e transcrição dos sons da fala, principalmente aqueles utilizados na linguagem humana. Algumas subdivisões da fonética são: **fonética articulatória, fonética auditiva, fonética acústica** e **fonética instrumental.** Relaciona-se ao uso do conhecimento linguístico, ou seja, ao **desempenho.** Os domínios da **fonética** e da **fonologia** são complementares. Ver **aparelho fonador, fonologia.**

fonologia *phonology* disciplina da linguística que investiga o componente sonoro das línguas naturais do ponto de vista organizacional. Determina a distribuição dos sons e o contraste entre eles, com ênfase na organização dos sistemas sonoros. Caracteriza também a boa-formação das sílabas e dos aspectos suprassegmentais como, por exemplo, o tom e o acento. Relaciona-se com o estudo gramatical do conhecimento linguístico, ou seja, a **competência.** Tem interface com a fonética, com a morfologia e com a sintaxe. Os domínios da **fonologia** e da **fonética** são complementares. Ver **fonema, oposição.**

Fonologia Articulatória *Articulatory Phonology* proposta teórica que tem por objetivo integrar os estudos fonéticos e fonológicos. Neste modelo, o gesto é a unidade básica de análise, que caracteriza os eventos articulatórios na dimensão do tempo. Diferentes gestos podem ser sobrepostos, i.e., dois ou mais gestos podem coocorrer temporalmente. Enunciados são constelações de gestos que se conectam na organização do componente sonoro. Também referida como Fonologia Gestual. A proposição da teoria foi apresentada inicialmente em Browman e Goldstein (1986, 1990, 1992). Trabalhos como o de Steriade (1990) e Ladefoged (1990) apresentam críticas ao modelo. Aplicações desse modelo teórico ao português brasileiro, incluindo contribuições teóricas adicionais, são de Albano (2001, 2004).

Fonologia Autossegmental *Autosegmental Phonology* proposta teórica que tem por objetivo integrar vários níveis da descrição do componente fonológico. É caracterizada como modelo da **Fonologia Não Linear**. A abordagem em vários níveis ou camadas, portanto, mul-

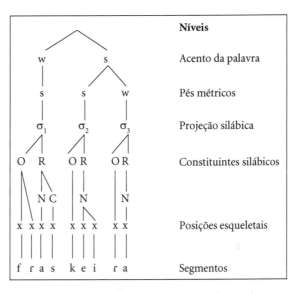

tinivelar, oferece uma alternativa a alguns dos problemas enfrentados em modelos lineares ou segmentais, como, por exemplo, a **Fonologia Gerativa**. A proposta foi inicialmente sugerida em Leben (1973) para explicar o comportamento de tons. Posteriormente, foi expandida para o nível segmental e apresentada em Goldsmith (1990). Cada nível ou camada representa uma sequência linear de autossegmentos. Os autossegmentos interagem através de linhas de associação. A figura ilustrativa apresenta a representação da palavra *frasqueira* em vários níveis representacionais: segmentos, posições esqueletais, constituintes silábicos, projeção silábica, pés métricos e acento da palavra. A Fonologia Autossegmental é um modelo que apresenta motivação e análise elegante para fenômenos de **assimilação, harmonia vocálica, cancelamento** e **inserção** segmental. Nesse modelo, a estrutura hierárquica da **sílaba** é formulada e há interação entre o nível silábico e métrico. A Fonologia Autossegmental interage com a **Fonologia Lexical** de forma a acomodar os aspectos fonéticos finos (pós-lexicais) e os aspectos morfológicos e gramaticais (lexicais) na análise do componente sonoro. Aplicações desse modelo teórico ao português brasileiro são Bisol (1989, 2005), Biondo (1993) e Alvarenga (1995). Ver **Fonologia Não Linear, sílaba**.

Fonologia CV *CV Phonology* proposta teórica que organiza os segmentos C (consoantes) e V (vogais) em sílabas. Essa proposta, que sugere a supressão do traço [silábico] proposto pelo SPE, deu origem aos modelos não lineares. A proposta é apresentada em detalhes em Clements e Keyser (1983). Aplicações deste modelo teórico ao português brasileiro são de Bisol (1989, 1992). Ver **Fonologia Não Linear**.

Fonologia Declarativa *Declarative Phonology* proposta teórica que assume que as generalizações fonológicas não são sujeitas à **derivação**. Restrições interagem entre si, sendo que todas as restrições devem ser compatíveis, devem se aplicar igualmente e serem sempre atendidas. As representações fonológicas, nessa abordagem, são entendidas como sendo concretas. A proposição da Fonologia Declarativa é apresentada em Scobbie (1993, 1997) e em Scobbie, Colleman e Bird (1996). Esse modelo não foi aplicado ao português brasileiro.

Fonologia de Dependência *Dependency Phonology* proposta teórica que analisa o componente fonológico em termos de relações de dependência entre segmentos. O **cabeça** em um **domínio** é o líder em relação ao elemento **dependente** no domínio. A organização dos segmentos é formulada com **elementos**, ao invés de **traços distintivos**. As relações de dependência podem se estabelecer entre elementos de um mesmo segmento, entre constituintes de uma mesma sílaba ou entre sílabas e pés métricos. Elementos são compreendidos como instâncias que podem formar gestos articulatórios. A proposta é apresentada em detalhes em Anderson e Ewen (1987). Esse modelo não foi aplicado ao português brasileiro.

Fonologia de Governo *Government Phonology* proposta teórica que assume que relações de governo são estabelecidas entre constituintes silábicos e elementos. **Elementos** são partículas que podem ocorrer isoladamente ou em conjunto para configurar a relação segmental. Quando ocorrem em conjunto, elementos estão sujeitos às relações de governo que são binárias e envolvem um governante e um governado. O governante é o **cabeça** do **domínio** de análise. As relações de governo são derivadas de princípios da Gramática Universal e, juntamente com parâmetros específicos das línguas naturais, definem os sistemas fonológicos. A Fonologia de Governo sugere que a combinação de elementos para formar segmentos consonantais e vocálicos depende do valor de charme atribuído a tais elementos. Os valores de charme podem ser: positivo, negativo ou neutro. A proposição da teoria foi apresentada inicialmente em Kaye, Lowenstam e Vergnaud (1985). Aplicações desse modelo teórico ao português brasileiro são de Magalhães (1990), Cristófaro Silva (1992) e Segundo (1993).

Fonologia de Laboratório *Laboratory Phonology (Lab Phon)* proposta teórica que assume que técnicas de laboratório, sobretudo de análise acústica, são centrais para o desenvolvimento de argumentos para a análise fonológica. Essa proposta teórica sugere que o instrumental matemático e estatístico é crucial para a análise do componente fonológico. A proposição da Fonologia de Laboratório é apresentada em Pierrehumbert, Beckman e Ladd (2000). São exemplos de aplicações desse modelo ao português brasileiro Albano (2001, 2004) e Cristófaro Silva e Almeida (2006).

Fonologia de Partícula *Particle Phonology* proposta teórica que assume que os segmentos são formados por partículas. A combinação de partículas forma segmentos diferentes. A teoria propõe análise somente para vogais e ditongos. A proposição da teoria foi apresentada inicialmente em Schane (1984) e contribuiu para propostas teóricas subsequentes como a **Fonologia de Dependência** e a **Fonologia de Governo**. Esse modelo não foi aplicado ao português brasileiro.

fonologia derivacional *derivational phonology* toda proposta teórica que assume que as representações fonológicas, ou formas subjacentes, são sujeitas à derivação. São modelos de cunho gerativo que têm a perspectiva derivacional, dentre eles a **Fonologia Gerativa** e a **Fonologia Autossegmental**. Ver **derivação**[2].

Fonologia de Uso *Usage-Based Phonology* proposta teórica que assume que a experiência é crucial para a organização do conhecimento linguístico e fonológico. Sugere que o conhecimento linguístico seja organizado probabilisticamente. O modelo adota a **Teoria de Exemplares** como modelo representacional. Defende-se que efeitos de **frequência de tipo** e de **frequência de ocorrência** desempenham um papel importante na organização das representações mentais. A proposição da Fonologia de Uso é apresentada em Bybee (2001). Aplicações desse modelo ao português brasileiro são Cristófaro Silva (2003, 2005, 2008) e Cristófaro Silva e Gomes (2008).

Fonologia Estocástica *Stochastic Phonology* proposta teórica que assume que o conhecimento linguístico é organizado probabilisticamente e que a aquisição da linguagem procede da identificação de probabilidades estatísticas atestadas na linguagem em uso. Também denominada **Fonologia Probabilística**. Essa perspectiva é contrária à proposta de Noam Chomsky e seguidores de que o conhecimento linguístico internalizado é parte da **Gramática Universal** e inato na espécie humana. A proposição da **Fonologia Estocástica** é apresentada em Pierrehumbert (2001, 2003). Aplicações desse modelo ao português brasileiro são de Cristófaro Silva (2005).

fonologia estratal *stratal phonology* toda proposta teórica que assume a interação entre a fonologia e a morfologia. Geralmente esses modelos postulam níveis diferentes para diferentes afixos e as operações fonológicas têm lugar em vários níveis de formação de palavras. Um modelo de cunho estratal é a **Fonologia Lexical**.

Fonologia Experimental *Experimental Phonology* proposta teórica que sugere a integração entre a fonética e psicologia experimental com o propósito de relacionar as descrições fonológicas ao comportamento observável. A proposição da Fonologia Experimental é apresentada em Ohala (1986, 1995).

Fonologia Firthiniana *Firthian Phonology* proposta teórica que discute a natureza de segmentos como unidades. A proposta adota a noção de *prosó-*

dias, que tem paralelo com a noção de autossegmento na **Fonologia Autossegmental**. As propriedades fonológicas ou *prosódias* atuam em domínios que podem ser a **sílaba**, a palavra, o grupo entonacional ou o enunciado. A proposição da Fonologia Firthiniana é apresentada em Firth (1930, 1948).

Fonologia Gerativa *Generative Phonology* proposta teórica que teve enorme impacto nos estudos fonológicos. O volume clássico intitulado *The Sound Patterns of English* – ou **SPE** – de Noam Chomsky e Morris Halle (1995 [1968]), consiste em um marco para a fonologia. O modelo assume que representações subjacentes são sujeitas a regras fonológicas, que as transformam, gerando novas formas culminando na representação superficial. As **regras fonológicas** formalizam os processos fonológicos. O formalismo das regras fonológicas utiliza **traços distintivos**. Regras fonológicas são sujeitas ao ordenamento. É conhecido como um modelo de fonologia linear porque, nesta abordagem, as unidades fonológicas se organizam linearmente e não hierarquicamente. São exemplos de aplicação desse modelo teórico ao português brasileiro os inúmeros artigos, dissertações e teses produzidos nas décadas de 1970 e 1980, sendo a Fonologia Gerativa a abordagem teórica adotada praticamente em todos os trabalhos de fonologia desse período. Ver **derivação**[2]**, distintivo, regra fonológica, representação subjacente, SPE, traço.**

Fonologia Gerativa Natural *Natural Generative Phonology* proposta teórica que sugere que as representações fonológicas devem ter relação direta com as formas de superfície nos casos que envolvem mudanças sonoras regulares (como **assimilação, lenição,** por exemplo). Nesse caso, as regras fonológicas são ditas produtivas. Regras fonológicas não produtivas envolvem, geralmente, interface com a morfologia e não há regularidade neste tipo de regra. Um exemplo de regra fonológica não produtiva no português é a formação de plural de formas terminadas em *ão*. A grande contribuição desta teoria foi sugerir a incorporação formal da sílaba ao componente fonológico. A Fonologia Gerativa Natural também investiga a naturalidade das regras fonológicas. A proposição da Fonologia Gerativa Natural é apresentada em

Hooper (1976) e Vennemann (1972, 1974). Aplicações deste modelo ao português brasileiro são de Abaurre [Gnerre] (1983) .

Fonologia Glossemática *Glossematic Phonology* proposta teórica apresentada como parte da Glossemática, teoria linguística desenvolvida por Louis Hjelmslev. Dedicou atenção especial aos fenômenos prosódicos e, em especial, à sílaba. A proposição da Fonologia Glossemática é apresentada em Hjelmslev (1936, 1953). Esse modelo não foi aplicado ao português brasileiro.

fonologia histórica *historical phonology* ramo da linguística que estuda as alterações dos sistemas sonoros em perspectiva **diacrônica**. Estudos, em português, que tratam de fonologia histórica são: Faraco (1991), Massini-Cagliari (1999), Mattos e Silva (1991), Zágari (1988). Os trabalhos de Teyssier (1997) e Williams (1975) apresentam, dentre outras coisas, informações importantes sobre a fonologia histórica do português.

Fonologia Lexical *Lexical Phonology* proposta teórica que sugere a interação entre a **fonologia** e a **morfologia**, postulando diferentes níveis, ou **estratos**, para a formação de palavras. Nesse modelo, os processos fonológicos se aplicam em diferentes estratos. O modelo propõe três níveis de representação: subjacente, lexical e fonético. As representações lexicais são derivadas a partir da aplicação de regras fonológicas e morfológicas às representações subjacentes. A teoria dedicou atenção especial à relação entre os fenômenos do componente lexical e os fenômenos do **componente** pós-lexical. Fenômenos do componente lexical se aplicam no nível de formação de palavras. Fenômenos do componente pós-lexical se aplicam às formas fonéticas. A proposição da Fonologia Lexical é apresentada em Kiparsky (1982) e desenvolvida, dentre outros, por Booij e Ruback (1984) e Mohanan (1986). Aplicações desse modelo ao português brasileiro são de Lee (1992, 1995).

Fonologia Métrica *Metrical Phonology* proposta teórica que se dedica a analisar fenômenos suprassegmentais, em especial, a atribuição do acento no nível da palavra. O acento pode ser representado em diagramas de árvore ou de grade, conforme apresentado nas figuras ilustrativas. A figura ilustrativa aci-

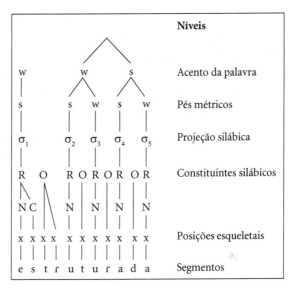

ma, em formato de árvore, apresenta os constituintes métricos associados a nódulos fortes (s) ou fracos (w). A figura ilustrativa abaixo em formato de grade, atribui aos nódulos fortes um asterisco (*) e aos nódulos fracos um ponto (.). A proposição da **Fonologia Métrica** é apresentada em Goldsmith (1990), Hayes (1995) e Halle e Vergnaud (1987). Facó Soares (1994) discute as congruências e discordâncias entre os dois modelos de representação. Aplicações ao português brasileiro são de Bisol (1992, 1994), Lee (1994, 1995), Massini-Cagliari (1992, 1993).

Fonologia Não Linear *Nonlinear Phonology* toda proposta teórica que assume que a organização fonológica se dá em camadas hierarquicamente ordenadas e que a sílaba é uma importante unidade na representação fonológica. Ver **camada, Fonologia Autossegmental, Fonologia CV, Fonologia de Governo, Fonologia Lexical, Fonologia Métrica, sílaba.**

Fonologia Natural *Natural Phonology* proposta teórica que sugere processos naturais inatos envolvidos na aquisição da linguagem. Tais processos têm origem na capacidade perceptual da espécie humana. Além de processos, o modelo postula também regras, as quais têm por objetivo regular as propriedades específicas de línguas particulares. A Fonologia Natural investiga a naturalidade das representações e dos processos fonológicos. Sua proposição é apresentada em Stampe (1979) e Stampe e Donengan (1979). Esse modelo não foi aplicado ao português brasileiro.

Fonologia Probabilística *Probabilistic Phonology* ver **Fonologia Estocástica**.

Fonologia Prosódica *Prosodic Phonology* ramo da **fonologia** que analisa fenômenos fonológicos suprassegmentais, ou seja, que sejam maiores do que o **segmento**. Selkirk (1982) apresenta uma ampla discussão do estatuto prosódico da **sílaba**. Nespor e Voegel (1986) apresentam uma proposta de interação entre a **prosódia** e outras áreas da Gramática. Ver **hierarquia prosódica, sílaba**.

fonologização *phonologization* termo utilizado para descrever o fenômeno em que um **alofone** passa a ocorrer como **fonema**. Por exemplo, os alofones representados pelas africadas alveopalatais [tʃ, dʒ], em diversos dialetos do português do Brasil, tinham o condicionamento de ocorrerem sistemática e exclusivamente antes de vogais altas anteriores, i.e., [i]. Há indícios de estar em curso a fonologização das africadas, uma vez que pares mínimos como [tã, tʃã] *TAM, Tcham,* ou [te, tʃe] *"tê", tchê,* evidenciam a oposição fonêmica entre oclusiva alveolar e africada. Por estar ainda em curso, o fenômeno de fonologização apresenta maior número de formas com as africadas seguidas de vogais altas anteriores [i]. Contudo, além de empréstimos, que apresentam africadas seguidas de vogais diferentes de [i], ocorrem em casos de cancelamento de glide, como em [ɔdʒʊ, patʃʊ] *ódio, pátio,* e também em casos de cancelamento de vogal alta, como em *a[dʒe]tivo*. Os fatos elencados oferecem evidências de que a fonologização de /t, d, tʃ, dʒ/ está em estágio adiantado no português brasileiro. Ver **fusão**[3], **separação**.

fonotática *phonotactics* conjunto de condições que determinam as sequências sonoras bem-formadas de uma língua. Define os padrões silábicos possíveis da língua em questão. No português, o padrão silábico máximo é CCVVCC, sendo C uma consoante e V uma vogal. A sílaba mínima é constituída de uma única vogal. No português, o **núcleo** da **sílaba** é sempre ocupado por uma vogal e as consoantes são elementos periféricos. As consoantes que precedem o núcleo são denominadas **onsets** e as consoantes que

1. V	*u*va
2. CV	*chu*va
3. CVC	*cur*va
4. CVCC	***per***spicaz
5. CCV	***prato***
6. CCVC	***triste***
7. CCVCC	***trans***torno
8. VC	***harpa***
9. VCC	*(não há)*
10. VV	***outro***
11. CVV	***couro***
12. CVVC	**deus**
13. CVVCC	*(não há)*
14. CCVV	***fral***da
15. CCVVC	***claus***tro
16. CCVVCC	*(não há)*

seguem o núcleo são denominadas **codas**. A figura ilustrativa apresenta os padrões fonotáticos do português. Várias combinações de consoantes (C) e vogais (V) são possíveis, sendo alguns padrões fonotáticos mais recorrentes do que outros. Em encontros consonantais, há restrições quanto aos segmentos que podem coocorrer na sequência consonantal. Por exemplo, em português os encontros consonantais **tautossilábicos**, ou seja, em que as duas consoantes ocorrem na mesma sílaba, a primeira consoante deve ser uma obstruinte e a segunda consoante deve ser uma líquida. Observa-se na figura ilustrativa que alguns padrões fonotáticos que são combinatorialmente possíveis em português, como, por exemplo, VCC ou CVVCC e CCVVCC, de fato não ocorrem. Essa observação permite a generalização de que sílabas que apresentem duas consoantes pós-vocálicas são raras em português e apresentam restrições distribucionais. Portanto, além de investigarmos quais são os padrões fonotáticos possíveis devemos também investigar a organização das sílabas em consoantes e vogais e também as restrições segmentais impostas a padrões fonotáticos específicos. Ver **heterossilábico, tautossilábico**.

forma de superfície *surface form* corresponde à realização efetiva de um evento linguístico. Relaciona-se, portanto, à manifestação fonética e ao **desempenho**. Também denominada **forma superficial**. Distingue-se da **forma**

subjacente, que é relacionada com a **competência** e com a representação fonológica. Formas de superfície expressam o resultado dos processos de derivação que foram aplicados a uma **forma subjacente**. A representação fonética ou forma superficial é apresentada entre colchetes: [a]. Ver **derivação**[2], **forma subjacente, representação**.

forma subjacente *underlying form* corresponde à representação abstrata de um evento linguístico. Relaciona-se, portanto, à manifestação fonológica e à **competência**. Distingue-se da **forma superficial**, que é relacionada com o **desempenho**. Formas subjacentes são sujeitas aos processos fonológicos ao longo da derivação, que culminará em uma forma superficial. A representação fonológica ou forma subjacente é apresentada entre barras transversais: /a/ e não é pronunciável por expressar uma representação linguística abstrata. Ver **derivação**[2], **forma de superfície, representação**.

formalismo *formalism* recurso notacional para expressar uma descrição com base em formas discretas. O formalismo é presente em modelos que concebem a linguagem humana como um objeto com propriedades formais. Noam Chomky é o proponente de maior destaque que apresenta modelos formalistas da linguagem humana. Ver **empirismo, funcionalismo, racionalismo**.

formante *formant* zonas de frequência intensificadas pelas cavidades de ressonância de acordo com as diferentes configurações assumidas pelo trato vocal. Visualmente, os formantes são identificados no espectrograma com barras horizontais escuras. Os formantes são numerados de baixo para cima no espectrograma como F1, F2, F3 etc. O primeiro formante, indicado por F1, é relacionado à altura da vogal e tem valores entre 150-850 Hz. Quanto mais baixo o valor de F1, mais alta será a vogal. O segundo formante, indicado por F2, relaciona-se à anterioridade e posterioridade da língua e tem valores entre 500-2500 Hz. Quanto mais alto for o valor de F2, mais anterior será a vogal. A primeira figura ilustrativa deste verbete apresenta respectivamente as sete vogais orais tônicas do português em que se pode observar a relação entre os valores dos formantes e as características articulatórias das

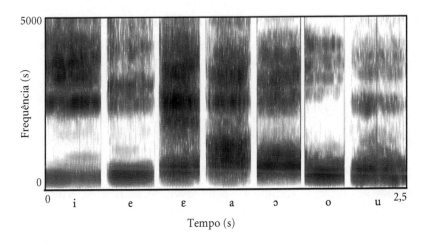

vogais. As bordas dos formantes sofrem alterações dependendo da natureza das consoantes precedente e seguinte. A plotagem dos valores de F1 e F2 em um gráfico permite a visualização dos segmentos vocálicos de maneira semelhante à proposta no **diagrama** de Vogais **Cardeais**. A segunda figura ilustrativa deste verbete mostra a plotagem dos formantes F1 e F2 de várias

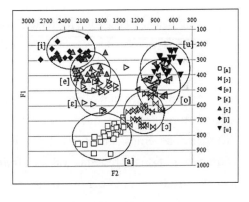

realizações das setes vogais orais do português brasileiro. Destaca-se que os diversos valores de F1 e F2 são aproximados entre si, mas não exatamente iguais. Observa-se, também, que há sobreposição de vogais diferentes na área vocálica. Ver Vogal **cardeal**, **espectrograma**, **qualidade vocálica**.

fortalecimento *fortition, strengthening* fenômeno fonológico em que a articulação de um segmento se torna mais *forte* no sentido de ser produzido com maior grau de obstrução no trato vocal ou de ser classificado em direção a menores valores na **escala de sonoridade**. O termo se opõe a **lenição**. Um caso de **fortalecimento** seria um **glide** palatal, por exemplo, passar a se manifestar como uma consoante **fricativa** ou **africada** (fenômeno que ocorre em algumas variedades do espanhol). Não temos casos de **fortalecimento** no português brasileiro. Ver **enfraquecimento, lenição.**

fortis *fortis* classificação de segmentos consonantais que são articulados com grande esforço muscular. Em geral, as consoantes obstruintes desvozeadas são classificadas como fortis. Termo oposto a **lenis.** Ver **frouxo, tenso.**

frase entonacional *entonational phrase* um dos níveis da **hierarquia prosódica.** Também denominado **sintagma entonacional** ou **grupo entonacional.** Ver **Fonologia Prosódica, hierarquia prosódica.**

frase fonológica *phonological phrase* um dos níveis da **hierarquia prosódica.** Ver **Fonologia Prosódica, hierarquia prosódica.**

frequência[1] *frequency* número de vezes que um evento se repete por unidade de tempo. A unidade de medida é Hertz (Hz). Ver figura ilustrativa em **amplitude.**

frequência[2] *frequency* medida relacionada com a ocorrência de elementos em um **domínio** ou corpus. Ver **frequência de ocorrência, frequência de tipo.**

frequência de ocorrência *token frequency* número total de vezes que um elemento ou um tipo ocorre em um determinado *corpus*. Por exemplo, se quisermos saber a frequência de ocorrência da palavra *fonologia* neste dicionário, devemos contar quantas vezes a palavra é encontrada no texto. O número obtido representa o valor da frequência de ocorrência da palavra *fonologia* neste dicionário. Em um mesmo **domínio** ou **corpus,** a frequência de ocorrência tem sempre valor absoluto maior do que o valor absoluto da **frequência de tipo.**

frequência de tipo *type frequency* número de elementos ou tipos que compartilham uma propriedade específica em um **domínio.** Por exemplo, se quisermos saber a frequência de tipo da sílaba [ka] neste dicionário, devemos buscar todas as vezes que ocorre uma palavra com a sílaba [ka] (*cavidade, característica, fricativa* etc.). O número obtido representa o valor da frequência de tipo da sílaba [ka] neste dicionário. Em um mesmo **domínio** ou **corpus** a frequência de tipo tem sempre valor absoluto menor do que o valor absoluto da **frequência de ocorrência**.

frequência fundamental *fundamental frequency* faixa de frequência mais baixa de uma onda complexa. Indica-se a frequência fundamental por F_0 (lê-se [efiˈzɛɾʊ]). A frequência fundamental tem papel importante na definição da **entonação**. Ver **pitch**.

fricativa *fricative* modo ou maneira de articulação das consoantes produzidas com o estreitamento da passagem de ar pelos articuladores, provocando fricção. Na produção das fricativas, a passagem da corrente de ar é obstruída parcialmente. No português, as consoantes fricativas são: [f, v, s, z, ʃ, ʒ, x, ɣ, h, ɦ], como em *faca, vaca, sara, casa, chata, jaca, casca, rasga, carta, carga*. As consoantes fricativas [f, s, z, ʃ, ʒ, x, ɣ, h, ɦ] podem ocorrer em posição final de **sílaba** seguidas de outra consoante, formando um encontro consonantal **heterossilábico** como em *afta, casca, rasga, carta, carga*. A fricativa labiodental [f] pode se combinar com a lateral [l] ou com o tepe [ɾ] para formar encontros consonantais **tautossilábicos**, como pode ser ilustrado nas palavras *frio, flecha*. Ver **sons do português**.

fricativização *spirantization* ver **espirantização**.

frouxa *lax* vogal que é articulada com menor esforço muscular e que tem, geralmente, pequena duração. No português, as vogais frouxas são: [ɪ,ʊ,ə]. Ver **tensa**.

frouxo *lax* traço distintivo do sistema de Jakobson e Halle definido como tendo menor esforço muscular em sua articulação e com duração breve. Representa, tipicamente, as vogais breves que são [+frouxo]. Os demais segmentos são [-frouxo]. Ver **tenso**.

funcionalismo *functionalism* concepção de que a linguagem humana é fruto da função primária de comunicação entre os seres humanos. Assim, a linguagem não depende de constituição interna, mas emerge de suas funções. Nessa perspectiva, a natureza das funções linguísticas determina a estrutura da língua. Ver **empirismo, formalismo, racionalismo.**

fusão[1] *fusion* procedimento descritivo de elementos que constituem os segmentos fonológicos em modelos privativos como a **Fonologia de Dependência** e **Fonologia de Governo.**

fusão[2] *fusion* fenômeno fonológico de junção de vogais que ocorrem em sequência, como por exemplo *cooperativa* → *coperativa*. Ver **coalescência.**

fusão[3] *merger* fenômeno em que a **oposição** entre dois fonemas distintos é perdida e apenas uma das realizações do **fonema** permanece. Por exemplo, havia o contraste entre a vogal [o] e o ditongo [oʊ̯] em português, como, por exemplo, nas palavras *coro* [ˈkoɾu] e *couro* [ˈkoʊ̯ɾu]. O fenômeno de redução de ditongo levou à fusão de [o] e [oʊ̯], de maneira que somente [o] ocorre atualmente nas duas palavras *coro* e *couro*. O fenômeno também é referido como **desfonologização.** Ver **fonologização, separação.**

geminada *geminate* consiste de uma sequência de segmentos consonantais adjacentes que sejam idênticos. Em modelos fonológicos não lineares, as geminadas são representadas como um segmento associado a duas posições esqueletais. O português atual não apresenta consoantes geminadas, embora o latim as tivesse. Contudo, algumas análises do português atual sugerem que 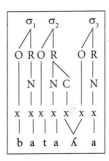 consoantes palatais funcionam como consoantes geminadas. Uma palavra como *batalha* teria a representação fonológica como a da figura ilustrativa. Em tal representação a consoante palatal ocupa tanto a posição **pós-vocálica** da penúltima sílaba quanto a posição de **onset** da última sílaba. Assumir que consoantes palatais sejam representadas como consoantes geminadas permite explicar a ausência de consoantes palatais em sílaba final de proparoxítonos: **batalha,*gálinha, *córuja e *bólacha*. Assume-se que a ausência de formas proparoxítonas com consoantes palatais pós-vocálicas segue de uma restrição maior do sistema fonológico do português que não permite consoantes pós-vocálicas em sílabas finais em proparoxítonos: **révista* ou **réverso*. Comportamento análogo é observado com o R-forte: **cígarro*, o qual pode também ser interpretado como uma consoante geminada. A validade de um argumento **diacrônico** para sustentar uma análise **sincrônica** é controversa.

generalização *generalization* afirmação geral sobre fatos observados que sejam verdadeiros para todos os dados da língua. Poucas exceções que violem a generalização podem ser toleradas. Por exemplo, o português, tipicamente, permite apenas uma consoante pós-vocálica: *pas.ta, car.ta*. Essa generalização se aplica para a grande maioria das palavras do português que apresentam consoantes pós-vocálicas. Contudo, em um grupo restrito de palavras do português essa generalização é violada, como em *pers.pectiva, sols.tício*, pois duas consoantes pós-vocálicas ocorrem excepcionalmente. Generalizações podem ser formuladas para representações fonéticas, como no caso ilustrado neste verbete. Alternativamente, generalizações podem ser formuladas para representações fonológicas, como ilustrado no verbete **geminada**.

Geometria de Traços *Feature Geometry* proposta teórica que sugere a organização de traços distintivos em nós específicos hierarquicamente organizados. A representação utilizada tem formato de árvore em que os traços são agrupados em nós terminais ou nós intermediários. Os nós terminais são traços fonológicos e os nós intermediários são classes de traços. Os nós são associados às **posições esqueletais**. A proposta de Geometria de Traços é apresentada em Clements (1985, 1991), com ampliação em Clements e Hume (1995).

gerativismo *generativism* proposta teórica que, geralmente, é associada às ideias de Noam Chomsky. Sugere que a **Gramática Universal** tem propriedades formais e contém o conhecimento linguístico inato da espécie humana. Assume-se a existência de uma **forma de superfície**, do domínio do **desempenho**, que é entendida como o produto de transformações sofridas pela **forma subjacente**, do domínio da **competência**, através da aplicação de regras da Gramática. A fonologia, nessa abordagem, é compreendida como um módulo gramatical. As regras fonológicas *geram* ou *transformam* as formas subjacentes em formas superficiais. No modelo gerativo, a sintaxe é o componente central da Gramática, fornecendo informações para o componente fonológico e semântico. Ver **Fonologia Gerativa, Gramática Universal**.

gesto *gesture* configuração em que a articulação de um segmento pode ser decomposta em sua organização fisiológica. A **Fonologia de Dependência**

adota a noção de gestos para a representação segmental. A **Fonologia Articulatória** sugere que as representações fonológicas consistem de sequências de gestos, que são os elementos primitivos da organização fonológica. Nessa abordagem, os gestos podem ser sobrepostos na organização temporal da fala, oferecendo uma explicação elegante aos fenômenos de **assimilação** e **lenição**.

glide *glide* (pronuncia-se *gl[ai]de)* segmento que apresenta características articulatórias de uma vogal, mas que não pode ocupar a posição de **núcleo** de uma **sílaba**. Diz-se que o glide é uma vogal **assilábica**, ou seja, uma vogal que não pode ser o núcleo de uma sílaba. Portanto, um glide não pode receber acento. É indicado com o símbolo de uma vogal acrescido do diacrítico [˯], por exemplo, [i̯, u̯]. Tipicamente os glides ocorrem nas línguas naturais como vogais altas assilábicas. Em **ditongos centralizados** o glide pode ser um **schwa** como, por exemplo, na palavra *bola* pronunciada como *b[ɔə̯]la*. Glides sempre ocorrem precedendo – *nac[io]nal* – ou seguindo – *c[au̯]sa* – uma vogal. Quando são precedidos de uma vogal, formam um **ditongo crescente:** *nac[io]nal.* Quando são seguidos de uma vogal, formam um **ditongo decrescente:** *c[au̯]sa.* Geralmente, os glides se manifestam com características articulatórias de vogais altas anteriores ou posteriores. Outras denominações para **glide** são **semivogal** e **semiconsoante**. Ver **diagrama, ditongo, vogal cardeal.**

glotal *glottal* lugar ou ponto de articulação de uma consoante cujo **articulador ativo** e **articulador passivo** são os músculos da **glote**. No português as consoantes glotais são: [h, ɦ], como, por exemplo, em *marca, larga,* que são sons em variação dialetal com outros **sons de r**. Ver **aparelho fonador, sons de r, sons do português.**

glotálico *glottalic* um dos mecanismos de passagem da corrente de ar, além do mecanismo **pulmonar** e **velárico**. No mecanismo de passagem de corrente de ar glotálico, o ar presente na faringe é expelido através de movimento iniciado pela ação da glote. As consoantes produzidas com o mecanismo de corrente de ar glotálico são denominadas **ejectivas**. No português, não há som produzido com o mecanismo de ar glotálico. Ver **corrente de ar**.

glote *glottis* espaço entre as **pregas vocais**. Ver **aparelho fonador, pregas vocais, vozeamento**.

governo *government* relação estabelecida entre posições esqueletais e constituintes silábicos na **Fonologia de Governo**. Um dos elementos é o governante (**cabeça**) e o outro, o governado.

grade *grid* formalismo adotado pela **Fonologia Métrica** para representar a hierarquia de proeminência acentual e de organização silábica. Cada **sílaba** recebe uma posição na grade métrica e as sílabas com maior proeminência recebem marcas adicionais na grade. Assim, a sílaba com maior proeminência acentual será aquela que tiver maior número de marcas na grade. Também denominada *grelha*. Ver figura ilustrativa em **Fonologia Métrica**.

gradiente *gradient* natureza contínua da transição de elementos em alguma dimensão. Opõe-se a discreto, ou categórico, em que a transição seria abrupta de um elemento para outro. A visão clássica, ou tradicional, assume a natureza gradiente da **fonética** e a natureza categórica da **fonologia**. Por exemplo, o caráter gradiente de abertura das **pregas vocais** – que perpassa uma posição completamente aberta até uma posição completamente fechada na produção do vozeamento – seria do domínio da **fonética**. Por outro lado, o fato de as línguas utilizarem contrastivamente dois graus de vozeamento apenas – **vozeado** e **desvozeado** – demonstraria o caráter categórico da fonologia. Abordagens recentes buscam reavaliar a relação entre a fonética e a fonologia e indagam sobre a natureza gradiente das representações sonoras. Ver **Fonologia de Laboratório**.

gradual[1] *gradual* na perspectiva da **Escola de Praga** diz respeito à característica de uma relação entre segmentos que possuem variações em algum grau. Por exemplo, postula-se uma relação gradual de altura entre as vogais [u, o, ɔ].

gradual[2] *gradual* propriedade de fenômenos em que as mudanças acontecem aos poucos, e não abruptamente. A **difusão lexical** sugere que a mudança sonora seja lexicalmente gradual e foneticamente abrupta. Ou seja, uma vez que a mudança sonora tenha início, atingirá inicialmente algumas palavras. A propagação da mudança sonora será gradual no léxico, de maneira que todas as palavras a serem potencialmente atingidas podem ou não sofrer a mudança. Ver **Neogramática**.

grafema *grapheme* unidade representacional em um sistema de escrita. Engloba, além das letras, os números e os sinais de pontuação. Em sistemas de escrita alfabética, idealmente, um único **grafema** pode ser compreendido como o correlato escrito de um **fonema**. Por exemplo, o grafema **p** é o correlato escrito do fonema /p/. Contudo, há situações em que dois grafemas podem representar um único fonema e, neste caso, são denominados **dígrafos**. Exemplos de dígrafos em português são: *chave:* fonema /ʃ/, *palha:* fonema /ʎ/, ou *banho:* fonema /ɲ/. Um **grafema** pode não representar nenhum **fonema**, no caso de consoantes mudas, como o **h** em início de palavras em português, por exemplo, na palavra *homem*. Os termos **grafema** e **letra** são muitas vezes utilizados com o mesmo significado. Ver **letra**.

Gramática *Grammar* conhecimento linguístico internalizado que permite a um falante utilizar, efetivamente, a linguagem em suas diversas situações de uso. Há outras acepções possíveis, a depender das perspectivas teóricas adotadas.

Gramática Universal *Universal Grammar (UG)* módulo inato da mente humana relacionado com a capacidade da linguagem e com o conhecimento linguístico. Abreviado como **GU** (lê-se [ʒeˈu]). É um termo associado diretamente com os trabalhos de Noam Chomsky e com o modelo **Gerativo**. Em trabalhos mais recentes, Chomsky sugere o termo *Faculdade da Linguagem* para se referir ao módulo inato da espécie humana e *Gramática Universal* para se referir à teoria que estuda tal módulo. Ver **empirismo**, **gerativismo**, **racionalismo**.

grave[1] *grave* traço distintivo do sistema de traços de Jakobson e Halle definido articulatória e acusticamente como tendo articulação periférica no trato vocal e concentração de energia nas frequências mais baixas do espectro. Representa, tipicamente, articulações labiais, velares, uvulares e as vogais posteriores. No sistema de traços do **SPE**, tem correlato aproximado com o traço [-coronal] para consoantes e [+posterior] para as vogais. Ver **agudo[1]**.

grave[2] *grave* marca gráfica acentual, ou **diacrítico**, utilizado na ortografia de algumas línguas. No português, o acento grave indica a **crase:** *à* ou *àquela*. No **IPA**, o acento grave é utilizado para marcar um tom baixo. Ver **agudo[2], circunflexo.**

grelha *grid* ver **grade.**

grupo clítico *clitic group* um dos níveis da **hierarquia prosódica.** Ver **Fonologia Prosódica, hierarquia prosódica.**

grupo entonacional *intonational group* ver **frase entonacional.**

GU *UG* (lê-se [ʒeˈu]) abreviatura para **Gramática Universal.**

harmonia consonantal *consonantal harmony* fenômeno fonológico que determina certas combinações de segmentos consonantais em um domínio. Pode ser considerado um tipo de assimilação. É um fenômeno raro nas línguas naturais e não ocorre em português.

harmonia vocálica *vowel harmony* fenômeno fonológico em que um ou mais traços de uma vogal se propagam para outros segmentos vocálicos em um **domínio**, por exemplo, uma palavra. A harmonia vocálica opera em certas variedades do português afetando, com certa regularidade, as vogais médias. Nesses casos, as vogais pretônicas compartilham a mesma propriedade de abertura vocálica da vogal tônica. Se a vogal tônica for média-alta, as vogais pretônicas serão médias-altas, como por exemplo em: *pr[o]f[e]ss[o]r, p[o]d[e]r[o]so, r[e]c[eo]so*. Se a vogal tônica for média-baixa, as vogais pretônicas serão médias-baixas, como em: *p[ɛ]r[ɛ]r[ɛ]ca, p[ɔ]r[ɔ]r[ɔ]ca, m[ɛ]t[ɛç]rito, p[ɔ]d[ɛ]r[ɔ]sa*. Em algumas variedades do português, podemos sugerir que a harmonia vocálica opere entre as vogais altas. Exemplos seriam: *p[i]r[i]go, c[u]r[u]ja, c[u]m[i]da*. Contudo, há divergência de tratamento dos dois casos como fenômenos análogos ou diferentes.

heterossilábico *heterosyllabic* tipo de encontro consonantal em que duas consoantes se encontram em sílabas diferentes. No português, a grande maioria dos encontros consonantais heterossilábicos é constituída de uma sibilante, um som de **r** ou uma lateral seguidas de outra consoante como, por exemplo, em *pasta, carta* ou *salta*. A sibilante pode variar entre [s, z, ʃ, ʒ]. O som de **r** pode variar entre os sons [ɾ, ɹ, h, ɦ, x, ɣ] ou pode ser cancelado. A lateral pode ocorrer em alguns dialetos, mas no português brasileiro é tipicamente vocalizada: sa[ɫ]ta alterna com sa[w]ta. Menos recorrentes são encontros consonantais heterossilábicos que envolvem duas consoantes oclusivas, africadas, nasais ou fricativas. Por exemplo, *afta* [ˈafta] ou *dogma*[ˈdɔgma]. Este último tipo de encontro consonantal **heterossilábico** tende, no português brasileiro, a ser desfeito pela interposição uma vogal **epentética** entre as duas consoantes: *afta* [ˈafta] ~ [ˈafita] ou *dogma*[ˈdɔgma] ~ [ˈdɔgima]. Ver **tautossilábico**.

hiato *hiatus* sequência de vogais adjacentes que ocorrem em sílabas diferentes. Por exemplo, nas palavras *[aˈɛ]reo, s[aˈu]de, d[iɔ]cese, mág[ua]*. Quando ocorre uma vogal alta em hiato com outra vogal pode, opcionalmente, ocorrer no português brasileiro o fenômeno de **ditongação**: *d[i̯ɔ]cese > d[ɪɔ]cese, mag[ua] > mag[u̯a]*. Ver **coalescência, ditongo**.

hierarquia de sonoridade *sonority hierarchy* organização dos sons da fala em um esquema que prevê uma escala gradativa e hierárquica de sonoridade. Também denominada escala de sonoridade. A sonoridade máxima é atribuída às vogais e a sonoridade mínima é atribuída às obstruintes. Na posição intermediária, encontram-se as demais consoantes, como indicado na figura ilustrativa.

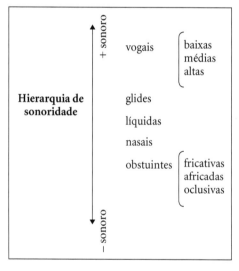

A **lenição**, tipicamente, envolve mudança consonantal em direção à borda mais sonora da escala de sonoridade. O **fortalecimento**, por outro lado, tipicamente, envolve mudança consonantal em direção à borda menos sonora da escala de sonoridade.

hierarquia prosódica *prosodic hierarchy* disposição das unidades prosódicas em níveis de constituição. Engloba desde a **sílaba** (σ) até o **enunciado** (U), passando pelo **pé métrico** (Σ), pela palavra fonológica (ω), pelo grupo clítico (C), pela frase fonológica (φ), pela frase entoacional (I), em uma estrutura organizada hierarquicamente como mostra a figura ilustrativa. É uma representação adotada pela **Fonologia Prosódica** que oferece instrumentos para a análise da interface fonologia-sintaxe. Cada nível superior contém, exaustivamente e apenas, os níveis imediatamente inferiores. Assim, por exemplo, os pés contêm as sílabas e o enunciado contém todas as unidades inferiores da hierarquia prosódica. Assume-se que todas as línguas apresentem esses sete níveis da hierarquia prosódica, mesmo que não os utilizem produtivamente. Contudo, encontra-se em debate se todos os níveis da hierarquia prosódica estão presentes em todas as línguas. Ver **domínio prosódico, Fonologia Prosódica.**

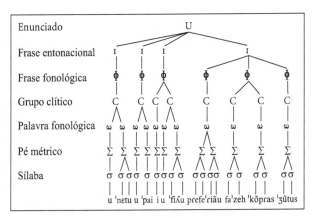

hipercorreção *hypercorrection* fenômeno em que um falante utiliza uma pronúncia que transcende a **norma**, quando de fato tal falante pretendia utilizar a linguagem de padrão e de prestígio. Por exemplo, as palavras *meritíssimo* e *privilégio* – que têm a pronúncia padrão *mer[i]tíssimo* e *pr[i]vilégio* – seriam pronunciadas em hipercorreção como *mer[e]tíssimo* e *pr[e]vilégio*, transcendendo a norma. A hipercorreção, nesse caso, decorre do fato de o falante, indevidamente, utilizar uma vogal média [e] quando a forma padrão seria com uma vogal alta [i]. Ver **variação.**

hipocorístico *hypocoristics* ver **hipocorização.**

hipocorização *hypocorism* fenômeno de formação de palavras relacionado aos nomes próprios e que consiste na redução de material segmental da palavra, mas mantém identidade com o nome original. Por exemplo, *Manuela > Manú, Natália > Nati, Gabriela > Gabi.* O nome resultante da redução é denominado **hipocorístico**. A **hipocorização** se adapta ao comportamento fonológico geral da língua, podendo evidenciar a aplicação de fenômenos fonológicos. Ver **reduplicação**.

hipocorreção *hypocorrection* termo associado ao trabalho de John Ohala. Fenômeno em que um ouvinte, erroneamente, assume que o seu interlocutor, a quem ele escutava, pronunciou de fato um outro som. O ouvinte passa, então, a utilizar o som que ele pensa ter escutado. Suponha que no português um falante escute a palavra *problema* como *poblema*, embora seu interlocutor tenha pronunciado *problema*. Por hipocorreção o ouvinte passa a utilizar a forma que ele escutou: *poblema*. É sugerido que a hipocorreção tem papel importante nos fenômenos de mudança sonora.

homofonia *homophony* relação entre palavras que têm significados distintos, mas que apresentam a mesma pronúncia. Diz-se que tais palavras são homófonas. Palavras homófonas que têm a mesma grafia são denominadas homógrafas, como, por exemplo: *manga* (fruta, de uma camisa, de pasto), *passeio* (verbo, diversão, calçada). Palavras homófonas que têm grafia diferente são denominadas heterógrafas, como, por exemplo, *cela* e *sela*, *conserto* e *concerto*. Ver **grafema, letra**.

homorgânico *homorganic* segmento que apresenta ponto de articulação igual a outro, adjacente, geralmente, em decorrência de ajuste fonético. Por exemplo, sibilantes pós-vocálicas no português mineiro são tipicamente alveolares: *pa[st]ta, fe[st]a*. Contudo, sibilantes pós-vocálicas no português mineiro se manifestam como alveopalatais quando seguidas de africadas alveopalatais: *ve[ʃtʃi]ido* ou *ca[ʃtʃi]go*. A realização alveopalatal das fricativas representa um exemplo de ajuste homorgânico entre a sibilante pós-vocálica e a africada que a segue.

iâmbico *iambic* ver **iambo**.

iambo *iamb* consiste de uma sílaba não acentuada seguida de uma sílaba acentuada em um **pé métrico**. Pode ser representado em **grade** como (. *) e em árvore como (w s). Pode ser também formado por uma sílaba breve seguida de uma sílaba longa. O padrão métrico, nesses casos, é dito **iâmbico**. O debate sobre a natureza do pé, em português, como iambo ou **troqueu** permanece aberta no debate atual. Ver **troqueu**.

implementação *implementation* fenômeno de propagação de uma mudança linguística. A **ativação** aciona, inicialmente, uma mudança linguística e a implementação propaga tal mudança. Os modelos **neogramáticos** e de **difusão lexical** debatem sobre a natureza da implementação da mudança sonora. Ver **ativação, Difusão Lexical, Neogramática**.

implosiva *implosive* consoante produzida com o mecanismo de ar glotálico e com a corrente de ar ingressiva, tipicamente, em consoantes vozeadas. Não ocorrem consoantes implosivas em português. Ver **ejectiva**.

infixo *inffix* **afixo** que é inserido no meio da palavra. Ver **morfema**.

ingressiva *ingressive* propriedade da corrente de ar que se direciona da parte exterior para dentro dos pulmões. O mecanismo de corrente de ar ingressivo é pouco comum nas línguas naturais. Sons produzidos com a corrente de ar ingressiva ocorrem em exclamações de surpresa de certos falantes do francês, mas não ocorre no português. Ver **implosiva**.

início de palavra *word-initial* **contexto** em que ocorrem fenômenos fonológicos. Por exemplo, em português, o **alçamento** de vogais médias em início de palavra é recorrente, como em *[i]scola* ou *[ĩ]préstimo*. O símbolo adotado para indicar o início de palavra é : #___.

input *input* termo utilizado pela **Teoria da Otimalidade** para caracterizar as especificações da Gramática Fonológica, ou **formas subjacentes**, de uma língua. Ver **tableau**.

inserção *insertion* fenômeno fonológico de acréscimo de vogal ou de consoante na cadeia segmental. Ver **epêntese**.

intensidade *intensity* quantidade de energia de uma onda sonora. Está relacionada com a **amplitude** da onda. O correlato perceptual da intensidade é o **volume**. A intensidade é medida em **decibel** indicada por (dB). Ver figura ilustrativa no verbete **amplitude**.

interface *interface* noção adotada em teorias linguísticas que separam a Gramática em módulos específicos. Determina os aspectos que conectam módulos específicos da Gramática que estejam em interação. Por exemplo, a interação entre a **fonologia** e a **sintaxe** pode ser compreendida como a interface entre fonologia/sintaxe. A interface potencial entre a fonética e a fonologia é tema de debate em vários modelos correntes. Ver **fonologia**.

intervocálico *intervocalic* **contexto** ou **ambiente** entre duas vogais. Vários fenômenos fonológicos, em português, ocorrem em posição inter-vocálica, por exemplo, a **lenição** de consoantes palatais, seja lateral, como em *palha > paia*, ou nasal, como em *banha > baĩa*, e o cancelamento de lateral alveolar, como em *óculos > ócus*. O simbolismo adotado para indicar o contexto intervocálico é: V___V. Ver **pós-vocálico, pré-vocálico**.

inventário fonêmico *phonemic inventory* conjunto de **fonemas** de uma língua. Análises do português brasileiro, em geral, sugerem o seguinte inven-tário fonêmico: /p, b, t, d, k, g, f, v, s, z, ʃ, ʒ, R, ɾ, m, n, ɲ, l, ʎ, a, e, ɛ, i, o, ɔ, u/.

Tal inventário consiste de 19 fonemas consonantais e 7 fonemas vocálicos. A pertinência de se incorporar os segmentos /kʷ, gʷ/ ou glides /y, w/ como fonemas e também a postulação de arquifonemas como /N, R, L, S/ são temas de debate.

inventário fonético *phonetic inventory* conjunto de fones ou sons de uma língua. Análises do português brasileiro, em geral, sugerem o seguinte inventário fonético: [p, b, t, d, tʃ, dʒ, k, kʷ, g, gʷ, f, v, s, z, ʃ, ʒ, x, ɣ, h, ɦ, ɾ, ɹ, ř, m, n, ɲ, ỹ, l, ɫ, w, ʎ, y, a, e, ɛ, i, o, ɔ, u, ɪ, ʊ, ə, ã, ẽ, ĩ, õ, ũ, aɪ̯, eɪ̯, ɛɪ̯, oɪ̯, ɔɪ̯, uɪ̯, au̯, eu̯, ɛu̯, ou̯, ãɪ̯, ẽɪ̯, õɪ̯, ũɪ̯, ãu̯]. Diferentes variedades linguísticas adotam diferentes subconjuntos deste inventário.

IPA *IPA* (lê-se ['ipa]) abreviatura para Alfabeto Internacional de Fonética, que em inglês é: International Phonetic Association.Ver **Alfabeto Internacional de Fonética**.

isocronia *isochrony* padrão rítmico no qual as sílabas tônicas ocorrem em intervalos regulares de tempo. Algumas variedades do português do sul do Brasil podem apresentar sílabas isocrônicas.

jogos de linguagem *language games* modificações que falantes desenvolvem na organização de suas línguas, muitas vezes crianças, para brincar de língua secreta ou simplesmente por diversão. Um exemplo de jogo de linguagem no português brasileiro é a língua do "P", na qual falantes inserem, para cada sílaba, outra sílaba iniciada com [p]. Há variações quanto o tipo de vogal, mas um exemplo seria a palavra *escuta*, numa possível variante da língua do "P", seria pronunciada como (es.pes.cu.pu.ta.pa). Os jogos de linguagem oferecem indícios importantes sobre o comportamento do componente fonológico. Por exemplo, podemos ter dúvidas quanto à divisão em sílabas da palavra *afta*. Contudo, se testarmos como esta palavra é pronunciada na língua do "P", teremos evidências sobre a silabificação de *afta*. Se pronunciarmos a palavra *afta* como (af.paf.ta.pa) teremos evidências que a primeira consoante, ou seja, [f], faz parte da sílaba inicial. Contudo, se ocorrer a pronúncia (a.pa.fi.pi.ta.pa), temos indícios de que a consoante [f] pode formar uma segunda sílaba, como decorrência da **epêntese**.

juntura *juncture* contexto de transição entre domínios. Pode envolver sílabas, pés métricos, morfemas, palavras ou sentenças. Vários fenômenos fonológicos ocorrem nesse contexto em português. Por exemplo, o vozeamento de sibilantes em juntura de morfema como em *(mes + es)* → *me[z]es*, ou em juntura de palavras como em *(mês + atrasado)* → *mê[z]atrasado*. Ver **degeminação, elisão, sândi**.

labial *labial* consoante em que o articulador ativo é o lábio inferior e o articulador passivo, o lábio superior, de maneira que os dois lábios se encontram e produzem obstrução da passagem da corrente de ar. São consoantes bilabiais em português: [p, b, m]. Ver **aparelho fonador, sons do português**.

labialização *labialization* propriedade relativa ao **arredondamento** dos lábios ser acrescido à produção de um som. Para indicar a labialização, utiliza-se o símbolo [ʷ] após os símbolos consonantais. Geralmente, as consoantes em português são labializadas quando seguidas de vogais arredondadas: [u, ʊ, o, ɔ, ũ, õ]. Por exemplo, [pʷ, tʷ, sʷ] ocorrem respectivamente em posição inicial nas palavras *pura, toma, soco*. Ver **alofonia, distribuição complementar**.

lábio *lip* articulador ativo e passivo na produção de segmentos consonantais. O lábio inferior é articulador ativo em sons bilabiais [p, b, m] e labiodentais [f, v]. O lábio superior é articulador passivo em sons bilabiais. Ver **aparelho fonador, sons do português**.

labiodental *labiodental* lugar ou ponto de articulação de uma consoante cujo **articulador ativo** é o lábio inferior e o **articulador passivo** são os dentes superiores. No português, as consoantes labiodentais são: [f, v] como em posição inicial nas palavras *fé, vida*. Ver **aparelho fonador, sons do português**.

lâmina *blade* articulador ativo localizado no ponto mais anterior da parte de cima da língua. Atua na produção de sons dentais, alveolares e retroflexos. Ver **aparelho fonador, ponta da língua**.

laringe *larynx* constitui o único elemento do sistema fonatório. As **pregas vocais** se localizam na laringe. A função primária da laringe é atuar como válvula que obstrui a entrada de comida nos pulmões por meio do abaixamento da epiglote. Na fala, é utilizada para a produção de **vozeamento** através das **pregas vocais**. Ver **aparelho fonador, fonação, glote**.

laríngeo *laryngeal* relacionado à laringe. Também relacionado ao traço distintivo [constrição glotal]. Ver **constrição glotal, traço distintivo**.

lateral[1] *lateral* modo ou maneira de articulação das consoantes produzidas com o fluxo de ar obstruído na linha central do trato vocal e com o escape lateral da passagem da corrente de ar. As consoantes laterais em português podem ter ponto de articulação alveolar, dental ou palatal. O símbolo fonético para a consoante lateral alveolar é [l] e o símbolo fonético para a consoante lateral dental é [l̪]. A lateral alveolar ou dental pode se combinar com consoantes oclusivas e fricativas para formar encontros consonantais tautossilábicos, como pode ser ilustrado nas palavras: *plano, blusa, atlas, globo, claro, flâmula*. Uma consoante lateral alveolar ou dental sem **articulação secundária** é denominada *l-claro*. Uma consoante alveolar ou dental pode ser articulada concomitantemente com a propriedade secundária do recuo da parte posterior da língua em direção à região velar. Nesses casos ocorre uma lateral alveolar ou dental velarizada, que tem por símbolo [ɫ], também denominada *l-escuro*, e que ocorre em algumas variedades do português do sul do Brasil, em posição final de sílaba, como pode ser ilustrado nas palavras: *sol, salto*. Na maioria das variedades do português brasileiro, o contexto de final de sílaba, ou seja, em posição pós-vocálica, uma consoante lateral alveolar é, tipicamente, vocalizada sendo manifestada por um som vocálico com a qualidade da vogal alta posterior [u]. Uma consoante lateral pode também ter articulação palatal e, nesse caso, utiliza-se o símbolo [ʎ], como pode ser ilustrado nas palavras: *palha, olho*. No português brasileiro, as consoantes laterais palatais sofrem **lenição** e são articuladas como uma consoante lateral alveolar ou dental palatalizada, que tem por símbolo [lʲ],

ou podem ser articuladas como um glide palatal, que tem por símbolo [y].
As consoantes laterais, sejam dentais, alveolares ou palatais, são classificadas
dentre as consoantes **líquidas**. Ver **sons do português**.

lateral[2] *lateral* traço distintivo que caracteriza sons produzidos com o
abaixamento do centro da língua, permitindo que o ar escape pelos lados da
boca. Este traço caracteriza as consoantes laterais e as distingue dos demais
sons. No português, as consoantes laterais são [+lateral]. Os demais sons
são [-lateral]. Ver **traço distintivo**.

l-claro *clear-l* consoante lateral produzida com a ponta da língua tocando os dentes ou os alvéolos. É a pronúncia típica de consoantes **laterais**
em português, como, por exemplo, nas palavras *lado* ou *plano*. Ver **lateral**[1],
l-escuro, sons do português.

lenição *lenition* fenômeno de **enfraquecimento** de um segmento
consonantal que se torna mais sonoro ou é produzido com menor grau
de constrição no trato vocal. Exemplos de lenição em português afetam as
consoantes palatais [ɲ] e [ʎ], que se tornam, em muitas variedades, [ỹ] e [lʲ],
respectivamente, em exemplos como *banho* ou *palha*. A lenição da lateral
palatal [ʎ] pode se manifestar como [lʲ] ou como [y]. No caso da pronúncia
[y] formas como *telha* e *teia* são pronunciadas de maneira análoga. A lenição
é um fenômeno fonológico muito frequente nas línguas naturais e atinge
segmentos consonantais. Ver **enfraquecimento, fortalecimento, hierarquia
de sonoridade, redução**.

lenis *lenis* classificação de segmentos consonantais que são articulados
com pequeno esforço muscular. Termo oposto a **fortis**. Ver **frouxo, tenso**.

l-escuro *dark-l* consoante lateral alveolar articulada com a ponta da
língua tocando os dentes ou os alvéolos, sendo que há concomitantemente
o levantamento da parte posterior da língua em direção ao palato mole, ou
região velar. Também denominado l-velarizado: [ɫ]. No português, o l-escuro

ocorre em alguns dialetos do sul do Brasil, em posição final de sílaba, como, por exemplo, nas palavras *sal* ou *volta*. Ver **lateral**[1], **l-claro**.

letra *letter* cada unidade representacional gráfica em um sistema de escrita alfabética. No português, após o acordo ortográfico que entrou em vigor em 2009, temos 26 letras: a, b, c, d, e, f, g, h, i, j, k, l, m, n, o, p, q, r, s, t, u, v, w, x, y, z. Letra e som não são termos equivalentes. Letras representam a escrita e sons representam a fala. Uma **letra** pode estar associada a um único **som**, como a letra *p*, que é sempre pronunciada como [p], ou uma letra pode estar associada a mais de um som, como a letra *x*, que é associada aos sons [s, ʃ, ks, z] nas palavras *próximo, caixa, taxi, exemplo*. Os termos **letra** e **grafema** são, muitas vezes, utilizados com o mesmo significado. Ver **grafema**.

levantamento *raising* ver **alçamento**.

lexicalização *lexicalization* fenômeno relacionado com alterações ditas assistemáticas, ou seja, que atingem apenas uma ou pouquíssimas palavras da língua. Um caso de lexicalização sonora pode ser ilustrado através da palavra *assovio*, que tem como forma lexicalizada a palavra *assobio*, em que os sons [v, b] alternam, mantendo o mesmo significado para as duas formas: *assovio* ou *assobio*. A alternância entre os sons [v, b] atinge a palavra *assovio* e as palavras dela derivadas ou morfologicamente relacionadas (*assoviar, assoviozinho* etc.). Contudo, a alternância entre os sons [v, b] é assistemática no português e não ocorre em todas as palavras da língua, ou seja, palavras como, por exemplo, *aviso, povo, grave*, dentre outras, não alternam com [b]: **abiso, *pobo, *grabe*. Entretanto, algumas outras poucas palavras do português podem apresentar a alternância entre os sons [v, b], mas são, geralmente, estigmatizadas: *travesseiro/trabesseiro, vassoura/bassoura, basculante/ vasculante*. Outros exemplos de lexicalização envolvendo fenômenos sonoros em português são a palavra *driblar*, que é comumente pronunciada como *dibrar*, ou a palavra *sobrancelha*, que é comumente pronunciada *sombran- celha*. Outro tipo de lexicalização envolve uma sequência de palavras que se torna uma única palavra, como, por exemplo, no composto *homem-aranha*, em que o item lexicalizado tem significado diferente do significado de cada uma das duas palavras individualmente. Ver **Difusão Lexical**.

léxico *lexicon* consiste da lista de palavras de uma língua. Pode também ser concebido como a lista de morfemas e afixos que se combinam através de propriedades morfológicas específicas. Outra perspectiva sugere que o léxico seja compreendido como um componente da **Gramática** que contém todas as informações relevantes para a especificação das propriedades estruturais das palavras de uma língua. Ver **léxico mental**.

léxico mental *mental lexicon* consiste da representação, armazenamento e processamento das palavras na mente e cérebro dos falantes. Ver **léxico**.

LIBRAS *LIBRAS* sigla para *Língua Brasileira de Sinais*, que é a modalidade de língua gestual utilizada por surdos brasileiros para propósitos de comunicação. De maneira análoga às línguas orais, essa língua apresenta uma Gramática, que opera para todos os propósitos comunicativos. A fonologia em línguas de sinais pode ser expressa por movimentos faciais, como, por exemplo, o levantamento das sobrancelhas ou a abertura da boca, ou pode ser expressa pela rapidez dos movimentos. Sons individuais fazem parte do sistema gestual de **datilologia** utilizado por línguas de sinais. Ver **datilologia**.

licenciamento prosódico *prosodic licensing* ver **Princípio de Licenciamento Prosódico**.

líder *head* termo alternativo para **cabeça**.

limite *boundary* **contexto** inicial ou final de um **domínio** e no qual fenômenos fonológicos podem ocorrer, como, por exemplo, limite de sílaba, de morfema ou de palavra. Por exemplo, a assimilação de vozeamento em português ocorre em limite de sílaba: *pa[st]a* ou *ve[zg]a*. Em português ocorre também a palatalização de oclusivas alveolares em contexto de limite de morfema – como em *pa[tʃ]inho* – mas a palatalização não se aplica em limite de palavras, como em *pa[ti]lustre* (a pronúncia **pa[tʃ]ilustre* não ocorre para *pato ilustre*). O símbolo adotado para indicar o limite de sílaba é $ e para o limite de morfema utiliza-se +. O limite inicial ou final de um enunciado ou palavra é indicado por #. Ver **contexto, regra fonológica.**

língua[1] *tongue* articulador ativo utilizado na produção de sons consonantais e vocálicos. A língua é dividida em quatro partes: **ápice, lâmina, corpo da língua** e **raiz da língua.** O corpo da língua se divide em parte anterior, parte medial e parte posterior. A língua é utilizada na produção de sons dentais, alveolares, alveopalatais, palatais, velares e na produção de todas as vogais. Ver **aparelho fonador.**

língua[2] *language* sistema de comunicação autônomo utilizado por membros de uma comunidade de fala. É o objeto primário da investigação linguística.

língua artificial *artificial language* língua inventada para propósitos específicos de comunicação ou para fins de linguagem computacional. O esperanto é uma das línguas artificiais mais difundidas e foi formulada a partir de várias línguas europeias. Ver **jogos de linguagem, língua natural.**

língua de sinais *sign language* ver **LIBRAS.**

língua-E *E-language* engloba, dentre outras coisas, o conhecimento e hábitos compartilhados por membros de uma comunidade de acordo com a abordagem de investigação linguística proposta por Noam Chomsky. É o conhecimento público, dependente do ambiente e do domínio de convenções. Ou seja, o conhecimento externo da mente-cérebro e, portanto, não objeto de investigação linguística. A noção de língua-E é similar, mas não idêntica, à noção de **desempenho.** Ver **língua-I.**

língua franca *lingua franca* língua de contato que é utilizada para propósitos de comunicação entre falantes de línguas diferentes. A **língua geral** foi utilizada como língua franca na grande maioria do território nacional após a chegada dos portugueses ao Brasil. Também conhecida como nhengatu, ainda hoje é falada no alto do rio Negro, na Amazônia.

língua geral *general language* língua franca utilizada por habitantes do Brasil até quando foi reprimida pelo marquês de Pombal em 1798. Também conhecida, dentre outros nomes, como nhengatu. No passado foi amplamente falada no estado de São Paulo e em todo o território brasileiro. Atualmente é falada na Amazônia, no alto rio Negro. Há variedades da **língua geral** no Brasil, mas todas elas envolvem importante contribuição de línguas indígenas brasileiras. Ver **língua franca**.

língua-I *I-language* a abordagem de investigação linguística proposta por Noam Chomsky tem por objeto de estudo a **língua-I**, que reflete o conhecimento linguístico representado na mente-cérebro dos indivíduos. É compreendida como uma instância do órgão da linguagem que é parte do componente genético da espécie humana. Diz respeito ao conhecimento linguístico interno e, portanto, é parte da biologia humana por se relacionar com a mente-cérebro. A língua-I é o objeto de estudo da linguística teórica cuja noção é similar, mas não idêntica, à noção de **competência**. Ver **língua-E**.

língua materna *mother tongue* primeira língua que um falante aprende. Também denominada **primeira língua**. O falante de **língua materna** é dito **falante nativo** da língua em questão. Ver **falante nativo**, **segunda língua**.

língua natural *natural language* língua que se desenvolve sem interferência formal externa. São faladas por **comunidades de fala**. As línguas naturais são sistemas dinâmicos que sofrem alterações ao longo do tempo. As mudanças linguísticas podem afetar todas as áreas da Gramática: Fonética, Fonologia, Morfologia, Sintaxe, Semântica ou Pragmática.

língua tonal *tone language* línguas em que o acento de altura (**pitch**) diferencia palavras. Por exemplo, a língua tikuna, falada na Amazônia, apresenta cinco níveis de tom. Várias línguas indígenas brasileiras são línguas tonais. Português não é uma língua tonal. Ver **tom**.

Linguística Cognitiva *Cognitive Linguistics* abordagem não modularista que sugere que as correspondências entre forma e função decorrem da experiência e categorizam as representações que são as unidades básicas da linguagem. A Linguística Cognitiva enfatiza a relação entre mente e linguagem e a interação entre elas. Várias propostas teóricas se acomodam sob o rótulo de **Linguística Cognitiva**.

linha de associação *association line* na **Fonologia Autossegmental** o termo define linhas que vinculam ou associam hierarquicamente segmentos, posições esqueletais, constituintes silábicos e sílabas. Ver **Condições de Boa-Formação**.

líquida *liquid* classe de segmentos consonantais que agrega as soantes não nasais. Agrupa, tradicionalmente, as laterais e os róticos e para alguns autores inclui também os glides. No espectro acústico, observa-se que as consoantes líquidas apresentam características formânticas análogas às vogais adjacentes. Em português, a classe das consoantes líquidas inclui as consoantes laterais [l, ɫ, ʎ], e os róticos [ɾ, ř, x, ɣ, h, ɦ, ɹ]. Ver **lateral**[1], **rótico, sons do português**.

localidade *locality* refere-se ao domínio de aplicação de uma **regra fonológica**, sobretudo em teorias não lineares. A noção de localidade sugere que o **domínio** de aplicação de uma regra seja entre elementos adjacentes em um mesmo **domínio**. A localidade é um conceito relevante no tratamento da harmonia vocálica e da assimilação. Pode ser sugerido que a harmonia vocálica, em português, necessita de adjacência dos núcleos silábicos. Assim, explica-se a ocorrência de vogais médias como abertas ou fechadas em harmonia em exemplos como *pr[o]f[e]ss[o]r, p[o]d[e]r[o]so, m[ɛ]t[ɛɔ]rito, p[ɔ]d[ɛ]r[ɔ]sas* porque as vogais adjacentes compartilham o mesmo grau de abertura. Contudo, se uma vogal como [a] intervem entre as vogais médias, como, por exemplo, em *p[e]gaj[ɔ]sa*, as vogais médias não serão adjacentes e a falta de localidade pode ou não bloquear a harmonia vocálica. Nas diferentes variedades do português brasileiro, o **domínio** da localidade pode ser um dos critérios para caracterizar a harmonia vocálica. Ver **assimilação, harmonia vocálica**.

longa *long* característica de vogais ou consoantes produzidas com maior **duração** quando comparadas com as vogais e consoantes regulares da língua. Consoantes longas ou **geminadas** não ocorrem em português. Vogais longas ocorrem em português, tipicamente, em **vocativos**. Ver **curto, núcleo**[1], **peso silábico**.

lugar de articulação *place of articulation* ponto ou lugar no trato vocal que é definido a partir da posição do articulador ativo em relação ao articulador passivo. É um dos critérios utilizados na classificação das consoantes. Os seguintes pontos de articulação são relevantes na articulação das consoantes em português: **bilabial, labiodental, dental, alveolar, alveopalatal, palatal, velar e glotal**. Ver **aparelho fonador**.

maneira de articulação *manner of articulation* tipo de obstrução produzido durante a passagem da corrente de ar de acordo com as configurações assumidas pelos articuladores passivos e ativos durante a produção de um segmento. É também denominada **modo** de articulação. Os seguintes modos ou maneiras de articulação são relevantes na articulação das consoantes em português: **oclusivas, africadas, fricativas, nasais, tepe, vibrante, retroflexa e laterais**. Ver **aparelho fonador, estritura, português**.

marcação *markedness* noção sugerida por vários modelos teóricos que tem por objetivo estabelecer relações – de marcação e não marcação – entre elementos linguísticos. A **Fonologia Gerativa** apresenta uma proposta de marcação de traços distintivos no **SPE**. Modelos não lineares sugerem que a sílaba CV, ou seja, formada por uma consoante e vogal, é não marcada em relação a uma sílaba que não tenha consoante inicial ou uma sílaba que tenha duas consoantes iniciais. É sugerido que processos fonológicos podem ser sensíveis à distinção entre elementos marcados e não marcados. Em outra acepção, a **marcação** está relacionada com propriedades linguísticas. Por exemplo, segmentos marcados tenderiam a: a) serem pouco comuns nas línguas naturais, b) terem baixa frequência de ocorrência, c) ocorrerem tardiamente na aquisição da linguagem, d) serem pouco estáveis em mudanças sonoras, e) sempre coocorrerem com o elemento não marcado. Por exemplo, as vogais nasais são ditas marcadas porque ocorrem em poucas línguas, ocorrem com menos frequência do que as vogais orais, são adquiridas após as vogais orais e sofrem mudanças sonoras (por exemplo, perda de nasalidade de vogais postônicas), e em todas as línguas em que ocorrem vogais nasais (marcadas) ocorrem obrigatoriamente vogais orais (não marcadas).

marcado *marked* na **Escola de Praga** o elemento **marcado** é compreendido como o membro que apresenta a marca em uma oposição **privativa**. Por exemplo, vogais anteriores nas línguas naturais são, tipicamente, não arredondadas – [i, e, ɛ] – e assumidas serem não marcadas. Por outro lado, vogais anteriores arredondadas – [y, ø, œ] – são ditas marcadas. Na **Fonologia Gerativa**, de maneira geral, a noção de marcação diz repeito à distinção entre a presença e a ausência de uma propriedade e é critério para a formalização de regras fonológicas naturais. O traço distintivo com o valor positivo é dito **marcado** e com os valores neutro ou negativo são ditos **não marcado**. Alternativamente, uma propriedade pode ser dita não marcada se é recorrente nas línguas naturais e é dita marcada se tem caráter excepcional e ocorrência marginal nas línguas naturais. Ver **marcação, privativo**.

mecanismo de corrente de ar *airstream mechanism* fornece a fonte de energia para a produção dos sons da fala. A corrente de ar pode ser **ingressiva** (entrando nos pulmões) ou **egressiva** (saindo dos pulmões). Os mecanismos de corrente de ar atestados nas línguas naturais são: **pulmonar, glotálico** e **velárico**. O mecanismo de corrente de ar pulmonar é dito universal porque todas as línguas naturais o apresentam na produção de sons. Ver **glotálico, pulmonar, velárico**.

média *mid* característica da vogal que é articulada com a língua em altura média ou que apresenta abertura média da boca em sua articulação. Em português, as vogais médias podem ser abertas/baixas – [ɛ, ɔ] – ou fechadas/altas – [e, o]. Ver **diagrama, média-aberta, média-alta, média-baixa, média-fechada, sons do português**.

média-aberta *half-open* classificação das vogais que leva em conta a parâmetro de abertura da boca. No português, as vogais [ɛ, ɔ] são médias-abertas e ocorrem, por exemplo, nas palavras *pé e avó*. Uma vogal média-aberta pode ser também denominada **aberta**. Os símbolos utilizados para as vogais pronunciadas com a boca mais aberta – [ɛ, ɔ] – tem seu desenho aberto, enquanto que os símbolos utilizados para as vogais pronunciadas com a boca mais fechada têm seu desenho fechado – [e, o]. Em português, as vogais médias-abertas podem ser sujeitas à **harmonia vocálica**. Ver **alçamento, diagrama, sons do português.**

média-alta *high mid* classificação das vogais que leva em conta o parâmetro de altura da língua. No português, as vogais [e, o] são médias-altas e ocorrem, por exemplo, nas palavras *ipê* e *avô*. As vogais médias-altas são sujeitas, em posição átona, a um fenômeno de variação no português brasileiro que é denominado **alçamento**. Em português, as vogais médias-altas podem ser sujeitas à **harmonia vocálica**. Ver **alçamento, diagrama, média-fechada, português.**

média-baixa *mid-low* classificação das vogais que leva em conta o parâmetro de altura da língua. No português, as vogais [ɛ, ɔ] são vogais médias-baixas e ocorrem, por exemplo, nas palavras *pé* e *avó*. Em português, as vogais médias-baixas podem ser sujeitas à **harmonia vocálica**. Ver **alçamento, diagrama, média-aberta, sons do português.**

média-fechada *half-close* classificação das vogais que leva em conta o parâmetro de abertura da boca. No português, as vogais [e, o] são médias-fechadas e ocorrem, por exemplo, nas palavras *ipê* e *avô*. Uma vogal média-fechada pode ser também denominada **fechada**. O símbolo utilizado para as vogais pronunciadas com a boca mais fechada – [e, o] – tem seu desenho fechado, enquanto os símbolos utilizados para as vogais pronunciadas com a boa mais aberta têm seu desenho aberto – [ɛ, ɔ]. As vogais médias, em português, são sujeitas, em posição átona, a um fenômeno de variação que é denominado **alçamento** vocálico. Em português, as vogais médias também podem ser sujeitas à **harmonia vocálica**. Ver **alçamento, diagrama, média-alta, português.**

medial *medial* posição ocupada por um elemento em um **domínio**. Por exemplo, a sílaba [va] ocorre em posição medial da palavra *cavalo*. Na palavra *festa*, a vogal [ɛ] ocorre em posição medial na primeira sílaba. Ver **fim de palavra, início de palavra.**

melodia *melody* elementos da camada segmental em representações da **Fonologia Autossegmental.** Por exemplo, uma vogal longa apresenta duas posições esqueletais, mas uma única unidade melódica. A melodia, em outra acepção, é relacionada com os padrões de **volume** (*pitch*) em um enunciado.

mentalismo *mentalism* corrente teórica que postula que processos e estados mentais existem independentemente do comportamento manifestado. Nessa perspectiva, a realidade mental é parte da investigação científica. Edward Sapir propôs que a realidade psicológica dos fonemas existe na mente-cérebro dos falantes. Noam Chomsky sugere uma perspectiva mentalista ao postular um módulo inato específico e exclusivo da linguagem. A **Faculdade da Linguagem** seria a expressão do mentalismo. Ver **behaviorismo.**

mesclagem lexical *lexical blending* fenômeno de formação de palavras, também denominado **cruzamento vocabular**, que consiste na fusão de duas palavras que juntas reproduzem e criam novos significados. Por exemplo, *portunhol* que é a fusão de *português* com *espanhol* ou *mautorista* que é a fusão de *mau* e *motorista*. A **mesclagem lexical** se adequa ao comportamento fonológico geral da língua, podendo evidenciar a aplicação de fenômenos fonológicos.

metafonia *metaphony* fenômeno fonológico de alteração da qualidade da vogal tônica em condições específicas. A metafonia, em português, pode ser nominal ou verbal. Casos de metafonia nominal envolvem formas de singular/plural ou masculino/feminino de algumas palavras que apresentam vogais médias. Por exemplo, a forma feminina – *s[ɔ]gra* – e a forma masculina – *s[o]gro* – apresentam vogais tônicas diferentes com relação à abertura. Sugere-se que a vogal tônica em *s[o]gro* é mais alta do que a vogal tônica em *s[ɔ]gra* devido à metafonia com a vogal final. Outros exemplos de metafonia desse tipo seriam: *n[o]vo/n[ɔ]va*, *gost[o]so/gost[ɔ]sa*. Casos de metafonia verbal envolvem a qualidade vocálica em formas como *quer[e]r* e *qu[ɛ]r*.

metátese *methatesis* fenômeno de troca de posição de um segmento dentro de uma palavra. Também denominado comutação. Por exemplo, na palavra *lagarto* pode ocorrer a metátese na fala de algumas pessoas e atestarmos a pronúncia *largato*. Nesse caso, o *r* que ocorre na penúltima sílaba – *lagarto* – passa a ocorrer na primeira sílaba, *largato*. Outras palavras que apresentam metástese em português são: *iogurte/iorgute* ou *lagartixa/largatixa*.

métrico *metrical* ver **Fonologia Métrica**.

modo de articulação *manner of articulation* ver **maneira de articulação**.

modular *modular* acepção de que a mente humana apresenta módulos ou sistemas diferentes com propriedades específicas. Por exemplo, o módulo da linguagem ou o módulo da visão. Outra acepção é de que o sistema linguístico é modular e é formado por subsistemas que interagem entre si. Dentre esses sistemas ou módulos temos a **fonologia**.

molde *template* refere-se a um padrão fonológico fixo definido na **Gramática**. O árabe, por exemplo, apresenta a raiz verbal *ktb* para o verbo *escrever*. Essa raiz representa um **molde**, sendo que as formas relacionadas com o verbo *escrever* mantêm as propriedades segmentais do **molde** da raiz: *katib* 'escritor' ou *kutub* 'livros'. Uma língua pode ter um molde silábico CVC, sendo que os padrões silábicos CV, VC, CVC são manifestações possíveis. Moldes podem ser observados também na aquisição da linguagem. Em português, por exemplo, há uma tendência na aquisição da linguagem de um molde do tipo CV'CV: pa'pa *comida*, ne'ne *criancinha* etc. Ver **fonotática**.

monossílabo *monosyllable* palavra que contém uma única sílaba. Por exemplo, em português, as palavras *três*, *luz*, *frei* são monossílabos. Monossílabos tendem a ser mais resistentes aos fenômenos fonológicos de mudança sonora do que palavras com mais de uma sílaba, exceto em casos de fenômenos fonológicos que envolvem a gramaticalização. Ver **dissílabo, sílaba, trissílabo.**

monotongação *monophthongization* fenômeno fonológico em que um ditongo passa a ser produzido como uma única vogal. A monotongação ocorre, em português, com **ditongos decrescentes**, como, por exemplo, em *f[ei̯]ra > f[e]ra, b[ai̯]xa > b[a]xa, l[ou̯]co > l[o]co,* ou com **ditongos crescentes** *qu[i̯ɛ]to > qu[ɛ]to, alíq[u̯o]ta > alíq[o]ta.* Ver **ditongo, núcleo**[1].

monotongo *monophthong* vogal simples, ou seja, uma única vogal, que ocupa a posição de **núcleo** da **sílaba**. Monotongos ocorrem em todas as línguas. Um monotongo pode ocorrer sozinho em uma sílaba, por exemplo, *amor*, ou pode ocorrer seguido e precedido de consoantes, *festa.* Ver **ditongo, núcleo**[1], **sílaba.**

mora *mora* unidade relacionada com a duração de segmentos. É uma unidade maior que o segmento, mas, geralmente, menor que uma sílaba. Os **ditongos pesados** contêm duas moras, enquanto os **ditongos leves** contêm uma única mora. A noção de mora não se aplica à fonologia do português a não ser que argumentos quantitativos sejam postulados. A mora pode ser postulada na análise de algumas línguas indígenas brasileiras. A forma plural é: *morae.* Ver **geminada.**

morfema *morpheme* elemento central de análise morfológica. Uma palavra é constituída de um ou mais morfemas. O morfema pode ser compreendido como a menor unidade na composição ou formação de palavras. O limite entre morfemas é indicado pelo sinal +. Por exemplo, na palavra *casas* temos os morfemas /kaz+a+s/. Os morfemas podem ser classificados como **formas livres** ou **formas presas.** Formas livres podem ocorrer sozinhas, sem outras formas vinculadas a ela. Formas presas, por outro lado, ocorrem obrigatoriamente com uma ou mais formas adicionais. Quando morfemas apresentam variantes, estas são denominadas **alomorfes.**

morfofonema *morphophoneme* unidade representacional do nível morfofonêmico ou **morfofolonógico**. Geralmente, as formas neste nível são simbolizadas entre chaves e com letras maiúsculas. Pode-se sugerir o morfofonema {-eS} para as formas regulares de plural do português. Por exemplo, os alomorfes do morfofonema {-eS} são representados foneticamente como [s] em ['kazas] *casas* e como [is] em ['koris] *cores*. Ver **morfema, morfologia**.

morfofonológico *morphophonological* nível de análise também denominado morfofonêmico. Esse nível de descrição gramatical investiga os fatores que afetam a ocorrência de **morfemas** ou alomorfes em contextos específicos. Ver **alomorfe, morfologia**.

morfologia *morphology* ramo da Gramática que investiga a organização interna das palavras, ou seja, como as palavras podem ser analisadas. A noção de **palavra** é controversa e a formulação de um nível morfológico contribui, muitas vezes, com a clareza da descrição. A morfologia pode ter **interface** com outros domínios da **Gramática**, como, por exemplo, a **fonologia** ou a **sintaxe**. Ver **interface, morfossintático**.

Morfologia Prosódica *Prosodic Morphology* proposta teórica que sugere que um molde morfológico pode definir constituintes prosódicos como a sílaba ou o pé métrico. Os principais expoentes desta proposta são John MacCarthy e Alan Prince. Ver **morfologia, prosódia**.

morfossintático *morphosyntactic* nível de descrição gramatical que investiga os fatores que afetam a ocorrência de morfemas em contextos sintáticos específicos. Morfemas de tempo e aspecto verbal são, tipicamente, ditos de natureza morfossintática. Ver **alomorfe, morfema, morfologia**.

motivação *motivation* noção que formula os argumentos em favor de uma determinada análise. Os argumentos de motivação da análise linguística são ditos de *motivação interna* à língua quando dizem respeito estritamente aos fatos linguísticos. Por exemplo, a ocorrência das formas de prefixo de negação como [in], [i] ou [ĩ] depende estritamente do morfema que receberá tal prefixo: [in] antes de vogais (*inadequado*), [i] antes de líquidas (*ilegal*) e [ĩ] antes de obstruintes (*impossível*). Por outro lado, podemos ter argumentos de motivação da análise linguística que são relacionados a fatores de uso ou fatores sociais. Nesse caso, diz-se que há *motivação externa* à língua. Por exemplo, a pronúncia do som de **r** pós-vocálico como fricativa, tepe ou retroflexo – por exemplo em *ma[h], ma[ɾ], ma[ɹ] mar* – depende de fatores externos, como, por exemplo, a origem geográfica dos falantes. Ver **alomorfe, sociofonética**.

mudança estrutural *structural change* ver **contexto**.

mudança sonora *sound change* mudança linguística que afeta os sistemas sonoros ao longo do tempo. A teoria **Neogramática** sugere que os sons são os elementos que sofrem a mudança e que a mudança sonora tem implementação foneticamente gradual e é lexicalmente abrupta. Em contraposição, a teoria de **Difusão Lexical** sugere que as palavras são os elementos que sofrem a mudança e que a mudança sonora tem implementação fonética abrupta e é lexicalmente gradual.

não acentuado *unstressed* ver **átona**.

não arredondada *unrounded* vogal que é articulada com os lábios não arredondados ou distendidos. No português, as vogais não arredondadas são: [i, ɪ, e, ɛ, a, ə, ĩ, ẽ, ã]. Ver **arredondada, arredondamento**.

não marcado *unmarked* ver **marcado**.

nasal[1] *nasal* modo ou maneira de articulação das consoantes produzidas com a passagem da corrente de ar pela cavidade nasal. As consoantes nasais são oclusivas e, portanto, produzidas com a obstrução da passagem da corrente de ar pelo trato vocal. Ou seja, são oclusivas nasais. Contudo, para efeito classificatório, em termos fonéticos, classificamos as consoantes oclusivas nasais como consoantes nasais. No português, as consoantes nasais são: [m, n, ɲ]. As vogais e os ditongos em português podem ser nasais ou orais. As vogais nasais são em número de cinco, em português: [ã, ẽ, ĩ, õ, ũ]. Os ditongos nasais em português são: [ãɪ̯,õɪ̯,ũɪ̯,eɪ̯,ãʊ̯]. Quando as vogais médias apresentam a propriedade nasal, elas se manifestam perceptualmente como vogais médias-altas: f[õ]me ou p[ẽ]na. Quando uma vogal média que era nasalizada é, opcionalmente, produzida sem a propriedade nasal, ela se manifesta como uma vogal média-aberta: f[ɔ]me ou p[ɛ]na. Ver **abertura vélica, nasalidade, nasalização, sons do português**.

nasal[2] *nasal* traço distintivo que caracteriza os sons produzidos com ressonância na cavidade nasal. Esse traço agrupa as vogais e as consoantes nasais e as distingue das vogais e das consoantes orais. No português, as vogais e consoantes nasais são [+nasal]. Os demais sons, as vogais e consoantes orais, são [-nasal]. Ver **traço distintivo.**

nasal[3] *nasal* característica fonética distintiva entre vogais orais e nasais em português. Há divergência quanto à interpretação fonológica, em português, das vogais orais e nasais. Uma vogal nasal tem a propriedade obrigatória de ressonância na cavidade nasal. Por outro lado, em vogais **nasalizadas** a propriedade de ressonância na cavidade nasal é opcional. O português apresenta vogais orais e nasais: *cata/canta, teta/tenta, cito/cinto, boba/bomba, mudo/mundo.* Vogais nasais são seguidas de uma consoante oral – como em [ˈsãtʊ] *santo* ou [ˈlĩdʊ] *lindo* – ou ocorrem em fim de palavra – [ˈsĩ] *sim* ou [ˈtõ] *tom.* Vogais nasais ocorrem em posição tônica ou átona em português. Vogais nasalizadas são seguidas de consoantes nasais como em [ˈkãmə] *cama* ou [ˈpẽnə] *pena,* e ocorrem em posição tônica ou átona. Ver **nasalidade, nasalização.**

nasalidade *nasality,* fenômeno em que uma vogal nasal tem a propriedade opcional de ressonância na cavidade nasal. Em português, é fonologicamente relevante distinguir entre vogais nasais e vogais nasalizadas ou entre o fenômeno de **nasalização** e de **nasalidade.** Em casos de nasalidade, a vogal nasal é sempre seguida de uma consoante nasal – como em [ˈkãma] *cama.* Foneticamente, a nasalidade diz respeito ao parâmetro fonético-articulatório que define a vogal produzida com **abertura vélica** e, portanto, com ressonância na **cavidade nasal.** Ver **nasal**[3], **nasalização, nasalizada.**

nasalização *nasalization* fenômeno em que uma vogal nasal tem a propriedade obrigatória de ressonância na cavidade nasal. Em português, é fonologicamente relevante distinguir entre vogais nasais e vogais nasalizadas ou entre o fenômeno de **nasalização** e de **nasalidade.** Em casos de nasalização, a vogal nasal é sempre seguida de uma consoante oral – como em [ˈsãtʊ] *santo* ou [ˈlĩdʊ] *lindo* – ou ocorre em fim de palavra – [ˈsĩ] *sim* ou [ˈtõ] *tom.* A consoante oral pode vir ou não precedida de murmúrio nasal. Ver **nasalidade, pré-nasalizada.**

nasalizada *nasalized* em português é fonologicamente relevante distinguir entre vogais nasais e vogais nasalizadas. Em uma vogal **nasalizada**, a propriedade de ressonância na cavidade nasal é opcional e caracteriza a **nasalidade**. Nesse caso, a vogal nasalizada é sempre seguida de uma consoante nasal que pode ser bilabial, alveolar ou palatal: *cama, cana* ou *banha*. Quando uma vogal média que era nasalizada é, opcionalmente, produzida sem a propriedade nasal ela se manifesta como uma vogal média aberta: *f[ɔ]me* ou *p[ɛ]na*. A nasalidade opcional pode ocorrer em posição tônica – como em *cama* – ou pode ocorrer em posição pretônica – como em *camada*. Ver **nasalização**.

natural *natural* ver **classe natural, Fonologia Natural, língua natural**.

Neogramática *Neogrammarian* teoria que postula a unidade sonora como lócus da mudança sonora. Uma vez ativada, a mudança sonora atingirá todos os itens lexicais que tenham a unidade sonora sujeita à mudança. Contraexemplos para esta hipótese são analisados como casos de empréstimo ou analogia. Sugere que a mudança sonora atinge o léxico abruptamente e que é foneticamente gradual. Ou seja, uma vez engatilhada, uma mudança sonora atingirá todas as palavras da língua. A abordagem **neogramática** está em oposição à perspectiva da **Difusão Lexical**, a qual propõe que a mudança sonora atinge o léxico gradualmente e é foneticamente abrupta. Ver **Difusão Lexical**.

neologismo *neologism* fenômeno de criação de uma palavra ou expressão nova em uma língua. Por exemplo, a partir da sigla PT foi criado o neologismo, *petista*. Um neologismo pode também atribuir um novo significado para uma palavra ou grupo de palavras já existentes na língua. Por exemplo, *surfista ferroviário*, cujo significado é inovador em relação aos significados individuais das palavras envolvidas. Os neologismos se ajustam ao comportamento fonológico geral da língua, podendo evidenciar a aplicação de fenômenos fonológicos. Ver **empréstimo**.

neutralização *neutralization* fenômeno que expressa a perda de contraste fonêmico em ambiente específico. Por exemplo, as sibilantes [s, z, ʃ, ʒ] estão em **contraste** em português caracterizando a **oposição** fonêmica entre elas. A oposição é observada em início de palavra em *seca, Zeca, checa, jeca* e em meio de palavra em *assa, asa, acha, haja.* Contudo, em final de palavra, o contraste fonêmico é perdido entre as sibilantes, de maneira que uma **palavra** como *mês* ou *luz* pode ter a consoante final pronunciada como qualquer uma das consoantes [s, z, ʃ, ʒ], ilustrando um caso de neutralização. Geralmente, utiliza-se um **arquifonema** para representar a **neutralização.** Ver **arquifonema.**

nível *level, tier* ver **camada.**

nível de representação *representational level* ver **representação.**

nivelamento analógico *analogical levelling* fenômeno em que um paradigma **morfofonêmico** irregular resultante de uma **mudança sonora** regular sofre **analogia** com objetivo de acabar com a irregularidade. Por exemplo, em português, os verbos regulares que apresentam uma vogal média-fechada no radical (*esp[e]rar*) apresentam uma vogal média-aberta acentuada em formas flexionadas: *esp[ɛ]ro.* Contudo, verbos irregulares com uma vogal média-fechada no radical (*chantag[e]ar*) apresentam uma vogal média-fechada acentuada em formas flexionadas: *chantag[e]io.* Atualmente, o verbo *chantagear* vem sofrendo uma mudança sonora que fez com que vogais médias em hiato sejam pronunciadas com uma vogal alta: *chantag[ia]r.* A forma verbal irregular (*eu chantageio*) passa a ser pronunciada como eu *chantag[iʊ],* em **nivelamento analógico** com verbos que apresentam uma vogal alta pretônica no radical, como o verbo regular *variar,* que é flexionado como *eu var[iʊ].*

nó *node* ponto na representação do diagrama que organiza a estrutura interna dos segmentos na **Geometria de Traços.** Por exemplo, nó de **abertura.** Ver **Geometria de Traços.**

norma *standard* variedade linguística ou **dialeto** que tem prestígio social em uma comunidade e é compreendida como o padrão linguístico. A noção de linguagem padrão ou de **norma** linguística é questionável, uma vez que toda e qualquer variedade linguística tem variação. Assim, mesmo que uma determinada variedade seja sugerida como norma, será difícil precisar suas características.

normalização *normalization* fenômeno perceptual em que a variabilidade do sinal acústico é sistematizada pelo falante. Por exemplo, um indivíduo escuta várias pronúncias diferentes, de vários falantes, da vogal [ɛ] (ou outro som qualquer). Embora as várias pronúncias de [ɛ] tenham sido diferentes, o indivíduo normaliza a variabilidade de maneira que todas as pronúncias de [ɛ] sejam categorizadas como pertencendo a um único som. Ver **categorização**.

notação *notation* sistema convencional de registro simbólico para caracterizar um determinado sistema formal. Na fonética e fonologia, vários símbolos fazem parte do sistema de notação representacional. Ver **derivação**[2], **IPA**, **regra**.

núcleo[1] *nucleus* ápice ou ponto de destaque e proeminência em uma sílaba. É a unidade obrigatória lexicalmente presente na estrutura silábica das representações fonológicas. Como o **onset** e a **coda**, o **núcleo** representa um dos constituintes silábicos. Tipicamente, os núcleos são preenchidos com vogais, mas, em algumas línguas, podem ser preenchidos por consoantes líquidas. A figura ilustrativa apresenta possibilidades de representação dos núcleos na

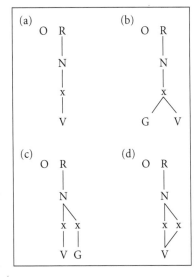

organização silábica. Em (a) ocorre um **monotongo** ou vogal simples. Em (b) ocorre um **ditongo leve**, que é formado por um **glide** seguido por uma vogal. Em (c) ocorre um núcleo complexo ou **ditongo pesado**, que é formado por uma vogal seguida de um glide. Em (d) ocorre uma vogal longa. As representações em (a, b) são sílabas **leves** e as representações em (c, d) são sílabas **pesadas**. Ver **ditongo, sílaba**.

núcleo² *head* ver **cabeça**.

obstruinte *obstruent* classe de segmentos consonantais produzidos com obstrução significativa da passagem de ar, seja total ou parcial. A classe de obstruintes engloba as **oclusivas, fricativas** e **africadas**.

oclusiva *stop, plosive* modo ou maneira de articulação das consoantes produzidas com completa e total obstrução da passagem do ar pelo **trato vocal**. As consoantes oclusivas são orais, pois são produzidas com o fechamento vélico. Para efeito classificatório caracterizamos as consoantes oclusivas como consoantes orais (embora omitamos o termo oral que passa a ser implícito na terminologia). No português, as consoantes oclusivas são: [p, b, t, d, k, g, k^w, g^w], como em *capa, brinco, mata, cada, casa, prego, quando, linguiça*. As consoantes oclusivas podem se combinar com a lateral [l] ou com o tepe [ɾ] para formar encontros consonantais tautossilábicos, como pode ser ilustrado nas palavras *primo, amplo* ou *blusa, nobre*. As oclusivas [p, b, t, d, k, g] podem ocorrer em posição final de sílaba sendo seguidas de outra consoante, formando um encontro consonantal heterossilábico como em *apto, abstrato, adjetivo, pacto, dogma*. Ver **abertura vélica, epêntese, estritura, sons do português**.

oclusiva glotal *glottal stop* segmento consonantal produzido com a obstrução da passagem da corrente de ar através da glote. As **pregas vocais** são os articuladores passivo e ativo na oclusão glotal. Para alguns falantes do português a oclusiva glotal ocorre em exclamações de surpresa: *oh!*

oclusiva nasal *nasal stop* ver **nasal**[1].

oclusiva oral *oral stop* ver **oclusiva**.

ocorrência *token* ver **token.**

OCP *OCP* sigla para *Obligatory Contour Principle* (lê-se: [ose¹pe]) que pode ser traduzido como Princípio do Contorno Obrigatório cuja sigla é **PCO**. Contudo, a sigla OCP é amplamente utilizada em português. É um princípio que determina que sequências adjacentes de unidades idênticas são proibidas nas representações fonológicas. Caso sequências adjacentes de unidades idênticas ocorram, a língua buscará mecanismos para reduzir a sequência para uma unidade. O fenômeno fonológico que ocorre em português que suprime sequências de vogais iguais pode ser compreendido como uma manifestação de OCP: *cooperativa > coperativa, apreender > aprender, cárie > cári, vácuo > vácu.* OCP pode ser sugerido para explicar a **regra de ritmo** em português de acordo com a qual uma sequência métrica (s s w) passa a se manifestar como (s w s). OCP é formulado na abordagem da **Fonologia Autossegmental**. Violações ao OCP são atestadas nas línguas naturais, mantendo aberto o debate sobre a sua adequação e pertinência. Ver **Fonologia Autossegmental, regra de ritmo.**

onda sonora *sound wave* flutuações de pressão no ar que, quando alcançam o tímpano, o fazem mover e o sistema auditivo transforma os movimentos da flutuação da pressão em impulsos neurais que são experienciados como sons. Uma onda sonora é gerada por uma fonte vibratória que provoca compressão e rarefação das partículas do ar.

onset *onset* elemento que precede o núcleo de uma sílaba e é geralmente formado por uma ou mais consoantes. É também denominado *ataque*. A figura ilustrativa apresenta quatro representações de onset. Em (a) ocorre uma sílaba CV com onset simples como, por exemplo, em *casa* ou *lua*. Em (b) ocorre um **onset ramificado** que é também denominado *onset complexo*. (b) representa uma sílaba do tipo CCV em que as duas vogais precedem a vogal, como, por exemplo, em *plano* ou *livro*. Em (c) e (d) ocorre uma sílaba que não tem consoantes iniciais e é, portanto uma sílaba do tipo V (poderia também ser uma sílaba VC). As representações em (c) e (d) são diferentes entre si, embora as duas se relacionem com sílabas começando por uma vogal. Em (c) ocorre um onset vazio que pode desempenhar papel importante na representação fonológica. Por exemplo, uma posição de onset vazio pode separar duas vogais adjacentes e, assim, bloquear a ocorrência de, por exemplo, **ditongação**. Em (d) ocorre uma sílaba sem onset e em tal representação as vogais adjacentes podem interagir entre si.

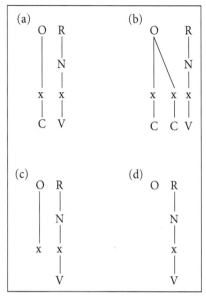

Em português, algumas análises sugerem a representação em (c) e outras sugerem a representação em (d) para hiatos. O tipo de representação em (c) explica, com elegância, o comportamento do *h-aspiré*, em francês (tipo de fenômeno fonológico em que uma palavra que se inicia por vogal se comporta como se fosse iniciada por consoante). Ver **sílaba**.

onset ramificado *branching onset* sequência de consoantes que ocorrem na mesma sílaba e que ocupam duas posições esqueletais contíguas. É também denominado *onset complexo*. No português, a segunda consoante de um onset ramificado deve ser uma líquida – [l, ɾ] – e a primeira consoante pode ser uma das seguintes obstruintes: [p, b, t, d, k, g, f, v]. Onsets complexos, em português, podem ocorrer em início ou meio de palavra estando em posição tônica ou átona – *prato, blusa, cofre, livro*. Onsets ramificados que ocorrem no português em posição átona podem ser simplificados: *primeiro > pimeiro* ou *livro > livo*. Podem ocorrer dois onsets ramificados em uma mesma palavra – *flagrante, programa*. Palavras que contêm dois onsets ramificados tendem a apresentar alteração em seus segmentos: *flagrante > fragante, programa > pograma, driblar > dibrar*. Ver **onset, sílaba**.

onset vazio *empty onset* ausência de posição esqueletal associada ao constituinte que precede o núcleo de uma sílaba, como apresentado na figura ilustrativa à esquerda. Um onset vazio pode também estar relacionado com a ausência de segmento preenchendo a posição esqueletal associada ao constituinte que precede o núcleo de uma sílaba, como apresentado na figura ilustrativa à direita. Em ambos os casos a sílaba se inicia foneticamente com uma vogal. Em português,

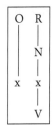

palavras que apresentam sequências de vogais em hiato, por exemplo, *pioneiro* ou *suado*, suscitam a discussão sobre a representação mais apropriada como sendo alguma das duas representações apresentadas neste verbete. É sugerido que uma posição de onset vazio possa bloquear a ocorrência de **ditongalização**. Por outro lado, uma **sílaba** sem onset permite que vogais adjacentes interajam entre si e ocorra a **ditongalização**.

opacidade *opacity* característica de fenômenos fonológicos em que a forma fonética resultante não permite identificar claramente as regras aplicadas ou não aplicadas no curso da derivação. Ver **alimentação, contra-alimentação, contrassangramento, sangramento, transparência**.

opaco *opaque* rótulo atribuído a uma forma em que não é possível identificar claramente as regras fonológicas aplicadas ou não aplicadas, em relação a seus ambientes de aplicação. Ver **opacidade**.

oposição *opposition* relação estabelecida entre dois sons que ocorram no mesmo contexto para produzir significados diferentes. Ou seja, dois sons estão em **oposição** quando a presença de um som ou de outro implica mudança de significado das palavras. As palavras envolvidas em relação de oposição formam um **par mínimo** e o procedimento determina **fonemas**. Por exemplo, /f/ e /v/ estão em oposição e são identificados como fonemas através do **par mínimo** /ˈfaka/ e /ˈvaka/ que caracteriza a oposição e contraste entre /f/ e /v/ em português. **Fonemas** são sons que estão em

oposição e **contraste.** Quando a presença de um som ou de outro não implica mudança de significado das palavras envolvidas, dizemos que os sons estão apenas em **contraste**, mas não há **oposição** entre eles. Por exemplo, os sons [h, ɾ, ɹ] estão em contraste nas pronúncias ['mah, 'maɾ, 'maɹ] para a palavra *mar*, mas não estão em oposição. Os termos **oposição** e **contraste** são muitas vezes utilizados na literatura com o mesmo significado. Ver **contraste.**

oposição privativa *privative opposition* tipo de oposição sugerida pela **Escola de Praga** em que o **contraste** entre dois segmentos é caracterizado pela presença de uma propriedade que não ocorre no outro membro da oposição. A propriedade – que pode ser denominada componente ou elemento – está presente ou ausente em um segmento. O segmento que apresenta a propriedade é dito **marcado** (por ter a propriedade) e o outro segmento da oposição é dito **não marcado**. Por exemplo, a propriedade de vozeamento é privativa. Ela pode estar ou não presente nos segmentos. Na oposição entre os segmentos /p/ e /b/, o segmento vozeado /b/ é dito marcado pela presença da propriedade de vozeamento. Já o segmento /p/ não tem a propriedade de vozeamento e é dito não marcado. Essa proposta difere da representação com traços distintivos por estes estarem sempre presentes na representação segmental sendo com valor negativo ou positivo do traço, e não com a presença ou ausência da propriedade em questão. A noção de oposição privativa é adotada em modelos como **Fonologia de Dependência, Fonologia de Governo** e **Fonologia de Partícula.**

oral *oral* som produzido com o fluxo de ar oriundo dos pulmões em direção à cavidade bucal, tendo o véu palatino abaixado.

ordenamento de níveis *level-ordering* noção formulada pela **Fonologia Lexical** que sugere que os afixos sejam agrupados em classes, ou níveis ordenados. Todos os afixos de um determinado nível devem se aplicar antes que afixos de outro nível sejam aplicados.

ordenamento extrínseco *extrinsic ordering* aplicação ordenada de regras que é motivada pelos fatos de uma língua particular e não por motivos lógicos ou formais. Geralmente, o ordenamento extrínseco é sugerido para gerar formas gramaticais de uma língua em particular. Ver **ordenamento intrínseco.**

ordenamento intrínseco *intrinsic ordering* ordenamento de regras em que as propriedades formais ou lógicas de um sistema determina a ordem de aplicação das regras. Ver **ordenamento extrínseco.**

output *output* termo utilizado pela **Teoria da Otimalidade** para expressar as formas a serem avaliadas pelo ranqueamento de restrições. Pode ser entendido como análogo, mas não idêntico, à forma de superfície de uma língua. Ver **tableau.**

oxítono *oxytone* padrão acentual no qual a sílaba final da palavra é a sílaba tônica ou acentuada. Por exemplo, em português as palavras *café*, *Brasil* e *amor* são oxítonas. Ver **acento, final.**

padrão *standard* ver **norma**.

palatal *palatal* lugar ou ponto de articulação de uma consoante cujo **articulador ativo** é a parte média da língua e o **articulador passivo** é o palato duro. No português, as consoantes palatais são: [ʎ, ɲ] como, por exemplo, em *palha* e *banha*. As consoantes palatais do português brasileiro tendem a sofrer **lenição**, ou seja, enfraquecimento em sua articulação, e são tipicamente pronunciadas como: [lʲ, y] em *palha* e [ỹ] em *banha*. Ver **aparelho fonador**, **lateral**[1], **nasal**[1], **sons do português**.

palatalização *palatalization* fenômeno pelo qual uma consoante adquire uma articulação palatal ou próxima à região palatal. No português brasileiro, ocorre a palatalização de oclusivas alveolares antes da vogal alta ou **glide palatal**. De acordo com esse fenômeno, as oclusivas alveolares /t, d/ serão manifestadas respectivamente como as africadas [tʃ, dʒ] quando forem seguidas de [i, ɪ, ĩ, ɪ̯]. É um caso de **distribuição complementar** que prevê que as oclusivas alveolares não ocorrerão diante de [i, ɪ, ĩ, ɪ̯], ou seja, *[ti, tɪ, t̃i, tɪ̯, di, dɪ, d̃i, dɪ̯] e também prevê que as africadas não ocorrerão diante de outras vogais (pois as africadas passaram a ocorrer em português em decorrência da palatalização de oclusivas alveolares: *[tʃV, dʒV]). O fenômeno fonológico de palatalização de oclusivas alveolares é um caso de **alofonia** e é importante marcador dialetal no português brasileiro. É também denominado **africação**. Alternativamente, a palatalização pode não ser interpretada como um fenômeno fonológico, mas apenas fonético, de ajuste articulatório. Por exemplo, a pronúncia da oclusiva velar [k] na primeira e na segunda sílaba da palavra *caqui* [kaˈki] tem articulação diferente. No caso da sílaba [ki] dizemos que há palatalização da oclusiva velar [k^{j}i]. A palatalização de caráter fonético é, geralmente, entendida como uma propriedade articulatória secundária.

palato *palate* articulador passivo localizado no céu da boca. Pode ser dividido em duas partes: o palato duro e o palato mole. O **palato duro** é a parte anterior do céu da boca, formada por uma estrutura óssea. O **palato mole**, ou véu palatino, é constituído de tecido que permite o movimento. O palato mole pode funcionar como articulador ativo na produção de uma vibrante uvular. Adicionalmente, o palato mole altera sua configuração na produção de sons orais e nasais através do levantamento ou abaixamento da úvula. Em sons orais a úvula encontra-se levantada e em sons nasais a úvula encontra-se abaixada. Ver **aparelho fonador**.

palato-alveolar *palato-alveolar* ver **alveopalatal**.

palato duro *hard palate* ver **palato**.

palato mole *soft palate* ver **palato**.

palavra *word* unidade linguística que agrega som e significado em uma unidade. Pode ser compreendido como a menor unidade de significado em uma língua. Uma palavra é constituída de um ou mais **morfemas** e pode ou não conter **afixos**. Há grupos de palavras que se comportam como uma unidade semelhante a uma palavra, mas que poderiam ser analisadas como duas palavras em separado. Um caso ilustrativo de grupos de palavras é o **agrupamento**, tendo como exemplos: *bom dia!* ou *café da manhã*. Ver **palavra de conteúdo, palavra funcional, palavra gramatical, palavra lexical**.

palavra de conteúdo *content word* termo também denominado **categoria lexical**. São palavras com conteúdo semântico bem especificado, como, por exemplo, verbos, substantivos, adjetivos ou advérbios. Exemplos: *belo, livro, correr, rápido*.

palavra fonológica *phonological word* unidade **prosódica** assumida ser um **domínio** de aplicação de fenômenos fonológicos. É um dos níveis da **hierarquia prosódica**. A **palatalização** de oclusivas alveolares em português é aplicada no domínio da palavra fonológica, mas não no nível do enunciado. Por exemplo, a palatalização de oclusivas alveolares é aplicada em palavras como em *po[tʃ]e* e *pa[tʃ]inho*, mas não se aplica em limite de palavras, como em pa[t]ilustre, mas não **pa[tʃ]ilustre* para *pato ilustre*. Outros fenômenos fonológicos como a **ditongação** ou **elisão** se aplicam no domínio do enunciado. A figura ilustrativa no verbete **Fonologia Métrica** apresenta a atribuição do acento no nível da palavra. Ver **Fonologia Métrica**, **Fonologia Prosódica**, **hierarquia prosódica**, **regra fonológica**.

palavra funcional *functional word* palavra que tem função gramatical e, geralmente, conteúdo lexical pouco específico, como as preposições e os artigos. Também denominada **palavra gramatical**. As palavras funcionais tendem a sofrer gramaticalização e sofrem redução em sua forma sonora. Por exemplo, o pronome *você* pode se manifestar como *cê* ou *ocê*. Ver **categoria lexical**.

palavra gramatical *grammatical word* ver **categoria lexical**, **palavra funcional**.

palavra lexical *lexical word* representa uma unidade com conteúdo semântico listada no **léxico** de uma língua. Palavras lexicais são, portanto, os itens lexicais de uma língua e podem ou não englobar as palavras gramaticais dependendo da abordagem assumida. Ver **categoria gramatical**, **palavra**, **palavra de conteúdo**, **palavra gramatical**.

par mínimo *minimal pair* duas palavras com significados diferentes cuja cadeia sonora seja idêntica exceto por um segmento na mesma posição estrutural. Um par mínimo identifica dois fonemas. Um exemplo de par mínimo em português consiste das palavras *caça* ['kasa] e *casa* ['kaza], caracterizando os fonemas /s/ e /z/.

par suspeito *suspected pair* par de sons que, geralmente, são **sons foneticamente semelhantes** e que devem ser investigados quanto ao estatuto fonêmico, ou seja, se são ou não fonemas. Para avaliar o estatuto fonêmico, devem-se buscar **pares mínimos** para caracterizar a **oposição** ou **contraste** entre os dois sons do par suspeito.

paradigma *paradigm* padrão a ser seguido em um conjunto de dados como, por exemplo, no conjunto de formas flexionadas ou derivadas

Singular	Paradigma de plural	Plural
casa	casa+s	casas
livro	livro+s	livros
museu	museu+s	museus

de uma determinada classe gramatical. Dentre os possíveis morfemas de plural temos o mais recorrente, –s, que pode ser sugerido como o paradigma mais frequente de sufixo de plural.

paradigmático *paradigmatic* eixo na linguística saussuriana que estabelece a relação entre duas ou mais unidades linguísticas. Relação de substituição de unidades linguísticas.

paragoge *paragoge* fenômeno fonológico em que um ou mais segmentos são adicionados ao final de uma palavra. Por exemplo, *ante* → *antes*, *amor* → *amore*.

parâmetro[1] *parameter* na Teoria de Princípios e Parâmetros proposta por Noam Chomsky, um parâmetro é uma propriedade de uma língua a qual é selecionada a partir de possibilidades específicas, geralmente binárias. Por exemplo, uma seleção paramétrica que diz respeito à organização métrica de uma língua que pode estar relacionada com a escolha entre pés troqueus (com cabeça à esquerda) ou pés iâmbicos (com cabeça à direita). Ver **iambo, troqueu**.

parâmetro[2] *parameter* na sociolinguística o termo diz respeito às variáveis sociais como, por exemplo, faixa etária ou classe social. Uma variável sociolinguística pode ser correlacionada com um traço fonológico, nos estudos sociofonéticos. Por exemplo, o **rotacismo**, ou seja, a troca de **lateral** por **tepe** em encontros consonantais *blusa* > *brusa*, pode ser correlacionado com um ou mais dos seguintes parâmetros: procedência geográfica, grau de instrução, classe social. Ver **sociofonética, sociolinguística.**

parassíntese *parasynthesis* fenômeno de formação de palavras que consiste da adição simultânea de um prefixo e um sufixo. Por exemplo, *recadastramento (re + cadastra + mento)*. A parassíntese se ajusta ao comportamento fonológico geral da língua, podendo evidenciar a aplicação de fenômenos fonológicos.

paroxítono *paroxytone* padrão acentual no qual a penúltima sílaba da palavra é a sílaba tônica. Por exemplo, em português as palavras *casa, vida* e *lua* são paroxítonas. É o padrão acentual mais recorrente no português. Ver **acento, penúltimo.**

pausa *pause* propriedade de organização do discurso que é relacionada com o planejamento temporal da produção da fala. Destacam-se dois tipos de pausas. A **pausa silenciosa** que reflete a ausência de palavras específicas durante a produção de um enunciado ou a **pausa preenchida** que é caracterizada por hesitações como, por exemplo, *ah!* ou *hum!,* dentre outras.

PCO *OCP* sigla correspondente a **Princípio do Contorno Obrigatório,** sendo que é mais frequentemente utilizada a sigla do termo em inglês, ou seja OCP (lê-se: [oseˈpe]). É um princípio que determina que sequências adjacentes de unidades idênticas são proibidas nas representações fonológicas. Ver **OCP.**

pé binário *binary foot* **pé métrico** constituído de um par de constituintes métricos. A relação entre os constituintes métricos pode ser do tipo forte-fraco – (s w) ou (* .) – quando caracteriza um pé **troqueu.** A relação entre os constituintes métricos pode também ser do tipo fraco-forte – (w s) ou (. *) – quando caracteriza um pé **iambo.** Ver **pé métrico, pé ternário.**

pé datílico *dactylic foot* **pé métrico** em que uma sílaba forte é seguida de duas sílabas fracas, ou seja, (s w w) ou (* . .). Ver **pé ternário**.

pé degenerado *degenerate foot* **pé métrico** constituído de um único constituinte. A notação de um pé degenerado é geralmente forte (s) ou (*). A sílaba inicial da palavra *batata* apresenta um pé degenerado: (s) (s w) ou (*) (* .). Ver **Fonologia Métrica**, **pé métrico**.

pé espondeu *spondaic foot* **pé métrico** em que ocorrem duas sílabas fortes, ou seja, (s s) ou (* *).

pé métrico *metrical foot* unidade rítmica com um nódulo dominante e um recessivo que compõem a organização fonológica do **acento**. É um dos níveis da **hierarquia prosódica**. Pés métricos são construídos nas projeções dos núcleos que constituem as sílabas,

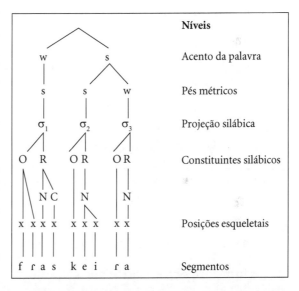

como apresentado na figura ilustrativa que tem três sílabas indicadas como σ₁, σ₂, σ₃. A figura ilustrativa caracteriza a atribuição do acento da palavra *frasqueira*. Pés métricos são construídos através de algoritmos específicos de cada língua e podem ser formalizados em esquema de **árvore** ou de **grade** como ilustrado no verbete **Fonologia Métrica**. Em representações de árvore, o símbolo (s) indica o constituinte forte do domínio (*strong*), ou seja, o que recebe a proeminência acentual. O constituinte recessivo, não acentuado, recebe o símbolo (w). Pés degenerados, ou seja, não binários, recebem o símbolo (s). Na figura a sílaba inicial representa um **pé degenerado** que recebe o símbolo (s). As sílabas σ_2 e σ_3 formam um pé **troqueu**, ou seja, (s w). A figura ilustrativa apresenta a representação métrica em **árvore**. Representações alternativas podem ser apresentadas em **grade**. Em representações de grade o símbolo (*) indica o constituinte forte do domínio (*strong*), ou seja, o que recebe a proeminência acentual. O constituinte recessivo, não acentuado, recebe o símbolo (·). Pés degenerados, ou seja, não binários, recebem o símbolo (*). Um pé métrico pode ser **troqueu ou iambo**. O algoritmo de construção de pés métricos segue princípios gerais da organização gramatical, mas incorpora parâmetros específicos das línguas particulares. Ver **Fonologia Métrica, Fonologia Prosódica, hierarquia prosódica**.

penúltimo *penultimate* padrão acentual em que a segunda sílaba a partir do final da palavra é acentuada. Também denominado acento **paroxítono**. Por exemplo, em português as palavras *casa, vida* e *lua* têm acento na penúltima sílaba. O padrão acentual na penúltima sílaba é o mais recorrente em português quando comparado ao acento no **final** ou **antepenúltimo** das palavras. Ver **paroxítono, pé métrico**.

perda auditiva *hearing loss* ausência ou dificuldade para ouvir diversos sons, inclusive os sons da fala humana. Podem ocorrer diversos graus de perda auditiva, variando desde a perda auditiva leve até a perda auditiva profunda. É também denominada *hipoacusia*. Ver **audição**.

performance *performance* ver **desempenho**.

peso silábico *syllable weight* propriedade relativa ao número de segmentos que podem ocupar a posição de **rima** em uma **sílaba**. Em relação ao peso silábico, as sílabas são classificadas como **leves** ou **pesadas**. Uma sílaba leve apresenta um único segmento em posição de rima da sílaba. Uma sílaba pesada apresenta mais de um segmento na posição de rima da sílaba. O peso silábico pode ter estreita relação com a atribuição do acento em algumas línguas uma vez que sílabas pesadas podem atrair o acento tônico. Restrições distribucionais do acento podem ser relacionadas com sílabas pesadas. Por exemplo, em português, em posição medial de palavras proparoxítonas não ocorrem sílabas pesadas *piánista* ou *ámarga*. Ver figura ilustrativa no verbete **sílaba leve**.

pé ternário *ternary foot* **pé métrico** constituído de três constituintes. A relação entre os constituintes pode ser do tipo forte-fraco-fraco – (s w w) ou (* . .) que caracteriza o acento **antepenúltimo** em português. Ver **pé datílico**.

pidgin *pidgin* (pronuncia-se [ˈpidʒĩ]) é uma língua que emerge a partir de duas línguas, em princípio ininteligíveis, que passam a ter interação entre si. Os pidgins tendem a apresentar léxico e estrutura gramatical reduzidos. Quando um pidgin passa a ter falantes nativos, torna-se um **crioulo**. Vários crioulos têm o português como uma das línguas em contato e são referidos como crioulos de base portuguesa. Ver **crioulo**.

pitch *pitch* (pronuncia-se [ˈpitʃi]) o termo é geralmente utilizado como a palavra da língua inglesa, embora possa também ser traduzido como **altura**. Diz respeito ao efeito acústico produzido pela frequência de vibração das cordas vocais. De maneira geral pode-se dizer que quanto mais alta for a frequência de vibração das cordas vocais mais alto será o *pitch*. O *pitch* permite classificar os sons em uma escala de baixo-alto, com posições intermediárias e desempenha um papel importante nos estudos da **entonação** e **tom**. Em línguas tonais os tons apresentam diferentes níveis de *pitch* que caracterizam os diferentes tons. Ver **frequência fundamental**.

plosiva *plosive* consoante produzida com a interrupção completa da passagem de ar pelo trato vocal. Agrupa as consoantes oclusivas. Ver **sons do português**.

Pobreza do Estímulo *Poverty of Stimulus (POS)* argumento utilizado por Noam Chomsky e em correntes teóricas similares à abordagem gerativa. O argumento diz que o estímulo apresentado para as crianças durante a aquisição da linguagem é pobre e, portanto, não apresenta todas as informações que as crianças utilizam no desenvolvimento da linguagem. Assim, sugere-se que os falantes conheçam, possivelmente de maneira inata, as propriedades abstratas da língua em processo de aquisição e que tais propriedades abstratas não podem ser aprendidas apenas pela simples exposição ao ambiente, pois o estímulo oferecido é pobre. O argumento da Pobreza do Estímulo é importante para a proposição da Gramática Universal, **GU**, e para o debate sobre o caráter inato, em módulo específico, da linguagem na espécie humana. Ver **aquisição da linguagem, gerativismo**.

polissílabo *polysyllable* palavra que contém mais de uma e, tipicamente, mais de três sílabas. Por exemplo, em português, as palavras *acontecimento*, *linguística* e *estruturalismo* são polissílabos. Polissílabos tendem a sofrer redução segmental, sobretudo, nas sílabas átonas e em bordas das palavras. Ver **dissílabo, monossílabo, sílaba, trissílabo**.

polissistêmico *polysystemic* abordagem sugerida por John Rupert Firth a qual postula vários subsistemas para cada contexto em que uma unidade sonora ocorre. Por exemplo, um sistema de consoantes em **onset** seria distinto do sistema de consoantes em **codas**.

ponta da língua *blade* ver **lâmina**.

ponto de articulação *place of articulation* ver **lugar de articulação**.

português *Portuguese* língua oficial do Brasil e de outros países da CPLP (Comunidade de Países de Língua Portuguesa): Angola, Cabo Verde, Guiné-Bissau, Moçambique, Portugal, São Tomé e Príncipe e Timor-Leste. O português conta com aproximadamente 240 milhões de falantes e é uma das línguas mais faladas em todo o mundo. O português falado no Brasil tem inúmeras características fonéticas distintas das variedades do português falado em outros países. No território brasileiro há inúmeras variedades linguísticas ou dialetais, além de várias línguas indígenas brasileiras e de línguas faladas por imigrantes estabelecidos no país. Ver **sons do português**.

pós-alveolar *postalveolar* lugar ou ponto de articulação de uma consoante cujo **articulador ativo** é o **ápice** ou a **ponta** da língua e o **articulador**

passivo é a parte atrás dos alvéolos. No português, as consoantes pós-alveolares podem ser articuladas com a ponta da língua em direção aos alvéolos ou em direção à região pós-alveolar. Ver **ponto de articulação**.

pós-cíclica *post-cyclical* ver **regra cíclica**.

posição esqueletal *skeletal position* termo utilizado pela **Fonologia Autossegmental** para representar o nível intermediário entre os segmentos consonantais e vocálicos e os constituintes silábicos na representação lexical. Uma posição esqueletal pode ser compreendida como uma unidade temporal da cadeia sonora. As

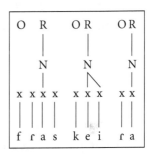

posições esqueletais são associadas aos segmentos na representação lexical. A silabificação se dá a partir da associação das posições esqueletais aos constituintes silábicos de acordo com as propriedades específicas de silabificação da língua em questão. Dos três constituintes silábicos – **onset**, **núcleo** e **coda** –, somente o núcleo tem a posição esqueletal associada ao constituinte núcleo (N) na representação lexical. As demais posições esqueletais, onset e coda, são associadas aos constituintes silábicos no curso da silabificação. As posições esqueletais podem ter conteúdo segmental, como indicado na figura ilustrativa, ou podem ter conteúdo vazio, i.e., não terem sons a elas associados, mas contam temporalmente na representação fonológica. Ver **Fonologia Autossegmental, representação, silabificação, vazio**.

posição neutra *neutral position* posição assumida pelo trato vocal antes do início da produção da fala. Conceito importante na definição **dos traços distintivos** juntamente com o conceito de **vozeamento espontâneo**.

pós-lexical *post-lexical* tipo de regra proposta pela **Fonologia Lexical** que se aplica após as regras lexicais. As regras lexicais operam no nível da palavra. As regras pós-lexicais operam em interface com outros domínios, como, por exemplo, a sintaxe. Ver **Fonologia Lexical**.

posterior[1] *back* vogal que é articulada com o corpo da língua deslocado para a parte de trás ou parte posterior da cavidade bucal. No português, as vogais posteriores são: [u,ʊ,o,ɔ,ũ,õ]. Ver **arredondada, posteriorização.**

posterior[2] *back* traço distintivo que caracteriza os sons produzidos com a retração do corpo da língua abaixo da **posição neutra.** Esse traço agrupa as consoantes velares, uvulares, faringais, glotais e as vogais posteriores e as distingue dos demais sons. No português, as consoantes velares, glotais e as vogais posteriores são [+posterior]. Os demais sons são [-posterior]. Também denominado *recuado*. Ver **recuado, traço distintivo.**

posteriorização *back* propriedade relativa à posição da língua na dimensão horizontal durante a articulação das vogais ou das consoantes. A língua pode estar deslocada para a parte de trás, ou parte posterior da cavidade bucal ou a língua pode estar deslocada para a parte da frente, ou parte anterior da cavidade bucal. Quando a língua se encontra na parte posterior da cavidade bucal há posteriorização da língua e uma vogal articulada com essa propriedade é classificada como **posterior.** Quando a língua se encontra na parte anterior da cavidade bucal, há anteriorização da língua e uma vogal articulada com essa propriedade é classificada como **anterior.** Ver **anteriorização.**

postônico *postonic* posição que segue uma sílaba tônica. Em português as vogais postônicas podem ser mediais ou finais. Sílabas postônicas mediais ocorrem em proparoxítonos como, por exemplo, *sílaba* ou *tônica*. Sílabas postônicas finais sofrem **redução vocálica.** Ver **acento.**

pós-vocálico *postvocalic* caracteriza o segmento, tipicamente, consonantal, que ocorre após a vogal na posição final de sílaba. A posição pós-vocálica é também denominada **coda.** Consoantes pós-vocálicas ocorrem em português em final de palavra, como no exemplo *mês*, ou podem ocorrer no meio de palavra, como nos exemplos *carta, festa*. No português as consoantes que podem ocupar a posição pós-vocálica são: os sons de **r,** as sibilantes e a lateral (em alguns dialetos, podendo ou não ser velarizada). Ver **sílaba.**

prefixo *preffix* elemento adicionado antes de um **morfema** para formar palavras. O prefixo encontra-se no início da palavra, como, por exemplo, em *re*fazer, ***des****fa*zer. Alguns fenômenos fonológicos se aplicam durante o processo de prefixação, como, por exemplo, a *assimilação de vozeamento* do prefixo *des-* em de[sf]avorável ou de[zg]overno. Ver **morfema**.

pregas vocais *vocal folds* também denominada **cordas vocais**. Músculos estriados que podem obstruir a passagem da corrente de ar. A figura ilustrativa apresenta diagramas com diferentes posições das pregas vocais. Em (a), as pregas vocais estão completamente abertas e a passagem da corrente de ar se dá livremente, sem vibração ou vozeamento. Caracteriza os sons desvozeados.

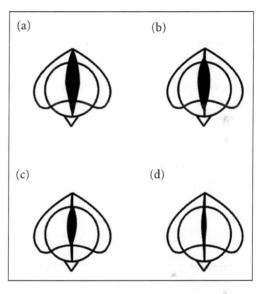

Em (d), as pregas vocais estão quase que totalmente fechadas de maneira que a passagem da corrente de ar encontra obstrução e ocorre a vibração das pregas vocais gerando o vozemaento. Caracteriza os sons vozeados. As configurações intermediárias em (b, c) mostram as pregas vocais em posições com vozeamento parcial. O vozeamento é uma propriedade gradiente podendo um som ser completamente vozeado ou completamente desvozeado, além de várias posições intermediárias que podem ser assumidas pelas pregas vocais cujos sons apresentarão vozeamento parcial. Geralmente, as línguas diferenciam apenas dois graus de vozeamento: **vozeado** e **desvozeado**. Ver **aspiração, sonoro, surdo**.

pré-nasalizada *prenasalized* consoante nasal **homorgânica** a uma obstruinte. A pré-nasalização é representada por uma consoante nasal sobrescrita que é seguida pela obstruinte como, por exemplo, [ᵐb, ⁿt, ᶮtʃ, ᵑg]. Nas consoantes pré-nasalizadas os dois segmentos, nasal e obstruinte, tipicamente, contam como um único som na organização do componente fonológico. A ocorrência de pré-nasalização em português é sugerida quando vogais nasais são seguidas por obstruintes. Por exemplo, [ˈkãᵐpʊ] *campo* ou [ˈdẽⁿtɾʊ] *dentro*. Ver **nasal**[1], **nasalização, nasalidade**.

pretônico *pretonic* padrão acentual atribuído às sílabas que ocorrem antes da sílaba tônica de uma palavra. Por exemplo, a sílaba [ka] ocorre em posição pretônica nas palavras *acabado* ou *carambola*. As vogais que ocupam uma sílaba pretônica são átonas e podem estar sujeitas a fenômenos fonológicos de redução como, por exemplo, o **alçamento**.

pré-vocálico *prevocalic* contexto imediatamente anterior a uma vogal. Tipicamente, os **onsets** são consoantes que ocupam uma posição pré-vocálica. Por exemplo, nas palavras *pé* e *cru* os sons [p] e [kɾ] respectivamente ocupam a posição pré-vocálica. Ver **sílaba**.

princípio *principle* na Teoria de Princípios e Parâmetros proposta por Noam Chomsky, um **princípio** é uma propriedade da linguagem que governa a estrutura linguística das língua naturais. Por exemplo, o **Princípio de Licenciamento Prosódico** determina uma condição universal de boa-formação ao formular que todas as unidades fonológicas devem ser parte da estrutura prosódica. A **Fonologia de Governo** postula, de maneira análoga à Sintaxe, o *Princípio de Categorias Vazias* que regula a manifestação fonética das categorias vazias. O **Princípio do Contorno Obrigatório** e o **Princípio de Maximização do Onset** são formulações da **Fonologia Autossegmental** que têm por objetivo determinar as condições de boa-formação das representações fonológicas. Ver **parâmetro**[1].

Princípio da Preservação da Estrutura *Principle of Structure Preservation* princípio da **Fonologia Lexical** que determina que as regras de formação de palavras assumam as restrições impostas aos segmentos subjacentes. Este princípio busca preservar as condições de boa-formação do sistema fonológico da língua.

Princípio de Licenciamento Prosódico *Principle of Prosodic Licensing* determina uma condição universal de boa-formação ao formular que todas as unidades fonológicas devem ser parte da estrutura prosódica. Ver **Fonologia Prosódica.**

Princípio de Maximização do Onset *Maximal Onset Principle* determina que quando uma consoante pode, em princípio, ocupar uma posição de **coda** ou uma posição de **onset** esta será silabificada no onset. Esse é um princípio da **Fonologia Autossegmental** que dá precedência à constituição de onsets ramificados em contraposição às **rimas.** Ver **Fonologia Autossegmental.**

Princípio de Não Cruzamento de Linhas *Principle of No Crossing Constraint* determina que duas **linhas de associação** não podem ser cruzadas no curso da derivação. Em caso de violação desse princípio deve-se adicionar ou cancelar linhas de associação de maneira a satisfazer o que determina o princípio. Este é um princípio da **Fonologia Autossegmental** o qual segue do fato que a cada estágio da derivação os segmentos, posições esqueletais ou constituintes silábicos sejam associados a pelo menos um elemento do nível superior. Ver **Condição de Boa-Formação.**

Princípio do Contorno Obrigatório *Obligatory Countour Principle* ver **OCP, PCO.**

Princípio Fonêmico *Phonemic Principle* determina que os vários sons de uma língua estabelecem relações entre si levando-se em consideração a distribuição em **contextos** específicos. Dentre as relações possíveis, sons diferentes podem ser considerados como pertencendo a uma mesma categoria ou a categorias diferentes. **Fonemas** são sons que pertencem a categorias diferentes. **Alofones** são sons que pertencem a uma mesma categoria.

Fonemas são determinados pela evidência de um par mínimo, que é um par de palavras que se diferencia somente em relação a um som no contexto e tem significados diferentes. Por exemplo, o **par mínimo** das palavras *pato* e *bato* oferece evidência de que os sons [p, b] estão em **oposição** em português e definem os fonemas /p, b/. No caso de um par de palavras que se diferencia somente em relação a um som no contexto e tem significados idênticos, dizemos que os sons envolvidos são alofones. Nos alofones, a substituição de um som pelo outro não altera o significado: *ma[h]*, *ma[r]* ou *ma[ɹ]* para *mar*. Ver **representação**.

privativo *privative* todo modelo teórico que assuma que os segmentos são caracterizados pela presença ou ausência de uma propriedade. A representação segmental é constituída por uma unidade segmental ou por uma combinação de unidades segmentais. Uma unidade segmental é denominada **componente** ou **elemento**. A unidade segmental ou está presente ou está ausente da representação, e por esta razão é dita privativa. A noção de oposição privativa é adotada em modelos como **Fonologia de Partícula**, **Fonologia de Governo** e **Fonologia de Dependência**.

processo *process* operação que expressa um fenômeno em forma de regra fonológica. Uma regra fonológica se aplica a uma representação subjacente processando alterações representacionais ao longo da derivação. Um processo, portanto, transforma representações. Processos fonológicos associam as **formas subjacentes** com as **formas superficiais**. Os modelos gerativos como a **Fonologia Gerativa**, a **Fonologia Natural**, a **Fonologia Autossegmental**, a **Fonologia Métrica** adotam a noção de processo. Ver **regra fonológica**.

produtividade *productivity* característica de um padrão que se aplica na formação de formas novas em uma língua. Por exemplo, o sufixo -*ista* é bastante recorrente e produtivo em português: *linguista, foneticista, motorista, frentista* etc. A produtividade do sufixo -*ista* se manifesta quando criamos uma palavra nova utilizando esse sufixo. Por exemplo, se criarmos um partido político novo e o denominarmos PDG, os membros do partido podem ser, por exemplo, denominados de *pedegistas*. A **Fonologia de Uso** sugere que a produtividade de um padrão está relacionada com a **frequência de tipo** de tal padrão.

proeminência *prominence* propriedade suprassegmental de um som relativa aos demais elementos de um domínio prosódico considerando-se a sonoridade, a duração, o acento e o *pitch*. É o elemento destacado do padrão acentual. Ver **Fonologia Métrica, Fonologia Prosódica.**

progressiva *progressive* tipo de **assimilação** que opera da esquerda para a direita. Ou seja, um segmento compartilha uma de suas características com o segmento seguinte. É um tipo menos comum de assimilação do que a assimilação **regressiva.**

pronúncia padrão *standard pronunciation* ver **norma.**

propagação *spreading* ver **espraiamento.**

proparoxítono *proparoxytone* padrão acentual no qual a antepenúltima sílaba da palavra é a sílaba tônica. Por exemplo, em português as palavras *cálice, simpática* e *sábio* são proparoxítonas. Ver **acento, antepenúltimo.**

prosódia *prosody* ramo da linguística e da fonética que investiga as propriedades ou traços suprassegmentais da fala, os quais são percebidos como parâmetros de **frequência fundamental, pitch, intensidade** e **duração.** A prosódia tem estreita relação com o **acento, ritmo** e **entonação.** Ver **hierarquia prosódica.**

protótipo *prototype* elemento ou categoria que tem características típicas ou salientes de um **domínio.** Protótipos são compreendidos como elementos centrais ou essenciais na identificação de uma categoria. A noção de protótipo é essencial na **Fonologia de Uso, Teoria de Exemplares** e **Linguística Cognitiva.**

pulmonar *pulmonic* um dos mecanismos de passagem da corrente de ar além dos mecanismos velárico e glotálico. É assumido ser um mecanismo de corrente de ar universal uma vez que ele ocorre em todas as línguas naturais. No mecanismo de passagem de corrente de ar pulmonar, o ar presente nos pulmões é expelido pela boca podendo ou não encontrar algum tipo de obstrução no trato vocal.

qualidade vocálica *vowel quality* característica das vogais que as tornam diferente umas das outras. Parâmetros articulatórios como a altura da língua no eixo vertical ou como a posição da língua no eixo horizontal – quanto à posterioridade ou anterioridade – são relevantes para definir a qualidade vocálica. Uma pequena alteração nos parâmetros articulatórios modifica a qualidade de uma vogal. Outro traço relevante para definir a qualidade vocálica é a posição do véu palatino. Se o véu palatino está abaixado ocorre uma vogal com qualidade **nasal** ou **nasalizada**. Diferenças de qualidade vocálica podem ser analisadas através de parâmetros acústicos dos valores dos **formantes** F1 e F2. Diferenças de qualidade vocálica tendem a marcar variação dialetal. Ver **formante**.

quantidade *quantity* propriedade das sílabas quanto à duração dos segmentos consonantais e vocálicos que ocupam a posição de **rima**. A quantidade é um parâmetro relevante na caracterização do **peso silábico**. Ver **sílaba pesada**.

queda *drop* ver **apagamento, cancelamento**.

r-final *final-r* em português, a distribuição dos sons de **r** tem características homogêneas para todos os dialetos e características particulares para dialetos específicos. O r-final ocorre em posição pós-vocálica, em fim de palavra – *cantar, amor* – ou em posição pós-vocálica em meio de palavra *marca, carga*. O r-final pode se manifestar foneticamente como uma das seguintes consoantes em português: [ɾ, ɹ, h, ɦ, x, ɣ] e marca, tipicamente, variação dialetal. O r-final se relaciona ao fenômeno de neutralização ou perda de **oposição** entre o **R-forte** e o **r-fraco** em posição final de sílaba.

R-forte *strong-R* em português, a distribuição dos sons de **r** tem características homogêneas para todos os dialetos e características particulares para dialetos específicos. É denominado R-forte o som de **r** que ocorre em posição de início de sílaba em todos os dialetos do português, como, por exemplo, em *rua, carro* ou *guelra*. O R-forte pode se manifestar foneticamente como uma das seguintes consoantes em português: [h, ɦ, x, ɣ, ř]. Em posição de final de sílaba o **R-forte** e o **r-fraco** sofrem **neutralização** e tanto um como outro podem ocorrer. Ver **r-final**.

r-fraco *weak-r* em português, a distribuição dos sons de **r** tem características homogêneas para todos os dialetos e características particulares para dialetos específicos. É denominado r-fraco o som de **r** que ocorre em posição intervocálica e em encontros consonantais tautossilábicos em todos os dialetos do português, como, por exemplo, em *caro* ou *prato*. O r-fraco se manifesta foneticamente como um **tepe**: [ɾ]. Em posição de final de sílaba o r-fraco e o **R-forte** sofrem **neutralização** e tanto um como outro pode ocorrer. Ver **r-final**.

racionalismo *racionalism* proposta teórica que sugere que certas habilidades cognitivas são inatas na mente humana. As ideias racionalistas foram incorporadas à Teoria Gerativa proposta por Noam Chomsky, a qual assume o caráter inato do conhecimento linguístico. É também denominado nativismo e é contrária ao **empirismo**. Ver **empirismo**.

raiz *root* parte da base de uma palavra que, geralmente, não pode ser modificada e que se mantém constante na formação e processo derivacional das de palavras. Uma raiz pode ser compreendida como a porção morfológica que é obtida quando todos os **afixos** de uma palavra são retirados. Ver **morfologia**.

raiz da língua *tongue root* parte posterior da língua que se encontra em proximidade com a parede faríngea. Ver **aparelho fonador**.

ranqueamento *ranking* escalonamento em um **tableau** de restrições em relações umas às outras. Ver **tableau, Teoria da Otimalidade**.

r de ligação *linking r* manifestação fonética de um som de **r** em contexto específico. Por exemplo, o som de **r** das formas verbais de infinitivo em português pode ser cancelado: *cantar > cantá, fazer > fazê, sair > saí e por > pô*. Contudo, quando as formas de infinitivo são seguidas de uma vogal o som de **r**, em geral, se manifesta foneticamente: *canta[ru]ma música, faze[ra] scompras*. Diz-se que este é um **r de ligação** que é manifestado como um tepe em português. Entre a população jovem da cidade de Belo Horizonte, observa-se no contexto do **r** de ligação uma fricativa glotal no lugar do tepe: *canta[hu]ma música, faze[ha]scompras*. Ver **rótico**.

realidade psicológica *psychological reality* proposta que assume que a realidade mental é parte da investigação científica. Edward Sapir propôs que a realidade psicológica dos fonemas existe na mente-cérebro dos falantes. A realidade psicológica é assumida por modelos que sugerem que as generalizações postuladas pelos linguistas correspondem aos processos presentes na mente dos falantes/ouvintes. Ver **mentalismo**.

realização *realization* relação entre a fonética e a fonologia. Uma representação fonológica tem realização fonética. Outros termos utilizados para expressar a relação entre os níveis fonológico e fonético são: **implementação, manifestação** ou **interpretação**. Contudo, não é consensual a divisão discreta entre os domínios da **fonética** e da **fonologia**.

reanálise *reanalysis* fenômeno que altera a estrutura ou função de uma forma linguística. **Compostos** podem ser compreendidos como casos de reanálise. O fenômeno é também denominado substituição lexical ou **analogia** em que a sequência de palavras é reinterpretada ou reanalisada como uma palavra nova. Por exemplo, *bebemorar* formado por (*beber* + *comemorar*), que tem por significado um evento de "comemoração com bebida". A reanálise se ajusta ao comportamento fonológico geral da língua podendo evidenciar a aplicação de fenômenos fonológicos.

recessivo *recessive* na **Fonologia Métrica** representa o elemento dominado em um **domínio**. Em representação de grade é indicado pelo símbolo (.). Em representação de árvore é indicado pelo símbolo (w). Por exemplo, em um pé **troqueu** temos (* .) ou (s w), onde (.) e (w) indicam o elemento recessivo e (*) e (s) indicam o elemento **dominante**. Um elemento recessivo não é ramificado. Ver **pé métrico**.

recuado *back* traço distintivo que caracteriza os sons produzidos com a retração do corpo da língua abaixo da **posição neutra**. Esse traço agrupa as consoantes velares, uvulares, faringais, glotais e as vogais posteriores e as distingue dos demais sons. No português, as consoantes velares, glotais e as vogais posteriores são [+posterior]. Os demais sons são [-posterior]. Também denominado **posterior**. Ver **traço distintivo**.

redução *reduction* fenômeno de **enfraquecimento** de um segmento consonantal ou vocálico. A redução ou enfraquecimento de consoantes é mais comumente denominada **lenição**. Os segmentos vocálicos são ditos sofrer redução vocálica, mas não lenição. Ver **redução vocálica**.

redução vocabular *vocabular reduction* fenômeno de formação de palavras que consiste da redução segmental da palavra a qual, geralmente, é um composto. A redução vocabular tem relação estreita com a morfologia, sendo que, dentre duas formas envolvidas, tende-se a preservar aquela mais à esquerda . Por exemplo, *fotografia* → (*foto* + *grafia*) →*foto* ou *quimioterapia* → (*quimio* + *terapia*) → *quimio*. A **redução vocabular** se ajusta ao comportamento fonológico geral da língua, podendo evidenciar a aplicação de fenômenos fonológicos.

redução vocálica *vowel reduction* fenômeno fonológico que geralmente afeta vogais átonas. É muito recorrente na fala espontânea, sendo que as vogais reduzidas apresentam menor duração, menor tensão e articulação mais centralizada. O fenômeno de redução vocálica pode causar a perda de contraste fonêmico, ou seja, a neutralização de vogais que inicialmente estavam em **oposição**. A redução vocálica, em português, afeta, sobretudo, as vogais átonas postônicas que se manifestam com duração menor, menos tensas e com propriedades de centralização: *casa* >[ˈkazə], *mudo* >[ˈmudʊ] e *triste* > [ˈtɾistʃɪ]. Ver **alçamento, harmonia vocálica, schwa**.

redundância *redundancy* propriedade que pode ser inferida pelo contexto. Ou seja, em um dado contexto é previsível qual propriedade estará presente. A propriedade é denominada **redundante**. Em modelos teóricos que postulam representações abstratas assume-se que as propriedades não contrastivas ou o detalhe fonético sejam redundantes. Assim, nestes modelos, as propriedades redundantes não ocorrem nas representações fonológicas. A redundância pode também estar relacionada com propriedades distribucionais. Por exemplo, em português é previsível e redundante que em sequências de duas consoantes na mesma sílaba a segunda consoante será *l* ou *r* como, por exemplo, em *blusa, prato*. Ver **representação**.

redundante *redundant* ver **redundância**.

reduplicação *reduplication* fenômeno fonológico de repetição ou cópia de parte de uma palavra (ou de toda a palavra). Em muitas línguas, a reduplicação é utilizada para formar uma nova palavra. No português, exemplos de reduplicação para formação de palavras seriam: *tico-tico, corre-corre*. Casos de **hipocorização** de nomes próprios também apresentam reduplicação, como, por exemplo, *Cacá* para *Carlos* ou *Dedé* para *André*. A reduplicação é um fenômeno muito recorrente nos estágios iniciais de produção da fala. Exemplos de reduplicação na **aquisição da linguagem** são: [deˈdela] *mamadeira*, [boˈbo] *acabou*. A reduplicação ocorre em português em muitas palavras relacionadas ao parentesco como, por exemplo, *mamãe, papai, titio, titia, vovô, vovó* e também em palavras muito utilizadas na linguagem dirigida às crianças como, por exemplo, *mamá, xixi, cocô*.

regra *rule* mecanismo formal para expressar generalizações. Em modelos gerativos as regras são compreendidas como estratégias processuais que transformam representações subjacentes em representações superficiais. As regras

$$A \rightarrow B \quad C \_\_ D$$

em que:
A = descrição estrutural
B = mudança estrutural
C D = ambientes ou contextos

descrevem a organização da **Gramática**. Regras podem ser expressas em formato de texto, mas tipicamente são apresentadas com símbolos e convenções específicas. A figura ilustrativa apresenta um formato de **regra** do tipo $A \rightarrow B / C \_\_ D$. Essa regra pode ser lida como: um elemento A se transforma no elemento B quando se encontra no contexto entre C e D. Neste formato de regra o símbolo A representa a **descrição estrutural** e define o elemento que sofrerá as alterações previstas pela regra. O símbolo B representa a mudança estrutural e define o que será alterado em relação à representação de A. Os símbolos C e D definem contextos. Pode ocorrer C ou D, ou ambos. Os contextos em que uma regra se aplica podem estar em **disjunção**. Uma regra que não tenha contexto específico para a sua aplicação impõe desafios para o formalismo por não ter restrição. As regras fonológicas formuladas pela **Fonologia Gerativa** têm propriedades específicas de formulação e utilizam **traços distintivos** na formalização. Uma maneira diferente de expressar generalizações é formular **restrições**. Ver **alimentação, contexto, disjunção, sangramento**.

regra cíclica *cyclical rule* a **Fonologia Lexical** sugere que após a aplicação de cada regra de formação de palavra as regras fonológicas lexicais se aplicam. Assim, as regras são cíclicas. Regras cíclicas atuam no léxico. Regras não cíclicas se aplicam no componente pós-lexical que ocorre após as aplicações das regras lexicais.

regra de redundância segmental *redundancy rule* tipo de regra de redundância proposta pela **Fonologia Gerativa** que tem por objetivo simplificar a descrição segmental. Em uma regra de redundância segmental, um traço distintivo é dito redundante se a sua presença não for necessária para caracterizar o segmento em questão.

regra de restrição sequencial *redundancy rule* tipo de regra de redundância proposta pela **Fonologia Gerativa** que tem por objetivo prever as sílabas possíveis em uma língua.

regra de ritmo *rhythm rule* qualquer regra que regule as propriedades rítmicas das línguas naturais. A organização métrica do componente sonoro caracteriza o ritmo da fala e tem início com a atribuição de padrões acentuais. Um padrão acentual frequente é uma sílaba forte, ou acentuada, adjacente a uma sílaba fraca, ou átona. Esse padrão acentual define pés métricos que podem ser do tipo (forte fraco), ou seja **troqueu**, ou (fraco forte), ou seja **iambo**. A tendência é que as sequências de pés métricos apresentem sílabas fortes e fracas alternadamente, sejam (forte fraco) ou (fraco forte). Contudo, há casos em que duas sílabas fortes se encontram e ocorre um **choque de acentos**. Por exemplo, a palavra *cafezinho* apresenta um choque de acento das sílabas (*fé*) e (*zi*) porque em *café* o acento é em (*fé*) e em *zinho* o acento é em (*zi*). Temos, então, *cafezinho* com o padrão acentual (ca$^{\text{pé degenerado}}$fé^{forte}-zi^{forte}nho^{fraco}) que pode ser simbolizado como (s s s w), em que (s) representa uma sílaba forte e (w) representa uma sílaba fraca. Em português, quando ocorre um choque de acentos fortes aplica-se uma regra de ritmo que determina que uma sequência do tipo (s s s) passa a se manifestar como (s w s). Assim, o padrão acentual de *cafezinho* após a aplicação da **regra de ritmo** será: (ca^{forte}fé^{fraco}zi^{forte}nho^{fraco}) que apresenta uma sequencia acentual (s w s w), sem choque de acento. A regra de ritmo se aplica amplamente em português para evitar o choque de acentos. Contudo, algumas variedades do português utilizam outras estratégias para evitar o choque de acentos. Uma palavra como *jacarezinho* apresenta choque de acento com o padrão (s w s s w). Duas alternativas são atestadas para evitar o choque de acento. Uma delas reorganiza o ritmo em *jacarezinho* com o padrão acentual (s s w s w). Outra alternativa reorganiza o ritmo em *jacarezinho* com um padrão acentual do tipo (s w w s w). As duas possibilidades de atribuição de acento são possíveis no português brasileiro. Ver **Fonologia Métrica, pé métrico.**

regra fonológica *phonological rule* formalismo que apresenta a descrição estrutural, a mudança estrutural e o ambiente ou contexto em que um fenômeno se aplicará, conforme apresentado na primeira figura ilustrativa deste verbete.

$$A \rightarrow B \ / \ C \_\_ D$$

em que:
A = descrição estrutural
B = mudança estrutural
C D = ambientes ou contextos

É o formalismo para representar o processo derivacional na **Fonologia Gerativa.** A formalização de uma regra fonológica é expressa por traços distintivos que ocupam as posições de descrição estrutural, a mudança estrutural e o ambiente ou **contexto.** A regra fonológica apresentada na

$$\left[+consonantal \right] \rightarrow \left[+arredondado \right] / \_\_\_ \left[\begin{matrix} +silábico \\ +arredondado \end{matrix} \right]$$

segunda figura ilustrativa deste verbete indica que uma consoante se torna labializada quando seguida de uma vogal arredondada. Geralmente é dado um nome para cada regra fonológica. A regra que acabamos de descrever pode ser denominada *labialização de consoante*. Entende-se que as regras fonológicas sejam produtivas. Ou seja, todas as vezes que a descrição estrutural for encontrada, ela sofrerá a mudança estrutural no contexto específico. Com a aplicação de uma regra como a de *labialização de consoante* entendemos que não devem ser encontradas consoantes não labializadas seguidas de vogais arredondadas. Assim, uma regra fonológica faz predição quanto ao que deve ocorrer e o que é excluído, ou não esperado acontecer. Na mudança estrutural não se apresenta o traço distintivo que ocorre na descrição estrutural uma vez que é implícito que o traço esteja presente (embora com o valor contrário, seja + ou -). Por exemplo, na regra de *labialização de consoante* a mudança estrutural de fato é: [+consonantal, +arredondado]. O traço [+consonantal] não necessita ser especificado na mudança estrutural porque não sofreu alteração desde a descrição estrutural. Vários recursos notacionais foram sugeridos na formalização de regras fonológicas. Dentre eles temos **parênteses, colchetes, colchetes angulares, chaves e letras gregas** como apresentado na terceira figura ilustrativa deste verbete. A terceira figura ilustrativa apresenta uma regra que pode ser denominada *assimilação da consoante nasal* e é lida como: uma consoante nasal terá os mesmos traços de ponto de articulação da consoante que a segue. Assim, em línguas como o espanhol, a consoante nasal terá o mesmo ponto de articulação da consoante seguinte em formas como *campo, canto* e *manga*. No formalismo da regra ilustrada na terceira figura os símbolos α e β devem ter o mesmo valor na mudança estrutural quanto no contexto. Ou seja, se for [+anterior] na mudança estrutural também deverá ser obrigatoriamente [+anterior] no contexto. Outro recurso formal apresentado nas regras fonológicas é o uso do símbolo Ø (vazio) para indicar o cancelamento de segmentos em um dos itens da regra fonológica. Por exemplo, uma regra do tipo Ø → [+silábico] / __ # indica que um segmento vocálico deve ser inserido no final das palavras. Outro recurso notacional é o uso de números subescritos e sobrescritos para indicar o número de consoantes ou vogais presentes em um contexto.

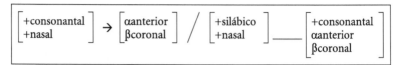

Por exemplo, C_2 indica duas consoantes e C_1^3 indica que deve ocorrer no mínimo uma consoante e no máximo três consoantes no contexto. Outros símbolos indicam aspectos específicos como, por exemplo: # indica final de palavra, $ indica limite de sílaba, + indica limite de morfema. O formalismo de regras fonológicas foi proposto pelo modelo gerativo, mas foi adaptado para outras propostas teóricas como a **Fonologia Autossegmental** ou a **sociolinguística**. A **Teoria da Otimalidade** é uma proposta teórica que não adota regras fonológicas.

regressiva *regressive* tipo de **assimilação** que opera da direita para a esquerda. Ou seja, um segmento compartilha uma de suas características com o segmento anterior. É um tipo muito comum de assimilação. Em português, são exemplos de assimilação regressiva a palatalização de oclusivas alveolares, como, por exemplo, em /ˈtipo/ → [ˈtʃipo] ou a nasalização de vogal seguida de consoante nasal, como, por exemplo, /ˈkama/ → [ˈkãma]. É também denominada *assimilação antecipatória*. Ver **progressiva**.

representação *representation* formalismo simbólico para expressar, em algum nível, o conhecimento do falante. Postula-se, portanto, níveis de representação diferentes, como, por exemplo, o nível fonológico e o nível fonético. Outros níveis representacionais podem ser postulados como, por exemplo, àqueles suge- 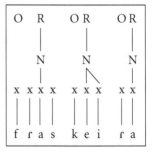 ridos pela **hierarquia prosódica**. Na Fonologia Gerativa a representação fonológica é denominada *representação subjacente*. A representação fonológica ou representação subjacente expressa o conhecimento linguístico do falante e é do domínio da **competência**. Uma *representação subjacente* é apresentada entre barras transversais, como, por exemplo, em /ˈtipo/ para *tipo*.

Informações redundantes são excluídas das representações fonológicas. Regras fonológicas aplicam-se às representações subjacentes transformando-as e gerando novas representações até o término do processo derivacional quando se tem a representação fonética. A *representação fonética* é apresentada entre colchetes, como, por exemplo, em ['tʃipʊ] ou ['tipʊ] para *tipo*. A representação fonética expressa o dado empírico que foi atestado em situação real de fala e é de domínio do **desempenho**. Na **Fonologia Autossegmental** a representação subjacente é comumente denominada representação lexical e é organizada em níveis hierárquicos como apresentado na figura ilustrativa. Nas representações lexicais somente os núcleos são silabificados. Os demais constituintes – **onset** e **coda** – são silabificados ao longo do processo derivacional. O termo representação lexical é também utilizado na **Fonologia Métrica** e na **Fonologia Lexical**. Na **Fonologia de Uso** e **Teoria de Exemplares** é denominada representação mental. Na **Teoria da Otimalidade** o termo **input** é sugerido.

representação de superfície *surface representation* ver **forma de superfície**.

representação subjacente *underlying representation* ver **forma subjacente**.

representação superficial *surface representation* ver **forma de superfície**.

ressilabação *ressyllabification* termo alternativo para **ressilabificação**.

ressilabificação *ressyllabification* mudança de um segmento de uma **sílaba** para outra. Ocorre muitas vezes como consequência de um fenômeno fonológico específico. Por exemplo, a sibilante final na palavra *luz* ocupa a posição pós-vocálica ou de **coda** em um padrão silábico CVC. Contudo, se considerarmos a mesma palavra em *luz azul* observamos que a sibilante em coda da palavra *luz* passa a ocorrer como **onset** da sílaba da palavra *azul*. Ocorreu, portanto, a ressilabificação da sibilante em coda para a posição de onset.

restrição *constraint* expressa uma generalização observada nos dados linguísticos. Por exemplo, uma restrição determina que as sílabas em português devam começar no máximo com duas consoantes, sendo que a segunda consoante da sequência deve ser *l* ou *r* como, por exemplo, em *plano* e *livro*. Essa restrição exclui sequências do tipo *spr* ou *st* do português. Restrições podem ser formuladas para expressar as condições que regulam o bom funcionamento da Gramática. A **Teoria da Otimalidade** assume que as generalizações do conhecimento fonológico são expressas por restrições.

retroflexa *retroflex* modo ou maneira de articulação das consoantes produzidas com a ponta da língua curvando-se em direção aos alvéolos e, concomitantemente, com o levantamento da parte posterior da língua em direção ao palato mole. O símbolo para representar a consoante retroflexa é [ɻ]. No português, em algumas variedades, ocorre uma consoante retroflexa em final de sílaba, como pode ser ilustrado nas palavras: *mar, carta*. A consoante retroflexa é um importante marcador dialetal do chamado *dialeto caipira*, ocorrendo principalmente em regiões de São Paulo e sul de Minas, com diferenças importantes em suas várias possibilidades de articulação – preservando-se as características gerais expostas anteriormente. Ver **sons do português**.

rima[1] *rhyme* constituinte silábico formado por uma posição nuclear e uma posição pós-vocálica de coda (esta última sendo opcional). Utiliza-se o símbolo R para indicar a rima. A rima é compreendida como uma projeção nuclear que pode ou não ter o complemento pós-vocálico. Em algumas línguas a rima tem estreita relação com a atribuição do acento, sendo que rimas com sílabas pesadas podem atrair o acento tônico. Ver **coda, núcleo**[1]**, onset**.

rima[2] *rhyme* expressa a semelhança entre os sons finais das palavras. Por exemplo, as palavras *mar* e *lar* rimam por terem o **núcleo** e **coda** idênticas. O **onset** não desempenha papel na rima, embora seja importante na **aliteração**.

ritmo *rhythm* alternâncias regulares ou irregulares das proeminências acentuais das sílabas. O estudo do ritmo se relaciona com a organização métrica dos constituintes e com a **entonação**. Ver **Fonologia Métrica, regra de ritmo.**

rotacismo *rhotacism* fenômeno fonológico relacionado com a realização fonética de um som **rótico** em substituição a um som **lateral** ou vice-versa. No português, o rotacismo ocorre, por exemplo, quando há substituição da líquida lateral [l] pela vibrante simples ou tepe, [ɾ]. Por exemplo, em casos de rotacismo a palavra *blusa* é pronunciada como [ˈbɾuza].

rótico *rhotic* classe de segmentos consonantais com características articulatórias heterogêneas e que se relacionam fonologicamente entre si. Tanto em português quanto em outras línguas, os róticos são associados a segmentos relacionados a um **som de r**. No português, os róticos são o tepe [ɾ], a vibrante [r̃], as fricativas [x, ɣ, h, ɦ], a retroflexa [ɹ]. Em posição pós-vocálica, os róticos podem ser cancelados ou omitidos em alguns dialetos do português, em palavras como *amor* ou *carta*.

saliência *salience* proeminência de uma padrão fonológico, sobretudo, de padrões acentuais. As sílabas acentuadas têm saliência em relação às sílabas não acentuadas. Dentre as sílabas acentuadas aquelas com acento **primário** têm mais saliência do que aquelas com acento **secundário**. Ver **acento**.

SAMPA *SAMPA* (pronuncia-se [ˈsãpa]). É a sigla para *Speech Assessment Methods Phonetic Alphabet* (Alfabeto Fonético de Métodos para Avaliação da Fala). O SAMPA é um sistema de registro fonético para línguas individuais e é baseado nos caracteres do IPA. Sua formulação se deu como alternativa para registrar com eficiência os símbolos fonéticos em mídias como computadores. Alternativas como Unicode para utilização de fontes fonéticas diminuíram a necessidade de utilização do SAMPA.

sândi *sandhi* fenômeno fonológico que se aplica em formas justapostas e tem como motivação ajuntar ou agregar formas adjacentes. Muitas vezes o sândi implica em fenômenos de **ressilabificação**. O sândi pode ser externo ou interno. O externo envolve a ressilabificação de duas palavras podendo apresentar os seguintes fenômenos fonológicos: a **elisão** como, por exemplo, em *casa horrorosa* [kazohoˈrɔza]), a **ditongação**, como, por exemplo, *camisa usada* [kazamaˈrela] ou a **degeminação**, como, por exemplo, *casa amarela* [kazamaˈrela]. O sândi interno envolve segmentos de um mesmo vocábulo, como, por exemplo, *elétri[k]o* e *eletri[s]idade*.

sangramento *bleeding* interação entre regras fonológicas em que a aplicação da primeira regra impede a implementação da segunda, por "sangrar" ou dissipar seu ambiente de aplicação. Em uma situação de sangramento, a ordenação das duas regras é determinante, pois sem a aplicação inicial da primeira regra a segunda se aplicaria normalmente, como mostra

		ˈmal-s
Epêntese	ø → [i] / C+ __ [s]	ˈmalis
Vocalização	[l] → [W] / __ $	

a figura ilustrativa, em que a regra de vocalização da lateral, que transformaria *mal* /mal/ em [maw], é impedida de ser aplicada pela regra de epêntese, que passa o /l/ de final de sílaba para início de sílaba. Ver **alimentação, contra-alimentação, contrassangramento, opacidade**.

schwa *schwa* vogal não arredondada e central que tem por símbolo [ə]. Ocorre no português, em correspondência ao **a** ortográfico, em posição átona, pretônica ou postônica, por exemplo: *casa*[ˈkazə], *casamento*[kazəˈmẽtu] e *traduzir* [tɾəduˈzih]. Símbolos fonéticos alternativos que são também adotados nestes contextos, em português, são [ɐ, a]. O *schwa* possui ampla ocorrência no inglês.

segmental *segmental* relativo aos segmentos consonantais e vocálicos como unidades discretas da **representação** seja fonética ou fonológica. Podem ser transcritos com símbolos fonéticos do **IPA**. Pesquisas demonstraram que a organização fonológica somente em nível segmental limita a compreensão da fonologia. Assim, desenvolveu-se a **Fonologia Autossegmental**.

segmento *segment* unidade discreta de representação de um som consonantal ou vocálico. É representado por um dos símbolos do **Alfabeto Internacional de Fonética**.

segmento complexo *complex consonant* unidade consonantal ou vocálica que é formada por dois segmentos, mas que tem comportamento fonológico de um **segmento** simples. Por exemplo, africadas [tʃ, dʒ] são consoantes complexas formadas por uma oclusiva e uma

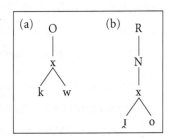

fricativa, mas representam uma unidade segmental. Outros exemplos de consoantes complexas que ocorrem em português são [kʷ, gʷ] ou [lʲ]. A figura ilustrativa em (a) apresenta a representação da consoante complexa [kʷ]. Uma consoante complexa pode também ser denominada **segmento de contorno**. Ditongos crescentes podem ser analisados como segmentos complexos formados por um glide seguido de vogal, como na palavra *estac[ɪo]namento*. A figura ilustrativa em (b) apresenta a representação do **ditongo crescente** [ɪo] que é um **ditongo leve**. Ver **coarticulação, ditongo**.

segunda língua *second language* mecanismo ou processo de aprendizado de uma outra língua além da língua materna. Geralmente, é denominada L2 (pronuncia-se [ɛliˈdoɪs]). Os falantes da segunda língua serão falantes não nativos desta. Fenômenos fonológicos observados em L2 oferecem evidências importantes para o comportamento fonológico da língua materna. Ver **língua materna**.

semivogal *semivowel* ver **glide**.

sensível ao peso silábico *quantity sensitive* ver **sensível à quantidade**.

sensível à quantidade *quantity sensitive* a atribuição do acento primário pode ser ou não sensível à quantidade de segmentos que ocupam a rima. Quando uma rima tem dois elementos, a sílaba a ela associada é dita uma **sílaba pesada**. Os dois elementos da rima podem ser uma vogal longa, ou podem ser uma vogal seguida de glide ou podem ser ainda uma vogal seguida de consoante. Uma língua sensível à quantidade requer que o acento primário seja atribuído às sílabas que tenham dois elementos na rima. Quando uma língua não é sensível à quantidade de segmentos que ocupam a rima, dizemos que ela não é **sensível à quantidade**.

separação *split* fenômeno fonológico em que um **fonema** passa a ocorrer como seus **alofones**. Ou seja, ocorre a separação de um fonema em dois ou mais alofones específicos. Ver **fonologização, fusão**[3].

SFS *SFS* ver **sons foneticamente semelhantes.**

sibilante *sibilant* classe de segmentos consonantais produzidos com a obstrução parcial da passagem da corrente de ar pelo trato vocal causando fricção na região alveolar ou alveopalatal. As sibilantes são consoantes fricativas que apresentam um sibilo durante a sua produção e podem ser alveolares [s, z] ou alveopalatais [ʃ, ʒ]. Ver **sons do português.**

siglagem fenômeno que consiste na combinação de iniciais de sons que ocorrem em uma ou mais palavras também denominado redução sintagmática, acronímia ou abreviação. Por exemplo, a sigla UFMG denomina Universidade Federal de Minas Gerais. A sigla pode ser pronunciada com os sons das letras que a compõe, como é o caso de UFMG: [u ɛfi emi ʒe]. A sigla pode também ser pronunciada como se fosse a leitura de uma palavra. Por exemplo, USP denomina Universidade de São Paulo e é pronunciada [ˈuspi]. A **siglagem** se ajusta ao comportamento fonológico geral da língua podendo evidenciar a aplicação de fenômenos fonológicos.

significado *signifier* no sentido saussuriano corresponde à representação do objeto, a ideia, a imagem mental.

significante *signified* no sentido saussuriano é a imagem acústica do som.

signo *sign* a união do significado (conteúdo) e do significante (imagem acústica). Saussure enfatizava a relação arbitrária entre a forma e o significado das palavras e que os signos estão em oposição uns aos outros no sistema.

sílaba *syllable* unidade que agrega segmentos consonantais e vocálicos. A sílaba é uma importante unidade de análise na **Fonologia Autossegmental**, na **Fonologia Métrica** e na **Fonologia Prosódica**. É um dos níveis da hierarquia prosódica. O núcleo da sílaba é, tipicamente, ocupado por uma **vogal** e em determinadas línguas por uma consoante silábica. O núcleo da **sílaba** é sempre obrigatório. Ver **sílaba aberta, sílaba fechada.**

sílaba aberta *open syllable* sílaba que termina com uma vogal. As sílabas abertas podem ser CV, como, por exemplo, em *pá* ['pa], CCV como, por exemplo, em *prá* ['pɾa], ou podem ser V como, por exemplo, em *a* ['a]. Ver **sílaba fechada**.

sílaba fechada *closed syllable* ver **sílaba travada**.

sílaba leve *light syllable* sílaba cuja rima contém um único elemento, geralmente, um **monotongo** ou **vogal** simples. Ver **ditongo leve, peso silábico, sílaba pesada**.

sílaba pesada *heavy syllable* sílaba que possui uma vogal longa, um ditongo ou uma consoante pós-vocálica. Em termos da **Fonologia Autossegmental** a **rima** da sílaba pesada apresenta duas posições esqueletais a elas associadas. Na figura ilustrativa (a) representa uma vogal longa, (b) representa um ditongo e (c) representa uma consoante pós-vocálica. A atribuição do **acento**, em algumas línguas, é sensível ao **peso silábico**. Nestas línguas o acento é atribuído, sistematicamente, nas sílabas pesadas. Em outras línguas uma sílaba pesada não ocorre em certos contextos. Por exemplo, em português na posição postônica medial em palavras proparoxítonas não podem ocorrer sílabas pesadas; **piánista* ou **ámarga*. Ver **ditongo pesado, sensível à quantidade**.

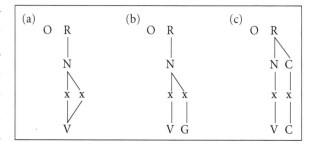

sílaba travada *checked syllable* sílaba que tem uma ou mais consoantes pós-vocálicas. Por exemplo, a palavra *mês* apresenta uma sílaba travada cuja posição pós-vocálica é preenchida pelo som [s]. No português as consoantes que podem travar uma sílaba são os sons de **r**, as sibilantes e a lateral (em alguns dialetos, podendo ou não ser velarizada). Uma sílaba travada pode ser sujeita ao cancelamento da consoante pós-vocálica. Por exemplo: *amor* → *amô*, *cartar* → *cantá*. Ver **coda**.

silábico[1] *syllabic* propriedade de um segmento em ocupar o centro ou núcleo de uma sílaba. O pico silábico é uma posição, tipicamente, ocupada por uma vogal.

silábico[2] *syllabic* traço distintivo que caracteriza os segmentos que podem ser picos ou núcleos de sílabas. No português, as vogais são [+silábico]. Os demais sons do português, ou seja, as consoantes são [-silábico]. Em outras línguas podem ocorrem nasais e líquidas silábicas que, nesse caso, seriam classificadas como [+silábico]. Ver **traço distintivo**.

silábico[3] *stress-timed* tipo de **ritmo** em que as sílabas acentuadas ocorrem em intervalos iguais, ou quase iguais, caracterizando a isocronia do **ritmo**. O ritmo **silábico** pode ocorrer em algumas variedades do português falado no sul do Brasil. Ver **Fonologia Métrica**, **prosódia**.

silabificação *syllabification* divisão de um enunciado em unidades chamadas **sílabas**. A divisão silábica é, em geral, indicada por um traço (-) ou ponto (.), como, por exemplo, em *pa-ra-le-la* ou *pa.ra.le.la* para a palavra *paralela*.

similaridade fonética *phonetic similarity* semelhança entre sons em suas características acústicas e articulatórias. Os sons mais próximos foneticamente são aqueles que diferem entre si por apenas uma característica, como um som vozeado e seu correspondente desvozeado, como [b] e [p]. Na análise fonêmica, a similaridade fonética é, geralmente, adotada como condição necessária para a caracterização de pares de sons suspeitos, para os quais serão buscados **pares mínimos** que caracterizem o **contraste** e a **oposição**.

síncope *syncope* fenômeno fonológico caracterizado pela omissão de uma vogal e que ocasiona a redução de uma silaba da palavra. Por exemplo, a palavra *xícara* tem três sílabas, e a forma com síncope, ou seja *xícra*, tem duas sílabas. Ver **aférese**, **apócope**.

sincrônico *synchronic* estudo das mudanças linguísticas em um determinado momento do tempo. Ver **variação**.

sintagma entonacional *intonational phrase* um dos níveis da hierarquia prosódica. Também denominado **frase entonacional**. Ver **Fonologia Prosódica**.

sintaxe *syntax* ramo da Gramática que investiga a organização gramatical das sentenças. A sintaxe pode ter **interface** com outros domínios da Gramática, como, por exemplo, a **fonologia, morfologia** ou **semântica**. Ver **morfossintático, palavra**.

sistema articulatório *articulatory system* sistema envolvido na produção da fala que compreende **faringe, língua, nariz, palato, dentes e lábios**. Ver **aparelho fonador**.

sistema fonatório *phonatory system* sistema envolvido na produção da fala que compreende a laringe, onde se encontram as **pregas vocais**. Ver **aparelho fonador**.

sistema respiratório *respiratory system* sistema envolvido na produção da fala que compreende pulmões, músculos pulmonares, brônquios e traqueia. Ver **aparelho fonador**.

soante *sonorant* traço distintivo que caracteriza as consoantes produzidas com o **vozeamento espontâneo**. Este traço distingue as obstruintes das demais consoantes e vogais. No português, as consoantes vogais, laterais, tepe, nasais e glides são [+soante]. Os demais sons, ou seja, as oclusivas, fricativas e africadas, são [-soante]. Também denominado *sonorante*. Ver **traço distintivo**.

sobreposição fonêmica *phonemic overlapping* situação em que dois **fonemas** distintos têm a mesma realização fonética. Por exemplo, o fonema /o/ tem como realização fonética pelo menos os fones [o, u] como pode ser ilustrado em *c[o]ruja ~ c[u]ruja*. Por outro lado, o fonema /u/ também tem o fone [u] como uma possível realização fonética, como pode ser ilustrado em *c[u]rumim*. A sobreposição fonêmica diz respeito ao fato de que o fone [u] está sobreposto aos fonemas /u/ e /o/. Assim, se atestarmos uma palavra como *c[u]madre* ou *c[u]rtina* não temos elementos para determinar se o fone [u] está associado ao fonema /u/ ou ao fonema /o/. Ver **neutralização**.

sociofonética *sociophonetics* ramo da linguística que estuda a relação entre a variação sonora e os fatores sociais. A sociofonética procura realizar uma análise em detalhes do fenômeno em variação, objetivando uma descrição completa e abrangente dos correlatos sociais da fonética. A sociofonética tipicamente faz uso de instrumentos da fonética acústica e experimental. Outra área de investigação da sociofonética é o estudo da percepção da variação sonora.

sociolinguística *sociolinguistics* ciência que estuda a **variação** linguística e sua relação com os fatores sociais, como: gênero, classe social, idade, escolaridade dentre outros. Os estudos sociolinguísticos têm considerado também a noção de rede (*networks*) e de indivíduo. A sociolinguística tem como expoente principal William Labov. A sociolinguística procura identificar relações sistemáticas na heterogeneidade das línguas. Por isso, utiliza a análise quantitativa, relacionando **variantes** e **variáveis**.

soltura retardada *delayed release* traço distintivo que caracteriza a obstrução do ar no trato vocal seguida pelo seu escape, o que provoca turbulência. Esse traço caracteriza as africadas e as distingue das oclusivas. No português, as consoantes africadas são [+soltura retardada]. Os demais sons são [-soltura retardada]. Também denominado *metástase instantânea, metástase retardada, distensão retardada*. Ver **traço distintivo**.

sonoridade *sonority* termo relacionado com a organização dos sons, quer seja no domínio da **fonética** ou da **fonologia** ou em ambos. Ver **hierarquia de sonoridade**.

sonoro *voiced* ver **vozeado**[1].

sons de r *r-sounds* ver **r-final, R-forte, r-fraco, rótico.**

sons do português *Portuguese sounds* conjunto de segmentos que formam o inventário sonoro do português. Análises fonológicas do português do Brasil assumem, geralmente, 19 fonemas consonantais /p, b, t, d, k, g, f, v, s, z, ʃ, ʒ, h, ɾ, m, n, ɲ, l, ʎ/ e 7 fonemas vocálicos /i, e, ɛ, a, ɔ, o, u/. Do ponto de vista fonético o número de sons de fato articulados no português é de, pelo menos, 31 consoantes e 15 vogais. Há também combinações de vogais que formam os ditongos orais e nasais. Para mais detalhes consulte a tabela de sons do português apresentada nas páginas iniciais deste dicionário.

sons foneticamente semelhantes indicado pela sigla **SFS**. Um SFS consiste de dois ou mais sons que compartilham uma ou mais propriedades fonéticas específicas. SFS são avaliados quando na análise de uma língua está se buscando encontrar os **fonemas**. Ver **alofone, par mínimo.**

sotaque *accent* pronúncia típica de uma determinada comunidade de fala. Diversos traços contribuem para a formação do sotaque, sendo que há traços mais proeminentes que outros. No sotaque caipira, por exemplo, a pronúncia do **som de r** é um traço importante que contribui para sua identificação. Há traços de sotaque que podem ser referentes também a outros aspectos como a **entonação** ou **melodia.**

SPE *Sound Pattern of English* (pronuncia-se [ɛsipeˈɛ]) volume clássico da **Fonologia Gerativa** de autoria de Noam Chomsky e Morris Halle cuja primeira edição data de 1968. Nele são indicados alguns dos principais pressupostos da teoria fonológica gerativa padrão como, por exemplo, aquele que apresenta a fonologia como um módulo separado dos demais módulos da **Gramática.** Chomsky e Halle reelaboraram os traços distintivos a partir da proposta de Jakobson, Fant e Halle (1952). Ver **Fonologia Gerativa, regra fonológica.**

subespecificação *underspecification* traços dos segmentos que não são especificados na representação fonológica. A subespecificação visa a economia de especificação no gerenciamento das representações. Ver **redundante.**

substrato *substrate* influência de uma determinada língua ou dialeto em outra língua dominante. Termo utilizado, sobretudo, na sociolinguística e na linguística histórica.

sufixo *suffix* elemento adicionado após um **morfema** para formar palavras. O **sufixo** encontra-se no final da palavra, como, por exemplo, *aromatizar, linguista, perueiro*. Alguns fenômenos fonológicos se aplicam durante o processo de sufixação, como, por exemplo, a alternância entre o R-forte e um tepe em *amo[h] > amo[ɾ]oso* que é observada em alguns dialetos. Ver **morfema**.

superstrato *superstrate* influência de uma determinada língua ou dialeto em outra língua menos dominante. Termo utilizado, sobretudo, na sociolinguística e na linguística histórica.

suprassegmental *suprasegmental* nível de representação em que os elementos analisados se sobrepõem aos segmentos consonantais e vocálicos do nível segmental. Envolve fenômenos como a **entonação**, o **ritmo** e a organização da **hierarquia prosódica** em geral. Os principais correlatos fonéticos de aspectos suprassegmentais são a **duração**, a **frequência fundamental** e a **intensidade**.

surdez *deafness* ausência de audição ou dificuldade para ouvir sons específicos.

surdo *voiceless* ver **desvozeado**.

tableau *tableau* (pronuncia-se [taˈblo]) representação proposta pela **Teoria da Otimalidade** para expressar o relacionamento entre restrições e formas de output (formas de saída ou realizações fonéticas). Na figura ilustrativa, a primeira coluna lista no canto superior esquerdo o input para o item a ser analisado. Abaixo do **input** são listadas as formas de **output**.

{Dep, *C$^{não-sil}$} >> No-Coda(lat) >> Ident(Coda)				
/mal/	**Dep**	*C$^{não-sil}$	No-oda(lat)	Ident(coda)
mal			*!	
☞ maw				*
ma.l		*!		
ma.li	*!			

Na linha superior do tableau são listadas, além da forma de input, as restrições que serão consideradas na análise. Tais restrições são escalonadas ou ranqueadas a partir de princípios gramaticais de línguas particulares. A violação de uma restrição é indicada pelo símbolo (*) e uma violação fatal é indicada pelo símbolo (!). Uma das formas de saída ou output é selecionada por não violar qualquer **restrição** ou por violar restrições mais baixas em ranqueamento. O output selecionado é denominado candidato ótimo e é indicado por um dedo indicador apontando para ele. O **ranqueamento** das restrições é apresentado acima do tableau e faz uso do símbolo >> para indicar a precedência de uma restrição em relação à outra.

tautossilábico *tautosyllabic* tipo de encontro consonantal no qual duas consoantes estão em uma mesma sílaba. No português, os encontros consonantais são constituídos de consoante obstruinte seguida de uma líquida, lateral [l] ou tepe [ɾ] – em uma mesma sílaba, como, por exemplo, **pr** e **bl** nas palavras **prato** e **blusa**, respectivamente.

tempo aparente *apparent time* estudo da mudança linguística no tempo atual, através de amostras representativas de diferentes aspectos sociais e linguísticos de uma comunidade de fala. Termo da sociolinguística frequentemente utilizado em estudos da variação sonora.

tempo real *real time* estudo da mudança linguística considerando dados de diferentes períodos do tempo. Pode ser realizado consultando amostras previamente coletadas ou acompanhando um mesmo indivíduo ao longo de um período de tempo.

tensa *tense* vogal que é articulada com esforço muscular significativo. No português as vogais tensas são: [i, e, ɛ, a, ɔ, o, u]. Ver **tensa**.

tenso *tense* traço distintivo que caracteriza sons produzidos com maior esforço muscular. Esse traço é utilizado apenas para vogais. No português, as vogais átonas são [-tenso]. Os demais sons são [+tenso]. Alguns trabalhos sugerem que em português a distinção entre as vogais médias-baixas e médias-altas pode ser caracterizada pelo traço [tenso]. Assim, as vogais média-baixas [ɛ, ɔ] seriam [-tenso] e as vogais médias-altas [e, o] seriam [+tenso]. Contudo, o traço ATR é mais comumente utilizado para diferenciar vogais médias-baixas de vogais médias-altas em português. Ver **ATR, frouxo, traço distintivo.**

Teoria da Otimalidade *Optimality Theory* proposta teórica também referida como *Teoria da Otimidade*. Geralmente é referida como TO (**T**eoria da **O**timalidade) – lê-se [teˈɔ] – ou OT (*Optimality Theory*) – lê-se [ɔˈte]. É um modelo fonológico desenvolvido na década de 1990, a partir dos trabalhos seminais de Prince e Smolensky (1993) e McCarthy e Prince (1993). A TO rompe com a noção de **regras estruturais** e propõe que a gramática fonológica consiste da interação de restrições violáveis, que seriam universais. O **ranqueamento** das restrições é específico de cada língua, é determinado avaliando-se as relações de fidelidade e de marcação entre as realizações fonéticas (*outputs*) possíveis em competição e as representações fonológicas (*inputs*). O formalismo principal da TO é o **tableau**.

Teoria de Exemplares *Exemplar Model* teoria que sugere que as representações linguísticas contêm aspectos redundantes e que efeitos de **frequência de tipo** e **frequência de ocorrência** são cruciais para a construção do conhecimento linguístico. É o modelo representacional adotado pela **Fonologia de Uso**. Os trabalhos que formulam os princípios desta teoria são de Johnson (1997) e Pierrehumbert (2001).

tepe *tap* modo ou maneira de articulação das consoantes produzidas com a ponta da língua dando uma rápida batida nos alvéolos ou dentes superiores. O tepe é uma consoante oral cujo símbolo fonético é [ɾ]. O tepe pode se combinar com consoantes oclusivas e fricativas para formar encontros consonantais tautossilábicos, como pode ser ilustrado nas palavras: *prato, cobra, letra, drama, magra, lacre, frase, livro*. Em algumas variedades do português, o tepe ocorre em final de sílaba, como pode ser ilustrado nas palavras: *mar, carta*. O tepe é classificado dentre as consoantes **líquidas** e **róticos**. Ver **sons do português**.

tipo *type* unidade ou categoria em um determinado contexto de análise. Uma consoante qualquer, por exemplo [t], pode ser compreendida como um **tipo** a ser analisado. Se considerarmos a classe das oclusivas desvozeadas em português teremos três tipos consonantais: [p, t, k]. Ver **frequência de ocorrência, frequência de tipo**.

tipologia *typology* classificação das línguas de acordo com a semelhança em suas estruturas. A classificação tipológica não depende estritamente da relação histórica, embora muitas línguas com o mesmo ancestral apresentem estrutura linguística semelhante.

token *token* (pronuncia-se ['toukẽi]) relaciona-se com uma unidade ou um conjunto de unidades em um determinado contexto de análise. Uma consoante qualquer, por exemplo [t], pode ser compreendida como um token a ser analisado na fala de uma comunidade de fala qualquer. Cada ocorrência da consoante [t] será um token a ser analisado. Digamos, por exemplo, que serão coletados duzentos exemplos da consoante [t]. Então, foram coletados duzentos tokens da consoante do *tipo* [t]. Ver **frequência de ocorrência, frequência de tipo.**

tom *tone* variação no nível da frequência fundamental (**pitch**), que pode ser usada para diferenciar o significado de palavras ou pode ser usado para marcar alguma distinção gramatical. **Línguas tonais** são aquelas em que o tom é utilizado para marcar diferença de significado ou gramatical. Várias línguas indígenas brasileiras são línguas tonais. O português não é uma língua tonal. Ver **língua tonal.**

tônica *tonic* propriedade do acento produzido com um pulso toráxico reforçado. A sílaba tônica recebe o **acento primário** e é também denominada sílaba **acentuada.** A vogal em sílaba tônica é percebida como mais forte e tendo duração mais longa do que as sílabas não acentuadas. Em geral, as sílabas tônicas são mais resistentes aos processos fonológicos que envolvem redução segmental como, por exemplo, a **lenição.** Ver **acento, átona.**

tonicidade *stressed* ver **tônica.**

traço distintivo *distinctive feature* propriedade distintiva dos sons. Assume-se que os segmentos, ou seja, vogais e consoantes, possam ser decompostos em unidades menores, denominadas traços distintivos, que expressam características específicas dos sons, sejam elas articulatórias ou acústicas. Traços distintivos são, portanto, definidos com base em critérios acústicos e articulatórios. Os traços distintivos são colocados em matrizes como indicado na figura ilustrativa e, tipicamente, recebem valor positivo (+) ou negativo (-). Ver **Fonologia Gerativa, regra, SPE.**

Traço distintivo	p	b	t	d	k	g	tʃ	dʒ	f	v	s	z	ʃ	ʒ	h	m	n	ɲ	l	ʎ	ɾ	i	e	ɛ	a	ɔ	o	u	ɪ	ə	ʊ
consonantal	+	+	+	+	+	+	+	+	+	+	+	+	+	+	+	+	+	+	+	+	+	-	-	-	-	-	-	-	-	-	-
silábico	-	-	-	-	-	-	-	-	-	-	-	-	-	-	-	-	-	-	-	-	-	+	+	+	+	+	+	+	+	+	+
soante	-	-	-	-	-	-	-	-	-	-	-	-	-	-	-	+	+	+	+	+	+	+	+	+	+	+	+	+	+	+	+
contínuo	-	-	-	-	-	-	-	-	+	+	+	+	+	+	+	-	-	-	+	+	+	+	+	+	+	+	+	+	+	+	+
soltura retardada	-	-	-	-	-	-	+	+	-	-	-	-	-	-	-	-	-	-	-	-	-	-	-	-	-	-	-	-	-	-	-
nasal	-	-	-	-	-	-	-	-	-	-	-	-	-	-	-	+	+	+	-	-	-	-	-	-	-	-	-	-	-	-	-
lateral	-	-	-	-	-	-	-	-	-	-	-	-	-	-	-	-	-	-	+	+	-	-	-	-	-	-	-	-	-	-	-
anterior	+	+	+	+	-	-	-	-	+	+	+	+	-	-	-	+	+	-	+	-	+	-	-	-	-	-	-	-	-	-	-
coronal	-	-	+	+	-	-	+	+	-	-	+	+	+	+	-	-	+	+	+	+	+	-	-	-	-	-	-	-	-	-	-
alto	-	-	-	-	+	+	+	+	-	-	-	-	+	+	-	-	-	+	-	+	-	+	-	-	-	-	-	+	+	-	+
posterior	-	-	-	-	+	+	-	-	-	-	-	-	-	-	+	-	-	-	-	-	-	-	-	-	+	+	+	+	-	-	+
arredondado	-	-	-	-	-	-	-	-	-	-	-	-	-	-	-	-	-	-	-	-	-	-	-	-	-	+	+	+	-	-	+
baixo	-	-	-	-	-	-	-	-	-	-	-	-	-	-	+	-	-	-	-	-	-	-	-	+	+	+	-	-	-	-	-
vozeado	-	+	-	+	-	+	-	+	-	+	-	+	-	+	-	+	+	+	+	+	+	+	+	+	+	+	+	+	+	+	+
tenso	+	+	+	+	+	+	+	+	+	+	+	+	+	+	+	+	+	+	+	+	+	+	+	+	+	+	+	+	-	-	-
estridente	-	-	-	-	-	-	+	+	+	+	+	+	+	+	-	-	-	-	-	-	-	-	-	-	-	-	-	-	-	-	-
ATR	-	-	-	-	-	-	-	-	-	-	-	-	-	-	-	-	-	-	-	-	-	-	+	-	+	-	+	-	-	-	-

transcrição *transcription* representação escrita de um texto oral. É muito utilizada em entrevistas na produção de reportagens, nas pesquisas em diversas áreas e na área forense na coleta de depoimentos. No estudo dos sons as transcrições podem ser **fonéticas, fonêmicas** ou **fonológicas.**

transcrição ampla *broad transcription* representação das propriedades segmentais que omite aspectos redundantes que sejam condicionados por contexto ou propriedades articulatórias secundárias. Por exemplo, a transcrição ampla da palavra *pato* é [ˈpatu] e a **transcrição restrita** da mesma palavra é [ˈpatʷu].

transcrição fonêmica *phonemic transcription* representação dos fonemas de uma língua, os quais foram determinados a partir do modelo **fonêmico.** É uma representação abstrata que expressa uma análise específica. Não é pronunciável e é apresentada entre barras transversais, como, por exemplo, *casa* /ˈkaza/. Ver **transcrição fonética.**

transcrição fonética *phonetic transcription* representação dos sons da fala que geralmente utiliza os símbolos do **IPA.** A partir de uma transcrição fonética é possível recuperar a pronúncia de um enunciado. É um recurso útil na documentação e descrição das línguas do mundo, na composição dos dicionários e no ensino de língua estrangeira. É pronunciável e é apresentada entre colchetes, como em *casa* [ˈkazə].

transcrição fonológica *phonological transcription* ver **representação.**

transcrição restrita *narrow transcription* representação que registra todos os detalhes possíveis que foram observados na articulação dos sons. A transcrição restrita inclui o detalhe fonético e informações redundantes, previsíveis pelo contexto. Por exemplo, a transcrição restrita da palavra *pato* é [ˈpatʷu] e a **transcrição ampla** da palavra *pato* é [ˈpatu].

transparência *transparency* característica de fenômenos fonológicos em que a forma fonética resultante permite identificar claramente as regras aplicadas ou não aplicadas e sua relação com os ambientes de aplicação. Em formas transparentes o ordenamento de regras não é relevante. Ver **opacidade, alimentação** e **sangramento.**

trato vocal *vocal tract* cavidade acima da laringe na qual os sons são filtrados através da passagem da corrente de ar pelos articulares. Ver **aparelho fonador.**

trema *umlaut* diacrítico utilizado na escrita para assinalar uma mudança no símbolo de uma vogal. No português, o trema indicava, até o acordo ortográfico de 2009, que um glide [w] deveria ser produzido: *lingüiça*. Atualmente, o trema não é mais utilizado no português, exceto em nomes próprios, como, por exemplo, *Thaïs*. O trema é utilizado pelo IPA como diacrítico acrescentado acima de uma vogal para indicar a propriedade de centralização.

trissílabo *trisyllable* palavra que contém três sílabas. Por exemplo, em português, as palavras *jacaré, trabalho* e *prática* são trissílabos. Ver **dissílabo, monossílabo, sílaba.**

tritongo *triphthong* sequência de três segmentos vocálicos sendo uma vogal precedida e seguida de glide. Em português os tritongos ocorrem sempre com o glide [w] na posição inicial do ditongo: *Urug[wai]* ou *q[wai]s*. Em tritongos o glide [w] é sempre precedido de uma oclusiva velar – [k, g]. É sugerido que, de fato, os tritongos não ocorram em português, mas sim uma sequência de oclusiva velar – [k, g] – e glide [w] que representam uma **consoante complexa.** Ver **segmento complexo.**

trocaico *trochaic* ver **troqueu.**

troqueu *trochee* pé métrico que consiste de uma sílaba acentuada seguida de uma sílaba não acentuada que pode ser representada em **grade** como (* .) e em árvore como (s w). O padrão métrico nestes casos é dito *trocaico*.

O debate sobre a natureza dos pés em português como **troqueu** ou **iambo** ainda está em aberto.

truncamento *truncation* fenômeno de formação de palavras que consiste da redução segmental em que o corte da palavra não tem relação estreita com a morfologia, ao contrário da **redução vocabular**. Por exemplo, *neurose* → *neura* ou *botequim* → *boteco*. No truncamento a palavra se ajusta ao comportamento fonológico geral da língua, podendo evidenciar a aplicação de fenômenos fonológicos. Ocorre também a combinação truncada que consiste na fragmentação das duas palavras envolvidas. Por exemplo, *chocolate + panetone* que se torna *chocotone*.

universais *universals* propriedades comuns às línguas naturais que são parte do conhecimento inato do falante. Na teoria gerativa, os universais ocupam lugar central na caracterização da **Gramática Universal**. Um exemplo de universal linguístico seria o fato de todas as línguas naturais possuírem vogais e consoantes e também sílabas do tipo CV (**C**onsoante-**V**ogal) fazerem parte do inventário silábico de todas as línguas naturais. Ver **GU**.

úvula *uvula* parte do corpo humano de continuação do tecido do palato mole que tem formato de pêndulo. É um dos articuladores ativos na produção de sons uvulares vibrantes. É articulador passivo na articulação de sons uvulares oclusivos, nasais e fricativos.

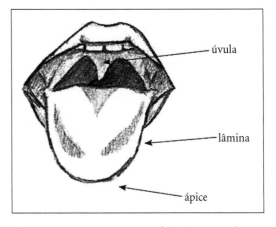

No português, podem ocorrer, por vezes, fricativas uvulares. Contudo, esses sons não são comuns nas descrições dialetais.

uvular *uvular* lugar ou ponto de articulação de uma consoante cujo **articulador ativo** é a parte posterior da língua e o **articulador passivo** é a úvula. No português, as fricativas velares [x, ɣ] podem ocorrer em competição com fricativas uvulares [χ, ʁ], como, por exemplo, em *marca, larga*. Ver **aparelho fonador, fricativa, sons do português**.

V representa uma vogal qualquer na estrutura silábica. Em uma sílaba do tipo CVC, como na palavra *mas*, a vogal [a] ocupa a posição central da sílaba. As vogais sempre ocupam o núcleo da sílaba. Somente as vogais recebem acento em português.

variação *variation* formas linguísticas em alternância na língua, em determinada comunidade, que no mesmo período de tempo encontram-se em variação. A variação pode ocorrer na fonologia, na sintaxe, na semântica e na morfologia. A variação pode ou não conduzir a uma **mudança** linguística, mas toda mudança linguística é precedida por algum tipo de variação.

variante *variant, allophone* termo da **sociolinguística** utilizado para se referir a uma forma linguística que representa uma das alternativas possíveis em um determinado **contexto**. Por exemplo, os alofones [t] e [tʃ] são compreendidos como variantes do fonema /t/. Podemos também sugerir que em português há três variantes para o prefixo de negação {iN-}: [in], [i] ou [ĩ] como apresentado no verbete **alomorfe**. O termo variante livre é utilizado para indicar formas em variação cuja ocorrência não é condicionada pelo contexto ou ambiente fonético. Por exemplo, no português a ocorrência da vogal pretônica nasal antes de consoante nasal, como em *banana*[baˈnãna] ~ [bãˈnãna], é um exemplo de variação livre. Com os estudos da sociolinguística, descobriu-se que a variação livre é, de fato, condicionada por fatores extralinguísticos, como, por exemplo, classe social, idade, sexo, dentre outros.

variável[1] *variable* unidade ou elemento relacionado com a análise quantitativa na linguagem. É um termo da **sociolinguística** que, geralmente, é classificado como *variável independente* ou *variável dependente*, de maneira análoga aos estudos em estatística. Uma variável independente diz repeito ao objeto a ser investigado. Por exemplo, na investigação do fenômeno de **vocalização de lateral**, a consoante lateral seria a variável independente e sua presença ou ausência nos dados investigados deve ser analisada. Por outro lado, uma variável dependente tem relação com a manipulação da variável independente. Exemplos de variável dependente no caso de vocalização de lateral seriam a vogal que precede a lateral ou a faixa etária dos indivíduos analisados. No caso do **contexto** fonético – por exemplo, o tipo de vogal que precede a lateral – a variável dependente é dita uma variável estrutural. No caso da faixa etária dos indivíduos analisados, a variável dependente é dita uma variável não estrutural.

variável[2] *variable* fenômeno de competição entre pelo menos duas formas linguísticas alternativas ou **variantes** em determinada comunidade de fala. O fenômeno em questão é dito variável. A ocorrência do ditongo *ou* ilustra um fenômeno variável, pois tem pelo menos duas variantes: a forma plena [oʊ] e a forma reduzida [o], como, por exemplo, na palavra [voʊ] e [vo] *vou*. Um fenômeno variável pode ser descrito através de uma regra variável de acordo com os princípios da **sociolinguística**.

vazio *empty* elemento que desempenha papel relevante no formalismo de regras e nas representações, mas que não tem conteúdo segmental. A figura ilustrativa apresenta a representação lexical da palavra *telefone* no português europeu, cuja pronúncia é [telfon]. Tal representação apresenta dois núcleos vazios (o da última sílaba e o núcleo da terceira sílaba da direita para a esquerda). A **Fonologia Autossegmental** e **Fonologia de Governo** sugerem que núcleos vazios sejam regidos por propriedades específicas que regulam a manifestação fonética em condições particulares. Ver **regra**.

velar *velar* lugar ou ponto de articulação de uma consoante cujo **articulador ativo** é a parte posterior da língua e o **articulador passivo** é o palato mole. No português, as consoantes velares são: [k, g, kʷ, gʷ, x, ɣ] como, por exemplo, em *coisa, gota, quase, linguiça* na maioria dos dialetos do português brasileiro. Ver **aparelho fonador, fricativa, oclusiva, sons do português**.

velárico *velaric* um dos mecanismos de passagem da corrente de ar além dos mecanismos **pulmonar** e **glotálico**. No mecanismo de passagem de corrente de ar velárico ocorre a soltura do ar presente entre a parte posterior da língua (ou no palato mole) e algum tipo de obstrução na parte anterior da cavidade bucal. No português, os sons produzidos com o mecanismo de ar velárico são utilizados paralinguisticamente como, por exemplo, para induzir um cavalo a andar mais rapidamente, ou para indicar negação. Os sons produzidos com o mecanismo de passagem de corrente de ar velárico são denominados **cliques**.

velarização *velarization* propriedade relativa ao levantamento da parte posterior da língua durante a articulação de um som. No português, a velarização ocorre quando a lateral pós-vocálica alveolar é coarticulada com a propriedade de velarização, como, por exemplo, *sal* ['saɫ]. Atualmente, a consoante **lateral** velarizada ocorre apenas em alguns dialetos do português do sul do Brasil. Tipicamente, em seu lugar ocorre um glide posterior [w], como, por exemplo, *sal* ['saw].

velarizado *velarised* propriedade de um som afetado pela **velarização**. No português, a **lateral alveolar** pode ser velarizada em final de sílaba, como, por exemplo, *sal* ['saɫ].

véu palatino *velum* também denominado **palato** mole ou **úvula**. Ver **aparelho fonador**.

vibrante *trill* modo ou maneira de articulação das consoantes produzidas com a ponta da língua batendo duas ou mais vezes nos alvéolos ou dentes superiores. É também denominada vibrante múltipla. É uma consoante oral que tem como símbolo [ř]. No português brasileiro a vibrante múltipla ocorre em poucas regiões e é mais recorrente no português europeu, embora esteja em variação em Portugal. O contexto em que a vibrante múltipla ocorre é o de início de sílaba: *rua, Israel, carro*. A vibrante múltipla é classificada dentre as consoantes **líquidas** e **róticos**. Ver **sons do português**.

vocalização *vocalization* fenômeno fonológico de alteração de uma consoante para vogal. No português, a lateral pós-vocálica vocalizou-se na maioria dos dialetos e é manifestada como um glide posterior [w] como, por exemplo, *sal* ['saw]. A vocalização da lateral palatal pode ser ilustrada na palavra *palha*, pronunciada como ['paya].

vocativo *vocative* sintagma nominal, em geral, preenchido por um nome próprio que é utilizado para chamar alguém enfaticamente. Tipicamente, encontra-se no início do enunciado, mas pode também ocorrer no meio e no final. Exemplos de vocativos são: a) Mariana, venha logo. b) Venha, Mariana, logo. c) Venha logo, Mariana. O vocativo possui um contorno melódico especial e a vogal tônica nos vocativos apresenta maior duração do que as vogais tônicas regulares.

vogal *vowel* som produzido sem obstrução da passagem de ar. Podem ser classificadas em termos da altura, da anterioridade/posterioridade da língua e da posição dos lábios. Ver **diagrama, vogal cardeal**.

vogal acentuada *stressed vowel* vogal que tem maior proeminência no enunciado e recebe o acento **primário** ou **tônico**. Vogais tônicas em português podem ocorrer em **oxítonas** (*ipê*), **paroxítonas** (*casa*), **ou proparoxítonas** (*sílaba*). Ver **acento**.

vogal breve *short vowel* também denominada *vogal curta* ou **monotongo**. Ver **sílaba leve**.

vogal cardeal *cardinal vowel* ponto de referência fixo e imutável da **área vocálica**. Um **monotongo** é caracterizado como um conjunto de pontos fixos e imutáveis. Os **ditongos** são descritos como a transição ou o deslocamento entre dois pontos fixos. O sistema ou método de Vogais Cardeais oferece a possibilidade de caracterizar qualquer segmento vocálico em qualquer língua apresentando adicionalmente o correlato acústico através da interação dos valores dos **formantes** F1 e F2 em gráfico. Ver **diagrama**.

vogal longa *long vowel* segmento vocálico produzido com a duração maior do que uma única vogal ou **monotongo**. A vogal longa é produzida continuamente, com maior **duração**, mantendo, tipicamente, a **qualidade vocálica** fixa. Ver **sílaba pesada**.

vogal reduzida *reduced vowel* segmento vocálico que, tipicamente, ocorre em posição **átona** e tem **duração** mais curta e menor **intensidade** do que as vogais regulares. No português, as vogais reduzidas ocorrem em posição **postônica:** [ɪ, ʊ, ə].

VOT *Voice Onset Time* (lê-se [veɔ'te]) tempo entre a soltura da oclusão e o início do vozeamento. É geralmente utilizado na produção e descrição das consoantes oclusivas.

vozeado[1] *voiced* som produzidos com a vibração das **pregas vocais**. Os sons vozeados no português, em geral, têm um correspondente não vozeado. Também referido como *sonoro*. Ver **desvozeado, surdo**.

vozeado[2] *voiced* traço distintivo relacionado aos sons produzidos com a vibração das **pregas vocais**. Esse traço caracteriza os sons vozeados e os distingue dos sons desvozeados. No português, as consoantes vozeadas e as vogais são [+vozeado]. Os demais sons são [-vozeado]. Também denominado *sonoro*. Ver **traço distintivo**.

vozeamento *voicing* propriedade de vibração das **pregas vocais**. Ver **desvozeamento**.

vozeamento espontâneo *spontaneous voicing* um dos conceitos utilizados na definição dos traços distintivos. O vozeamento espontâneo diz respeito às diferenças de pressão do ar abaixo e acima da glote e à configuração do **trato vocal**.

BIBLIOGRAFIA

ABAURRE (GNERRE), M. B. M. Alguns casos de formação de plural no português. *Cadernos de Estudos Linguísticos* (Unicamp). Campinas, v. 5, 1983, pp. 127-56.

ALBANO, E. C. Categorical and Gradient Vowel Raising Processes. *Labphon 6 – Conference On Laboratory Phonology*, 6th., 1998, New York. VI LabPhon Meeting Handbook. New York, 1998, pp. 31-2.

_____. *O gesto e suas bordas*: esboço de fonologia acústico-articulatória do português brasileiro. Campinas: Mercado de Letras/ALB/Fapesp, 2001.

_____. Perspectivas recentes no estudo da aquisição e do desenvolvimento fonológico. *Letras de Hoje*, v. 39, n. 3, 2004, pp. 75-7.

ALVARENGA, D. Variations Orthographiques, Temps d'identification et apprentissage de la langue écrit portiguaise. Une approche phono-cognitive. 1993. These (Doctorate Nouveau Regime) – Université de Paris, Paris.

ANDERSON, J. M.; EWEN, C. J. *Principles of Dependency Phonology*. Cambridge: Cambridge University Press, 1987.

BIONDO, D. O estudo da sílaba na fonologia autossegmental. *Revista de Estudos da Linguagem*, Belo Horizonte, v. 2, 1993, pp. 37-51.

BISOL, L. O ditongo na perspectiva da fonologia atual. *D.E.L.T.A.*, São Paulo, v. 5, n. 2, 1989, pp. 185-224.

_____. Aspectos da fonologia atual. *D.E.L.T.A.*, São Paulo, v. 8, n. 2, 1992, pp. 263-83.

_____. Ditongos derivados. *D.E.L.T.A.*, São Paulo, v. 10, 1994, pp. 123-40.

_____. (org.). *Introdução a estudos de fonologia do português brasileiro*. 4. ed. Porto Alegre: EDIPUCRS, 2005.

BROWMAN, C.; GOLDSTEIN, L. *Towards an Articulatory Phonology*. Phonology Yearbook, n. 3, 1986, pp. 219-52.

_____. Tiers in Articulatory Phonology. In: KINGSTON, J.; BECKMAN, M. (ed.). *Papers in Laboratory Phonology I*: Between the Grammar and Physics of Speech. Cambridge: Cambridge University Press, 1990, pp. 341-76.

_____. Articulatory Phonology: An Overview. *Phonetica*, n. 49, 1992, pp. 155-80.

BOOIJ, Geert; RUBACH, Jerzy. Morphological and Prosodic Domains in Lexical Phonology. *Phonology Yearbook* 1, 1984, pp. 1-27.

BYBEE, J. *Phonology and Language Use*. Cambridge: Cambridge University Press, 2001.

CLEMENTS, George N. The Geometry of Phonological Features. *Phonology Yearbook* 2, 1985, pp. 225-52.

_____. Place of Articulation in Consonants and Vowels: An Unified Theory. *Working Papers of the Cornell Phonetics Laboratory* 5, 1991, pp. 77-123.

_____; KEYSER, Samuel Jay. Chapter 2: A Three-Tiered Theory of the Syllable. *CV Phonology: A Generative Theory of the Syllable*. Cambridge: MIT Press, 1983, pp. 25-56.

_____; HUME, Elizabeth. The Internal Organization of Speech Sounds. In: GOLDSMITH, John (ed.). *Handbook of Phonological Theory*. Oxford: Blackwell, 1995, pp. 245-306.

CHOMSKY, N.; HALLE, M. The *Sound Pattern of English*. Cambridge: MIT, 1995.

CRISTÓFARO SILVA, T. The Phonological Representation of Velar Stop-Glide Sequences. *Soas Working Papers in Linguistics*, v. 2, 1992, pp. 315-38.

_____; *Fonética e fonologia do português*: roteiro de estudos e guia de exercícios. São Paulo: Contexto, 2003.

_____; Fonologia probabilística: estudos de caso do português brasileiro. *Lingua(gem)*. Macapá, v. 2, n. 2, 2005, pp. 223-48.

_____; ALMEIDA, L. On the Nature of Epenthetic Vowels. *Labphon 10 – Conference On Laboratory Phonology*, 10th., 2006, Paris. Proceedings. Paris: Université de Paris 3, v. 1, 2006, p. 73.

_____; CAMPOS, Carlo Sandro de Oliveira. *Abertura vocálica em verbos irregulares do português*. *Alfa (ILCSE/Unesp)*, v. 52, 2008, pp. 371-90.

_____; GOMES, Christina Abreu. Frequency Effects in Language Acquisition: A Case Study of Plural Forms in Brazilian Portuguese. In: BOTINIS, Antonis (ed.). *2nd International Speech Communication Association Workshop on Experimental Linguistics*. Atenas. Universidade de Atenas, v. 1, 2008, pp. 205-8.

FARACO, C. A. *Linguística histórica*: uma introdução ao estudo da história das línguas. São Paulo: Ática, 1991.

FIRTH, J. R. *Speech*. London: Ernest Benn, 1930.

_____; Sounds and Prosodies. *Transactions of the Philological Society*, v. 47, 1948, pp. 127-52.

GOLDSMITH, J. A. *Autosegmental and Metrical Phonology*. Oxford: Basil Blackwell, 1990.

GOMES, C. A.; CRISTÓFARO SILVA, T. Variação linguística: antiga questão e novas perspectivas. *Linguagem*, v. 1, n. 2, 2005, pp. 31-41.

HALLE, Morris; VERGNAUD, Jean-Roger. *An Essay on Stress*. Cambridge, MA: MIT Press, 1987.

HAYES. *Medical Stress Theory: Principles and Case Studies*. University os Chicago Press 1995.

HJELMSLEV, L. T. On the Principles of Phonematics. *Proeedings of the. 2nd ICPhS Meeting*. London, 1936, pp. 49-54.

_____; *Prolegomena to a Theory of Language*. Madison: University of Wisconsin Press, [1953] 1961.

HOOPER, Joan B. Word Frequency in Lexical Diffusion and The Source of Morphophonological Change. In: CHRISTIE, W. (ed.). *Current Progress in Historical Linguistics*, 96-105. Amsterdam: North Holland. Reprinted in Bybee, 2007 [1976], pp. 23-34.

_____. *Phonological uniquiness in natural generative grammar*, Gloss. 6, pp. 105-06, 1972.

_____; Vennemann. words and syllables in natural generative grammar. In: BRUCK, Anthony; FOX, Robert A.; GALY, Michael W. La. *Papers from the Parassession on natural phonology*, april 18, Chicago (Chicago Linguistic Society), pp. 346-74, 1974.

JAKOBSON, R.; HALLE, M. *Fundamentals of Language*. The Hague: Mouton, 1956.

_____; _____; FANT, G. Preliminaries to Speech Analysis. *The Distinctive Features and Their Correlates*. Acoustics Laboratory, Massachusetts Inst. of Technology, MIT Press, 1967 [1952].

JOHNSON, K. Speech perception without speaker normalization: an exemplar model. In: JOHNSON; MULLENNIX (eds.). *Talker Variability in Speech Processing*. San Diego: Academic Press, pp. 145-165, 1997.

KAYE, J.; LOWENSTAMM, J.; VERGNAUD, J. R. *The Internal Structure of Phonological Elements*: A Theory of Charm and Government. Phonology Yearbook, v. 2, 1985.

KIPARSKY, Paul. Lexical Morphology and Phonology. In: YANG, I.-S. (ed.). *Linguistics in the Morning Calm*. Seoul: Hanshin, 1982, pp. 3-91.

LADEFOGED, P. Some Reflections on the IPA. *Journal of Phonetics*, v. 18, 1990, pp. 335-46.

LEBEN, W. R. *Suprasegmental Phonology*. 1973. Ph.D. Dissertation – MIT, Cambridge, MA.

LEE, Seung-Hwa. Fonologia lexical do português. *Cadernos de Estudos Linguísticos* (Unicamp), Campinas, v. 23, 1992.

_____. A regra do acento do português: outra alternativa. *Letras de Hoje*, 98, PUC-RS, v. 98, 1994, pp. 43-53.

_____. *Morfologia e fonologia lexical do português do Brasil*. 1995. Tese (Doutorado) – Universidade de Campinas.

MAGALHÃES, J. O. de. *Une étude de certains processus de la phonologie portugaise dans le cadre de la Théorie du Charme et du Gouvernement*. 1990. Tese (Doutorado em Linguística) – Université de Montreal, Montreal.

MASSINI-CAGLIARI, G. Sobre o lugar do acento de palavra em uma teoria fonológica. *Cadernos de Estudos Linguísticos* (Unicamp). Campinas, n. 23, 1992, pp. 121-36.

_____. Sobre a natureza fonética do acento em português. *D.E.L.T.A.*, São Paulo, v. 9, n. 2, 1993, pp. 195-216.

_____. *Do poético ao linguístico no ritmo dos trovadores*: três momentos da história do acento. Araraquara: Cultura Acadêmica – FCL/Laboratório Editorial/Unesp, 1999.

MATTOS E SILVA, Rosa Virgínia. *O português arcaico*: fonologia. São Paulo/Salvador: Contexto/EDUFBA, 1991.

MOHANAN, K. P. *The Theory of Lexical Phonology*. Dordrecht: Reidel, 1986.

NESPOR, Marina; VOGEL, Irene. *Prosodic Phonology*. Dordrecht: Foris Publications, 1986, p. 327.

OHALA, J. J. *Consumer's Guide to Evidence in Phonology*. Phonology Yearbook, v. 3, 1986, pp. 3-26.

_____. Experimental Phonology. In: GOLDSMITH, J. (ed.). *A Handbook of Phonological Theory*. Oxford: Blackwell, 1995a, pp. 713-22.

_____. The phonetics of Phonology. In: BLOOTHOOFT, G. et al. (ed.). *European Studies in Phonetics and Speech Communication*. Utrecht: OTS Publications, 1995b, pp. 85-9.

PIERREHUMBERT, J.; BECKMAN, M.; LADD, D. R. Conceptual Foundations of Phonology as a Laboratory Science. In: BURTON-ROBERTS, N.; CARR, P.; DOCHERTY, G. (ed.). *Phonological Knowledge*. Oxford: Oxford University Press, 2000, pp. 273-303.

_____. Exemplar Dynamics: Word Frequency, Lenition and Contrast. In: BYBEE, J.; HOPPER, P. (ed.). *Frequency and the Emergence of Linguistic Structure*. Amsterdam: John Benjamins, 2000, pp. 137-57.

_____. Exemplar dynamics: Word frequency, lenition, and contrast. In: BYBEE, J.; HOPPER, P. (eds.). *Frequency effects and the emergence of lexical structure*. Amsterdam: John Benjamins, 2001, pp. 137-157.

_____. Probabilistic Phonology: Discrimination and Robustness. In: BOD, R.; HAY, J.; JANNEDY, S. (ed.). *Critical Introduction to Phonology*. Cambridge: MIT, 2003, pp. 177-228.

PRINCE, A.; SMOLENSKY, P. *Optimality theory*: constraint interaction in generative grammar. MS., Rutgers University and University of Colorado. Published 2004 by Blackwell Publishers, 1993.

_____; McCARTHY. *Prosodic morphology*: constraint interaction and satisfaction. Thechnical Report 3, Rutgers University center for cognitic science, p. 230, 1993.

SCHANE, S. The Fundamentals of Particle Phonology. *Phonology*, v. 1, 1984 , pp. 129-55.

SCOBBIE, J. M. Constraint Violation and Conflict from the Perspective of Declarative Phonology. *Canadian Journal of Linguistics*, v. 38, 1993, pp. 155-69. [Reimpresso em KREIDLER, C. (ed.). *Phonology*: Critical Concepts. New York: Routledge, 2000, v. 4.]

_____. Autosegmental Representation in a Declarative Constraint-based Framework. In: HORN, L. (ed.). Outstanding Dissertations in Linguistics. New York: Garland Publishing, 1997.

_____; COLEMAN, J. S.; BIRD, S. Key Aspects of Declarative Phonology. In: DURAND, J.; LAKS, B. (ed.). *Current Trends in Phonology*. Salford: European Studies Research Institute, University of Salford, v. 2, 1996, pp. 685-709.

SELKIRK, E. THE SYLLABLE. IN VAN DER HULST, H; SMITH, N. (eds.). *The Structure of Phonological Representation, part II*. Dordrecht: Toris, 1982, pp. 337-83.

SEGUNDO, S. *Stress and Related Phenomena in Brazilian Portuguese*. PhD Thesis. University of London, 1993.

SOARES, M. L. C. F. Do tratamento fonológico do ritmo. *Letras de Hoje*. Porto Alegre, v. 29, n. 4, 1994, p. 7-23.

STAMPE, David. *A Dissertation on Natural Phonology*. Bloomington. New York: Garland, 1979.

_____; DONEGAN, Patricia. The Study of Natural Phonology. In: DINNSEN, D. A. (ed.). *Current Approaches to Phonological Theory*. Bloomington: IUP, 1979, pp. 126-73.

STERIADE, D. Gestures and autosegments: comments on Browman and Goldstein's paper. In: KINGSTON, J.; BECKMAN, M. (ed.). *Papers in Laboratory Phonology I*: Between the Grammar and Physics of Speech. Cambridge: Cambridge University Press, 1990, pp. 382-97.

TEYSSIER, Paul. *História da língua portuguesa*. São Paulo: Martins Fontes, 1997.

ZAGARI, M. R. L. *Fonologia diacrônica do português*. Juiz de Fora: Editora da Universidade Federal de Juiz de Fora, 1988.

WILLIAMS, Edwin Bucher. *Do latim ao português*: fonologia e morfologia históricas da língua portuguesa Rio de Janeiro: Tempo Brasileiro, 1975.

Lista de Figuras

Abertura Vélica	44	Fonotática	119
Alfabeto Internacional		Formante[1]	121
de Fonética	51	Formante[2]	121
Alimentação	52	Geminada	125
Ambissilabicidade	57	Hierarquia de Sonoridade	132
Amplitude	57	Hierarquia Prosódica	133
Aparelho fonador	60	Núcleo	160
Audição	66	Onset	164
Coda	75	Onset vazio[1]	165
Colchetes Angulares	76	Onset vazio[2]	165
Consoante Flutuante	79	Paradigma	171
Contexto	80	Pé Métrico	173
Contraalimentação	81	Posição Esqueletal	177
Contrassangramento	82	Pregas Vocais	179
Desligamento	88	Regra	190
Diagrama	90	Regra fonológica[1]	192
Disjunção	91	Regra fonológica[2]	192
Distribuição Complementar	93	Regra fonológica[3]	194
Elemento	97	Representação	194
Espaço Vocálico	101	Sangramento	199
Espectrograma	102	Segmento Complexo	199
Espraiamento	103	Sílaba Pesada	202
Exemplar	105	Tableau	208
Família Linguística	107	Traço Distintivo	212
Fonologia Autossegmental	111	Úvula	216
Fonologia Métrica[1]	117	Vazio	218
Fonologia Métrica[2]	117		

ÍNDICE REMISSIVO

A

abaixamento 14, 17, 43, 56, 86, 140, 141, 169
abaixamento tonal 14, 43, 86
aberta 15, 18, 43-44, 49, 54, 56, 67, 73, 88, 128, 135, 149, 150, 156, 158-159, 201, 202
abertura 11, 18, 23, 43-44, 87, 128, 131, 143, 146, 149, 150-151, 156-157, 159, 162
abertura vélica 23, 43-44, 156-157, 162
abertura vocálica 11, 43-44, 87, 131
abreviação 11, 44, 201
acento 7, 9, 13, 19, 20-22, 24, 44-46, 48-50, 52, 58, 64-65, 71, 73-74, 76, 84, 92, 98, 106, 108, 110-111, 117, 127, 130, 145, 167, 170, 172-175, 178, 183, 191-192, 196, 198, 200, 202, 211, 217, 220
acento contrastivo 13, 45
acento da palavra 24, 45, 111, 173
acento da sentença 21, 45
acento de altura 19, 45
acento frasal 19, 45
acento primário 9, 20, 45-46, 74, 198, 200, 211, 220
acento secundário 9, 21, 45-46, 198
acomodação[1] 11, 46
acomodação[2] 11, 46
acústica 11, 46-47, 110, 113, 201, 205
adaptação 11, 46
aerodinâmica 11, 46
aférese 11, 46, 98, 203
afixo 11, 46-47, 72, 135

africação 11, 47, 53, 168
africada 11, 47-48, 56, 82, 92, 102, 118, 122, 134
afrouxamento 17, 23, 47-48, 52, 99, 108
afrouxamento velar 23, 48
agrupamento 12, 48-49, 73, 78, 107, 169
agudo[1] 11, 48, 130
agudo[2] 11, 48, 73, 130
alçamento 24, 43, 49, 136, 142, 150, 180, 189
alegro 11, 49
alfabeto 11, 50-51, 86, 110
Alfabeto Internacional de Fonética 50, 137, 199
algoritmo 11, 52, 106, 174
alimentação 13, 15, 52, 81, 165, 191, 199, 214
aliteração 11, 52, 196
alofone 11, 46-47, 52-53, 93, 118, 206
alofonia 11, 47, 53, 139, 168
alomorfe 11, 53-54, 154-155, 217
alomorfia 11, 54
alongamento 13, 17-18, 54, 90, 99
alongamento compensatório 13, 54
alongamento em sílaba aberta 18, 54
alta 16, 29-32, 34, 44, 47, 49, 52-53, 55-56, 67, 73, 75-76, 81-82, 88, 90, 92-93, 103, 108, 118, 120, 131-133, 140, 149-151, 159, 168, 175
alteração 14, 46-47, 55, 92, 108, 151, 164, 185, 193, 220
alternância 11, 30-31, 36-37, 48, 55, 67, 73, 142, 207, 217
alto 16, 43, 45, 49, 55, 76, 91, 99, 120, 145, 175, 212

altura[1] 16, 55, 67
altura[2] 19, 56
alveolar 11, 19-20, 26-29, 47, 52, 56, 61, 63, 65, 81, 88, 92, 118, 136, 140-141, 147, 158, 169, 176-177, 201, 219
alvéolos 11, 56, 59, 60-61, 64, 108-109, 141, 177, 196, 210, 219
alveopalatal 11, 27, 35, 47, 56, 92, 102, 134, 147, 169, 201
ambiente[1] 14, 56
ambiente[2] 13, 56
ambissilabicidade 11, 57
amplitude 9, 11, 46, 57, 59, 122, 136
analogia 11, 22, 57-58, 77, 98, 158-159, 188
analogia estrutural 22, 58, 77
antepenúltimo 9, 11, 45, 58, 174-175, 183
anterior[1] 11, 59, 72
anterior[2] 15, 59
anteriorização 15, 59, 178
antiformante 11, 59
apagamento 13, 59, 60, 71, 107, 185
aparelho fonador 24, 56, 60-61, 64, 68, 72, 79, 84, 87, 100, 108, 110, 127-128, 139-140, 144, 147-148, 168-169, 187, 204, 214, 216, 219
apical 11, 61
ápice 23, 56, 60-61, 86, 144, 160, 176, 216
apócope 11, 61, 98, 203
aproximação fechada 12, 61
aproximante 11, 62
aquisição da linguagem 62, 67, 103, 114, 118, 148, 152, 175-176, 190

área vocálica 24, 62, 90-91, 101, 121, 220
arquifonema 11, 62, 100, 159
arredondada 21, 23, 30-34, 62-63, 73, 90, 92, 156, 178, 192, 199
arredondado 21, 62-63, 192-193, 212, 218
arredondamento 21, 62-63, 90, 139, 156
articulação primária 20, 63
articulação secundária 21, 63, 90, 140
articulador 12, 56, 60-61, 63-64, 68, 83, 86, 108, 127, 139, 144, 147, 168-169, 176, 216, 219
árvore métrica 18, 64
aspiração 12, 64, 90, 179
assilábica 18, 64, 127
assimilação 12, 18, 64-65, 74-75, 88, 92, 111, 115, 127, 131, 143, 146-147, 179, 183, 193-194
assimilação nasal 18, 65
associação 12, 65, 88-89, 111, 146, 177, 181
Associação Internacional de Fonética 50, 65
ataque 18, 65, 163
ativação 11, 65, 135
átona 12, 30-32, 38, 40-41, 49, 60, 65, 81, 89, 150, 156-157, 164, 191, 199, 211, 221
ATR 11, 66, 209
audição 16, 66, 174, 207

B

baixa 17-18, 29-33, 43-44, 55-56, 67, 85, 90, 123, 131, 148-150
baixo 17, 43, 45, 67, 77, 94, 120, 130, 175, 212
balbucio 12, 67
barras transversais 21, 67-68, 76, 109, 120, 194, 213
base 12, 46-47, 68, 71-72, 85, 87, 107-108, 120, 175, 187, 211
behaviorismo 12, 68, 151
bem-formado 24, 68

bilabial 12, 26, 28, 65, 68, 147, 158
binário 12, 58, 68, 172
boa-formação 24, 69, 78, 110, 180-181

C

C 12, 57, 70, 75-76, 80-81, 91-92, 111-112, 117, 125, 133, 164, 173, 190, 192, 194, 202, 223-225
CAA 56, 70
cabeça 15, 70, 77, 87, 95, 112-113, 128, 143, 161, 171
CAI 56, 70
camada 23, 39, 71, 111, 117, 151, 158-159
cancelamento 13, 30, 55, 60, 65, 71, 75, 81-82, 98, 111, 118, 136, 185, 193, 203
canônico 12, 71
categoria 12, 17, 71-72, 75, 169-170, 181, 183, 210
categoria lexical 17, 71, 169-170
categorização 12, 71-72, 76, 160
cavidade bucal 19, 55-56, 59, 66, 67, 72, 77, 100-101, 166, 178, 219
cavidade faringal 19, 72
cavidade nasal 18, 44, 59, 60, 72, 156-158
cavidade oral 19, 60, 62, 72
central 12, 29-30, 32-33, 59, 72, 77, 92, 104, 126, 140, 153, 199, 216-217
centralização 12, 72, 90, 189, 214
charme 12, 73, 113
choque de acento 22, 73, 98, 191-192
chunk 12, 48, 73
ciclo estrito 22, 73
circunflexo 12, 73, 130
classe natural 18, 73-74, 158
clique 12, 74
cliticização 12, 74
clítico 12, 74, 130, 133
coalescência 12, 74, 84, 124, 132
coarticulação 12, 75, 200

coda 9, 12, 75-77, 80, 160, 177, 178, 181, 195-196, 203, 208
cognição 13, 76
colchetes 11, 22, 68, 76, 109, 120, 193, 195, 213
colchetes angulares 11, 76, 193
compacto 13, 77, 91
competência 13, 77, 88, 110, 120, 126, 145, 194
complemento 13, 77, 196
componente[1] 13, 77
componente[2] 13, 77
componente[3] 13, 77
composto 13, 77, 84, 143, 189
comunidade de fala 78, 91, 144, 206, 209, 211, 218
comutação 17, 78, 152
Condição de Boa-Formação 24, 65, 68, 78, 181
conexionismo 13, 78
consoante 13, 15, 17, 22, 27-29, 32-35, 39-41, 47, 52, 54-57, 59-61, 63-65, 68, 70-71, 75-76, 78-79, 85-86, 89, 92, 97, 99-101, 103, 107-109, 119, 122-123, 125-127, 131, 135, 136, 138-141, 148, 157-159, 162, 164, 168, 175-176, 179-181, 189, 192-194, 196, 200-203, 209-211, 214, 216-220
consoante complexa 13, 79, 200, 214
consoante flutuante 15, 79, 106, 109
consoante latente 17, 79
consonantal 13, 25, 59, 60, 73-75, 79, 81, 97-99, 108-109, 119, 123, 131-132, 141, 162, 178, 188, 192-193, 199, 209, 212
conspiração 13, 80
constituinte 13, 19-20, 22, 65, 70, 75, 80, 99, 165, 173-174, 177, 196
constituinte prosódico 19, 20, 80, 99
constituinte silábico 22, 65, 80, 196
constrição glotal 13, 80, 140
construtivismo 13, 80

contexto 4, 14, 28, 49, 52-54, 56-58, 62, 80-82, 88, 93, 95, 98, 108-109, 136, 138, 140, 143, 144, 155, 165, 176, 180, 182, 187, 189, 190-194, 210-211, 213, 217-218, 220
contínuo 13, 81-82, 212
contra-alimentação 13, 81, 165, 199
contraexemplo 13, 82
contrassangramento 13, 82, 165, 199
contraste 13, 17, 70, 82-83, 109-110, 124, 159, 165-166, 171, 189, 203
contraste marginal 17, 83
cordas vocais 23, 64, 80, 83, 175, 179
coronal 13, 48, 82-83, 92, 130, 212
corpo da língua 12, 55, 59, 60, 67, 83, 144, 178, 188
corpora 13, 84
corpus 13, 84, 95, 122-123
correlato 13, 48, 50, 77, 84, 91, 129-130, 136, 221
corrente de ar 11, 44, 46, 59, 61-62, 64, 71, 74, 81, 84, 97, 101-104, 123, 127-128, 135, 139-140, 148-149, 156, 162, 179, 184, 201, 214, 219
crase 40, 84, 130
crioulização 13, 84, 85
crioulo 13, 84, 85, 175
cromático 12, 85
cruzamento vocabular 78, 85, 151
curto 21, 85, 147
CV 13, 71, 85, 112, 117, 148, 152, 202, 216

D

datilologia 15, 86, 143
decibel 13, 57, 86, 136
declinação 13, 43, 86
degeminação 13, 86, 138, 198
dental 13, 26, 27, 28, 29, 61, 86, 140, 147
dentes 23, 56, 60-61, 64, 86-87, 108-109, 139, 141, 204, 210, 219

dependente 14, 74, 87, 112, 144, 218
derivação[1] 14, 87
derivação[2] 14, 79, 87, 113, 115, 120, 160
derivacional 14, 87, 113, 187, 192, 195
derivado 14, 87
desarmonia 14, 87, 88
descrição estrutural 22, 80, 88, 190, 192-193
desempenho 19, 77, 88, 110, 119-120, 126, 144, 174, 195
desligamento 13, 79, 88
despalatalização 13, 89
desvozeado 24, 89, 128, 179, 203, 207, 221
desvozeamento 14, 24, 89, 99, 221
desvozeamento final 24, 89
diacrítico 14, 48-49, 63, 72-73, 79, 86, 89-90, 96-97, 127, 130, 214
diacrônico 14, 55, 90, 125
diagrama 14, 62, 89, 90-91, 101, 105, 121, 127, 149-150, 159, 220, 221
dialeto 14, 26-29, 78, 91, 160, 196, 207
Difusão Lexical 17, 58, 91, 135, 143, 155, 158
difuso 14, 77, 91
direção 14, 32, 46, 55, 60-61, 64, 70, 91, 102, 109, 121, 132, 140, 141, 166, 177, 196
disjunção 14, 91-92, 190-191
dissílabo 14, 92, 153, 176, 214
dissimilação 14, 64, 92
distribuição 13, 14, 25, 47, 53, 54, 83, 92, 104, 110, 139, 168, 181, 186
distribuição complementar 13, 47, 53-54, 83, 92, 139, 168
ditongação[1] 14, 93
ditongação[2] 14, 93
ditongo 12, 14-18, 21, 33, 35-38, 40-41, 55, 93-95, 124, 127, 132, 153, 161, 200, 202, 214, 218, 223
ditongo centralizado 12, 94
ditongo crescente 21, 35-37, 94, 127, 200

ditongo decrescente 15, 35-36, 40, 94, 127
ditongo leve 17, 94-95, 161, 200, 202
ditongo nasal 18, 38, 41, 95
ditongo pesado 16, 94, 95, 161, 202
dominante 14, 95, 173, 188, 207
domínio 7, 14, 20, 45, 68, 70-71, 80, 84, 87, 95-96, 98-99, 103, 108, 112-113, 122-123, 126, 128, 131, 133, 143-144, 146-147, 150, 170, 173-174, 183, 188, 194-195, 205
domínio prosódico 20, 45, 95, 133, 183
dorsal 14, 96
duração[1] 14, 96
duração[2] 14, 54, 85, 96

E

egressiva 14, 97, 149
ejectiva 14, 97, 135
elemento 14, 46, 70, 74, 77-80, 87-88, 95, 97, 99, 102-103, 112, 122, 128, 140, 148-150, 153, 163, 166, 179, 181-183, 188, 190, 202, 207, 217-218
elisão 14, 98, 138, 170, 198
Elsewhere Condition 14, 98
emparelhamento 12, 73, 98
empirismo 14, 68, 98, 120, 124, 129, 187
empréstimo 17, 58, 98, 158
encontro consonantal 13, 81, 98-99, 123, 131-132, 162, 209
encurtamento 21, 99
enfraquecimento 24, 60, 99, 122, 141, 168, 188
ensurdecimento 14, 99
entoação 16, 99
entonação 16, 50, 99, 123, 175, 183, 197, 206, 207
enunciado 23, 44-45, 99, 104, 115, 132-133, 144, 151, 170, 172, 203, 213, 220
epêntese 14, 47, 54-55, 69, 99, 100, 136, 138, 162, 199

Índice remissivo

| 229 |

epentético 14, 100
epiglote 14, 60, 100, 140
escala de sonoridade 21, 100, 121
Escola de Moscou 18, 100
Escola de Praga 20, 62, 100, 105, 128, 149, 166
esôfago 14, 60, 100
espaço vocálico 24, 62, 101
específico 8, 17, 48, 62, 65, 71, 80, 95-96, 101, 103, 151, 159, 170, 176, 187, 190, 193, 195, 210
espectrograma 22, 59, 77, 101-102, 120-121
espirantização 22, 102, 123
espraiamento 22, 102-103, 183
estratal 22, 103, 114
estratégia de reparo 21, 103
estrato 22, 103
estridente 22, 103, 212
estritura 22, 61, 103-104, 148, 162
estrutura hierárquica 16, 104, 111
estruturalismo 11, 14, 22, 92, 100, 104-105, 110, 176
estruturalismo americano 11, 100, 104
estruturalismo europeu 14, 104, 105
estrutura silábica 22, 70, 80, 105-106, 160, 217
exemplar 14, 105, 224
extrametricalidade 14, 58, 106
extrametricidade 14, 106
extramétrico 14, 106
extrassilabicidade 14, 79, 106

F

fala espontânea 13, 107, 189
falante nativo 18, 107, 145
família linguística 16, 107
faringalização 19, 108
fechada 12, 15, 43-44, 49, 55-56, 61, 67, 73, 88, 108, 128, 149, 150, 159, 201-202
fim de palavra 24, 40-41, 71, 101, 108, 151, 157, 186
final 7, 9, 15, 24, 26-34, 36, 38-41, 45, 47, 49, 52-55, 58, 61, 70, 75-76, 81, 89,

93, 100-101, 106, 108-109, 117, 123, 125, 140, 142-144, 152, 159, 162, 167-168, 171, 174, 178, 186-187, 193-196, 199, 206-207, 210, 219-220
flepe 15, 108-109
flutuante 15, 79, 106, 109
fonação 19, 109, 140
fone 19, 109, 205
fonema 19, 52-53, 93, 104, 109-110, 118, 124, 129, 200, 204-205, 217
fonêmica 19, 67, 83, 96, 104, 109-110, 118, 159, 203-205, 213
fonética 7-9, 19, 25, 50-51, 67, 68, 71, 76, 84, 87, 89, 95, 109-110, 114, 119-120, 128, 136, 155, 157, 160, 165, 180, 183, 187-188, 195, 197, 199, 203-205, 213
fonologia 7-9, 14, 16, 19, 22, 53-54, 58, 80, 87, 103-104, 107, 109-110, 113-116, 118, 122, 126, 128, 133, 136, 143, 152-154, 160, 188, 199, 204-206, 217
Fonologia Articulatória 12, 75, 110, 127
Fonologia Autossegmental 12, 71, 75, 78, 88, 91, 94-95, 102, 106, 111, 113, 115, 117, 146, 151, 163, 177, 180-182, 194-195, 199, 201-202, 218
Fonologia CV 13, 112, 117
Fonologia Declarativa 13, 112
Fonologia de Dependência 14, 58, 77, 85, 87, 97, 112-113, 124, 126, 166, 182
Fonologia de Governo 15, 58, 71, 73, 77, 97, 112-113, 117, 124, 128, 166, 180, 182, 218
Fonologia de Laboratório 113, 128
Fonologia de Partícula 97, 113, 166, 182
fonologia derivacional 14, 113
Fonologia de Uso 23, 48, 105, 114, 183, 195, 210

Fonologia Estocástica 22, 114
fonologia estratal 22, 114
Fonologia Experimental 14, 114
Fonologia Firthiniana 15, 114, 115
Fonologia Gerativa 15, 18, 68, 73, 87, 105, 111, 113, 115, 126, 148-149, 182, 190-192, 194, 206, 211
Fonologia Gerativa Natural 18, 115
Fonologia Glossemática 15, 116
fonologia histórica 16, 116
Fonologia Lexical 17, 73, 77, 98, 103, 111, 114, 116-117, 166, 177, 180, 191, 195
Fonologia Métrica 17, 45, 46, 73, 80, 95, 106, 117, 128, 152, 170, 173-174, 182-183, 188, 192, 195, 197, 201, 203
Fonologia Não Linear 18, 71, 111-112, 117
Fonologia Natural 18, 118, 158, 182
Fonologia Probabilística 114, 118
Fonologia Prosódica 20, 80, 99, 118, 122, 130, 133, 170, 174, 181, 183, 201, 204
fonologização 19, 118, 124, 200
fonotática 19, 105, 119, 152
forma de superfície 22, 87, 119-120, 126, 167, 195
forma subjacente 23, 87, 119-120, 126, 195
formalismo 15, 91, 115, 120, 124, 128, 190, 192-194, 210, 218
formante 15, 46, 91, 102, 120, 185
fortalecimento 15, 99, 121-122, 132, 141
fortis 15, 122, 141
frase entonacional 14, 16, 45, 122, 130, 204
frase fonológica 19, 122, 133
frequência[1] 15, 46, 122
frequência[2] 15, 95, 122
frequência de ocorrência 23, 122-123, 148, 210-211
frequência de tipo 23, 114, 122-123, 183, 210-211

frequência fundamental 15,
99, 123, 175, 183, 207, 211
fricativa 15, 27-28, 35, 47-48,
56, 61, 67, 102, 122-123,
155, 187, 200, 216, 219
fricativização 22, 102, 123
frouxa 17, 31-32, 123
frouxo 17, 47, 66, 122-123,
141, 209
funcionalismo 15, 120, 123
fusão[1] 15, 124
fusão[2] 15, 75, 84, 124
fusão[3] 17, 118, 124, 200

G

geminada 15, 57, 125-126, 153
generalização 15, 82, 119,
125-126, 195
Geometria de Traços 15,
126, 159
gerativismo 15, 126, 129, 176
gesto 15, 75, 110, 126
glide 15, 28, 64, 93-94, 118,
121, 127, 141, 161, 168,
200, 214, 219, 220
glotal 13, 15, 27-28, 67, 80,
127, 140, 147, 162, 187
glotálico 15, 84, 97, 127-128,
135, 149, 184, 219
glote 15, 46, 60, 109, 127-128,
140, 162, 221
governo 15, 112-113, 128
grade 15, 64, 95, 117, 128, 130,
135, 173-174, 188, 214
gradiente 15, 128, 179
gradual[1] 15, 128
gradual[2] 15, 129
grafema 15, 50, 129, 134, 142
Gramática 15, 23, 71, 77, 88,
113-114, 118, 126, 129,
130, 136, 143, 145, 152,
154, 176, 190, 196, 204,
206, 216
Gramática Universal 23,
113-114, 126, 129, 130,
176, 216
grave[1] 15, 48, 130
grave[2] 15, 49, 73, 130
grelha 15, 128, 130
grupo clítico 12, 130, 132
grupo entonacional 16, 115,
122, 130
GU 23, 39, 129, 130, 176, 216

H

harmonia consonantal 13, 131
harmonia vocálica 24, 30-31,
43, 49, 66, 87, 88, 103, 111,
131, 146-147, 150, 189
heterossilábico 16, 99, 119,
123, 131-132
hiato 16, 75, 93, 132, 159, 165
hierarquia de sonoridade 21,
99, 100, 132, 141, 205
hierarquia prosódica 20, 45,
80, 95, 99, 104, 118, 122,
130, 132-133, 170,
173-174, 183, 194, 201,
204, 207
hipercorreção 16, 46, 133
hipocorístico 16, 133, 134
hipocorização 16, 133,
134, 190
hipocorreção 16, 134
homofonia 16, 134
homorgânico 16, 134

I

iâmbico 16, 135
iambo 16, 135, 171-172, 174,
191, 215
implementação 16, 65, 78, 135,
155, 188, 198
implosiva 16, 135
infixo 16, 47, 135
ingressiva 16, 97, 135, 149
início de palavra 25, 27-28, 38,
39-40, 109, 136, 151, 159
input 16, 136, 195, 208
inserção 16, 47, 54, 93, 99-100,
111, 136
intensidade 16, 44-45, 57, 86,
102-103, 136, 183, 207, 221
interface 16, 110, 115, 133,
136, 154, 177, 204
intervocálico 16, 102, 136
inventário fonêmico 19, 136
inventário fonético 19, 137
IPA 16, 29, 49-50, 65, 73, 91,
108, 130, 137, 160, 198,
199, 213-214
isocronia 16, 137

J

jogos de linguagem 17, 138, 144
juntura 16, 138

L

labial 16, 139
labialização 16, 62-63, 139, 193
lábio 17, 60, 64, 68, 139
labiodental 16, 26, 123,
139, 147
lâmina 12, 60-61, 83, 86, 139,
144, 176, 216
laringe 17, 60, 72, 100, 140,
204, 214
laríngeo 17, 140
lateral[1] 17, 140-142, 146, 168
lateral[2] 17, 141
l-claro 12, 140-142
lenição 17, 60, 86, 89, 99, 102,
107-108, 115, 121-122,
127, 132, 136, 140-141,
168, 188, 211
lenis 17, 122, 141
l-escuro 13, 140-141
letra 17, 38, 50, 79, 86, 129,
134, 142, 210
levantamento 20, 55, 83,
141-143, 169, 196, 219
lexicalização 17, 142
léxico 17, 71, 91, 98, 129, 143,
158, 170, 175, 191
léxico mental 17, 143
LIBRAS 12, 17, 86, 143-144
licenciamento prosódico 20,
143
líder 15, 112, 143
limite 12, 50, 72, 99, 143-144,
153, 170, 194
língua[1] 23, 144
língua[2] 16, 144
língua artificial 12, 144
língua de sinais 21, 144
língua-E 14, 77, 144-145
língua franca 17, 144-145
língua geral 15, 144-145
língua-I 16, 77, 144-145
língua materna 18, 107,
145, 200
língua natural 18, 84,
144-145, 158
língua tonal 23, 43,
145-146, 211
Linguística Cognitiva 13,
146, 183
linha de associação 12, 65,
88, 146

líquida 17, 54, 119, 146, 164, 197, 209
localidade 17, 146, 147
longa 17, 84, 90, 95-96, 135, 147, 151, 161, 200, 202, 211, 221
lugar de articulação 19, 60, 77, 79, 147, 176

M

maneira de articulação 17, 47, 78, 104, 123, 140, 148, 152, 156, 162, 196, 210, 219
marcação 17, 100, 105, 148-149, 210
marcado 17, 23, 56, 148-149, 156, 166
mecanismo de corrente de ar 11, 46, 74, 84, 97, 127, 135, 149, 184
média 15-18, 28-34, 43-44, 49, 55-56, 67, 73, 108, 131, 133, 149-150, 156, 158-159, 168, 209
média-aberta 15, 43-44, 49, 73, 149-150, 156, 159
média-alta 16, 29-32, 55-56, 67, 131, 149, 150
média-baixa 17-18, 29-32, 43, 55-56, 67, 131, 149-150
média-fechada 15, 44, 49, 73, 108, 149-150, 159
medial 17, 30-31, 40, 58, 70, 83, 144, 150-151, 175, 202
melodia 17, 151, 206
mentalismo 17, 151, 187
mesclagem lexical 17, 85, 151
metafonia 17, 151, 152
metátese 17, 78, 152
métrico 17, 58, 64, 70, 73, 95, 106, 108, 111, 132-133, 135, 152, 154, 172-175, 188, 192, 214
modo de articulação 17, 61, 78, 148, 152
modular 18, 77, 152
molde 23, 152, 154
monossílabo 18, 152, 176, 214
monotongação 18, 93, 153
monotongo 18, 93-94, 153, 161, 202, 220-221
mora 18, 153

morfema 18, 46, 47, 53, 54, 68, 72, 80, 87, 135, 138, 143-144, 153-155, 179, 194, 207
morfofonema 18, 154
morfofonológico 18, 154
morfologia 18, 53-54, 68, 87, 103, 110, 114-116, 154, 187, 189, 204, 215, 217, 225
Morfologia Prosódica 20, 154
morfossintático 18, 154, 204
motivação 18, 111, 154-155, 198
mudança estrutural 22, 80, 155, 190, 192-193
mudança sonora 22, 55, 91, 129, 134-135, 152, 155, 158-159

N

não acentuado 23, 58, 156, 173-174
não arredondada 23, 30-33, 62, 73, 90, 156, 199
não marcado 23, 56, 148-149, 156, 166
nasal[1] 18, 44, 156, 162, 168, 180
nasal[2] 18, 156
nasal[3] 18, 157
nasalidade 18, 33, 44, 65, 95, 103, 148, 156-158, 180
nasalização 18, 39, 65, 90, 95, 156-158, 179-180, 194
nasalizada 18, 20, 156-158, 179, 185
natural 18, 73-74, 84, 144-145, 158, 224, 228
Neogramática 18, 91, 129, 135, 155, 158
neologismo 18, 98, 158
neutralização 18, 62, 100, 159, 186, 189, 205
nível 17, 21, 67, 71, 76, 78, 103, 110-111, 116-117, 133, 154, 159, 166, 170, 177, 181, 194, 199, 207, 211
nível de representação 21, 67, 103, 159
nivelamento analógico 11, 159
nó 18, 159
norma 22, 133, 160, 168, 183
normalização 18, 160

notação 18, 50, 160, 173
núcleo[1] 18, 76, 147, 153, 160, 196
núcleo[2] 16, 161

O

obstruinte 18, 54, 119, 162, 179-180, 209
oclusiva 15, 18-19, 22, 47-48, 52, 64, 71, 80-81, 88, 92, 102, 118, 162, 168-169, 199, 214, 219
oclusiva glotal 15, 80, 162
oclusiva nasal 18, 162
oclusiva oral 19, 162
ocorrência 23, 32, 48, 53-54, 76, 93, 107-108, 114, 122-123, 146, 148-149, 154-155, 163-165, 180, 199, 210, 211, 217-218
OCP 18, 163, 181
onda sonora 9, 22, 46, 57, 59, 102, 136, 163
onset 9, 12, 14, 18, 65, 76, 80, 102, 125, 160, 163-165, 176-177, 181, 195-196
onset ramificado 12, 163-164
onset vazio 14, 164-165
opacidade 18, 81-82, 165, 199, 214
opaco 18, 165
oposição 19-20, 49, 73, 82-83, 91, 96, 100, 105, 110, 118, 124, 149, 158-159, 165-166, 171, 182, 186, 189, 201, 203
oposição privativa 20, 149, 166, 182
oral 19, 32-38, 40-41, 44, 60, 62, 72, 84, 86, 95, 157, 162-163, 166, 210, 213, 220, 228
ordenamento de níveis 17, 166
ordenamento extrínseco 14, 167
ordenamento intrínseco 16, 167
output 19, 167, 208
oxítono 9, 19, 45, 108, 167

P

padrão 22, 52, 57-58, 68-69, 71, 106, 108, 119, 133, 135, 137, 152, 160, 167-168,

171-172, 174, 180, 182-183, 191-192, 195, 198, 206, 214
palatal 19, 28-29, 46, 59, 64, 89, 121, 125, 140-141, 147, 158, 168, 220
palatalização 19, 26, 47, 52-53, 64, 81-82, 88, 90, 143, 168-169, 170, 194
palato 15, 19, 21, 28, 56, 59, 60, 64, 72, 141, 168, 169, 196, 204, 216, 219
palato-alveolar 19, 56, 169
palato duro 15, 56, 59-60, 64, 72, 168-169
palato mole 21, 64, 141, 169, 196, 216, 219
palavra 13, 15, 17, 19, 24-28, 32-34, 36, 38-41, 45-47, 50, 52-55, 57-58, 61, 65, 67-68, 70-76, 78, 80-81, 84, 86-89, 92-93, 95-96, 98-103, 106, 108-109, 111, 115, 117, 122, 123, 125, 127, 129, 131, 133-136, 138, 142-144, 151-154, 157-159, 164, 166-180, 183, 186-192, 194-195, 197, 200-205, 207, 213-215, 217-218, 220
palavra de conteúdo 13, 72, 169-170
palavra fonológica 19, 95, 132, 170
palavra funcional 15, 169, 170
palavra gramatical 15, 72, 169, 170
palavra lexical 17, 72, 169, 170
paradigma 19, 159, 171
paradigmático 19, 171
paragoge 19, 171
parâmetro[1] 19, 171, 180
parâmetro[2] 19, 171
parassíntese 78, 172
paroxítono 19, 45, 108, 172, 174
par mínimo 18, 70, 83, 109, 165, 170, 182, 206
par suspeito 22, 171
pausa 19, 172
PCO 17, 163, 172, 181
pé binário 12, 58, 172

pé datílico 13, 173, 175
pé degenerado 13, 173, 174
pé espondeu 22, 173
pé métrico 17, 58, 64, 70, 73, 95, 106, 108, 132, 135, 154, 172-175, 188, 192, 214
penúltimo 7, 9, 19, 45, 172, 174
perda auditiva 16, 174
performance 19, 88, 174
peso silábico 20, 22, 45, 96, 147, 174, 185, 200, 202
pé ternário 23, 172, 173, 175
pidgin 19, 84-85, 175
pitch 19, 45, 56, 84, 99, 123, 145, 151, 175, 183, 211
plosiva 19, 175
Pobreza do Estímulo 20, 62, 175-176
polissílabo 19, 176
polissistêmico 20, 176
ponta da língua 12, 28, 56, 83, 108-109, 139, 141, 176-177, 196, 210, 219
ponto de articulação 56, 61, 65, 68, 86, 92, 127, 134, 139-140, 168, 176-177, 193, 216, 219
português 7, 8, 11-41, 43-50, 52-59, 61-65, 67-69, 71-75, 78-79, 81-89, 92-132, 134-143, 146-159, 162-168, 170, 172, 174-178, 180, 182-183, 186-190, 192, 194, 196-206, 209-211, 214-221
pós-alveolar 20, 176, 177
pós-cíclica 20, 177
posição esqueletal 21, 65, 89, 94, 165, 177
posição neutra 18, 55, 67, 83, 177-178, 188
pós-lexical 20, 116, 177, 191
posterior[1] 12, 59, 72, 178
posterior[2] 12, 178
posteriorização 12, 59, 62, 178
postônico 20, 38-39, 49, 178
pós-vocálico 20, 136, 155, 178
prefixo 20, 46, 53-54, 65, 155, 172, 179, 217
pregas vocais 8, 23, 44, 78, 83, 89, 100, 109, 128, 140, 162, 179, 204, 221

pré-nasalizada 20, 157, 179
pretônico 20, 180
pré-vocálico 20, 136, 180
princípio 20, 62, 78, 82, 84, 91, 98, 163, 172, 175, 180-181
Princípio da Preservação da Estrutura 20, 180
Princípio de Licenciamento Prosódico 20, 143, 180-181
Princípio de Maximização do Onset 17, 180-181
Princípio de Não Cruzamento de Linhas 20, 78, 181
Princípio do Contorno Obrigatório 18, 163, 172, 180-181
Princípio Fonêmico 19, 181
privativo 20, 68, 87, 149, 182
processo 20, 46-47, 64, 84, 87, 91, 103, 176, 179, 182, 187, 192, 195, 200, 207
produtividade 20, 83, 182-183
proeminência 20, 44-45, 74, 128, 160, 173-174, 183, 198, 220
progressiva 20, 64, 183, 194
pronúncia padrão 22, 133, 183
propagação 22, 65, 89, 102, 129, 135, 183
proparoxítono 20, 45, 58, 183
prosódia 20, 45, 118, 154, 183, 203
protótipo 20, 183
pulmonar 20, 84, 127, 149, 184, 219

Q

qualidade vocálica 24, 47, 121, 152, 185, 221
quantidade 20, 136, 185, 200
queda 14, 39, 60, 98, 102, 185

R

r-final 15, 55, 186, 206
R-forte 22, 58, 125, 186, 206-207
r-fraco 24, 186, 206
racionalismo 20, 68, 98, 120, 124, 129, 187
raiz 21, 23, 43, 60, 66, 68, 100, 144, 152, 187

raiz da língua 23, 60, 66, 100, 144, 187
ranqueamento 20, 167, 187, 208, 210
r de ligação 17, 187
realidade psicológica 20, 151, 187
realização 20, 75, 96, 103, 119, 134, 188, 197, 204-205
reanálise 20, 77, 188
recessivo 20, 95, 173, 174, 188
recuado 12, 178, 188
redução 21, 23-24, 32, 35-36, 38, 49, 55, 58, 65, 99, 108, 124, 133-134, 141, 170, 176, 178, 180, 188-189, 201, 203, 211, 215
redução vocabular 23, 189, 215
redução vocálica 24, 32, 108, 178, 188-189
redundância 21, 189, 191
redundante 21, 189, 191, 206
reduplicação 21, 134, 189, 190
regra 13, 19, 21, 52, 57, 76, 80-82, 91-92, 98, 115, 144, 146, 160, 163, 170, 177, 182, 190-193, 197-199, 206, 211, 218, 224
regra cíclica 13, 177, 191
regra de redundância segmental 21, 191
regra de restrição sequencial 21, 191
regra de ritmo 21, 98, 163, 191-192, 197
regra fonológica 19, 76, 80-81, 115, 144, 146, 170, 182, 192-193, 206
regressiva 21, 64, 183, 194
representação 9, 21-23, 50, 65, 67-68, 76, 79, 86, 89-91, 94-95, 97, 102-103, 105-106, 109, 111, 115-117, 120, 125-127, 133, 143, 159, 160, 164-166, 174, 177, 182, 188-189, 190, 194-195, 199-201, 206-208, 213, 218
representação de superfície 22, 195
representação subjacente 23, 115, 182, 194-195

representação superficial 22, 115, 195
ressilabação 21, 195
restrição 13, 21, 58, 73, 108, 125, 190-191, 195-196, 208
retroflexa 79, 104, 148, 196-197
rima¹ 21, 196
rima² 21, 52, 196
ritmo 21, 49, 73, 98, 163, 183, 191-192, 196-197, 203, 207
rotacismo 21, 172, 197
rótico 21, 146, 187, 197, 206

S

saliência 21, 45, 198
SAMPA 21, 22, 198
sândi 21, 86, 138, 198
sangramento 12, 52, 82, 165, 191, 198, 214
schwa 21, 30, 33, 94, 127, 189, 199
segmental 21, 49, 58, 65, 70-71, 108, 111-112, 117, 127, 133, 136, 151, 166, 176-177, 182, 189, 191, 199-200, 207, 211, 215, 218
segmento 13, 21, 26, 29-30, 32, 35, 38, 46, 47, 50, 54, 57, 59, 65, 79, 89-90, 94, 99, 106, 108-109, 112, 118, 121, 125-127, 134, 141, 148, 152-153, 162, 165-166, 170, 174, 178, 183, 188, 191, 193-195, 199-200, 203, 214, 221
segmento complexo 13, 79, 94, 199, 214
segunda língua 21, 107, 145, 200
semivogal 21, 127, 200
sensível ao peso silábico 20, 44, 45, 200, 202
sensível à quantidade 20, 200
separação 22, 118, 124, 200
SFS 21, 201, 206
sibilante 21, 47, 75-76, 79, 92, 103, 131, 134, 195, 201
siglagem 44, 201
significado 21, 45, 48, 52, 57, 82, 83, 129, 142, 143, 158, 165, 166, 169, 182, 188, 201, 211

significante 21, 201
signo 21, 105, 201
sílaba 7, 9, 12, 16, 17-18, 22, 26-29, 38-40, 45, 49, 52, 54-55, 57-58, 60, 64-65, 67, 70-71, 73, 75-77, 79-81, 85, 89, 92, 94-96, 99, 104-106, 108, 111-112, 115-119, 122-123, 125, 127-128, 132, 135, 138, 140, 142-144, 148, 150-154, 160, 162-165, 167-169, 172-176, 178-180, 183, 185-186, 189, 191-192, 194-196, 199-203, 209-211, 214, 217, 218-221, 223, 227
sílaba aberta 18, 54, 201, 202
sílaba fechada 12, 201-202
sílaba leve 17, 94, 174-175, 202, 220
sílaba pesada 16, 95, 106, 174, 185, 200, 202, 221
sílaba travada 12, 54, 202
silábico¹ 22, 203
silábico² 22, 79, 203
silábico³ 22, 203
silabificação 22, 117, 138, 177, 203
similaridade fonética 19, 203
síncope 22, 98, 203
sincrônico 22, 90, 204
sintagma entonacional 16, 122, 204
sintaxe 21, 22, 58, 77, 99, 104, 110, 126, 133, 136, 154, 177, 204, 217
sistema articulatório 12, 204
sistema fonatório 19, 140, 204
sistema respiratório 21, 204
soante 21, 204, 212
sobreposição fonêmica 19, 204-205
sociofonética 155, 172, 205
sociolinguística 21, 171-172, 194, 205, 207, 209, 217-218
soltura retardada 8, 13, 205, 212
sonoridade 21, 52, 85, 99-100, 121, 132, 141, 183, 205
sonoro 24, 25, 50, 89, 98-99, 110-111, 132, 141, 179, 191, 205-206, 221

sons de r 20, 75, 127, 178, 186, 202, 206
sons do português 20, 25, 56, 68, 83, 87, 96, 104, 123, 127, 139, 141, 146, 149-150, 162, 168, 175-176, 196, 201, 203, 206, 210, 216, 219-220
sons foneticamente semelhantes 171, 201, 206
sotaque 11, 206
SPE 22, 48, 77, 91, 112, 115, 130, 148, 206, 211
subespecificação 23, 206
substrato 22, 207
sufixo 22, 46-47, 171-172, 182-183, 207
superstrato 22, 207
suprassegmental 22, 99, 183, 207
surdez 13, 207
surdo 24, 89, 179, 207, 221

T

tableau 23, 136, 167, 187, 208, 210
tautossilábico 23, 99, 119, 132, 209
tempo aparente 11, 209
tempo real 20, 209
tensa 23, 123, 209
tenso 23, 47, 66, 122-123, 141, 209, 212
Teoria da Otimalidade 19, 136, 167, 187, 194-196, 208-209
Teoria de Exemplares 14, 105, 114, 183, 195, 210
tepe 23, 28, 79, 81, 89, 104, 108-109, 123, 148, 155, 162, 172, 186-187, 197, 204, 207, 209-210
tipo 23, 29, 48, 55, 70-71, 73, 78, 82, 93, 95, 99, 101-102, 106, 114-115, 122-123, 131-132, 138, 142, 148, 152, 163-164, 166, 172, 175, 177, 183-184, 190-196, 203, 209-211, 216-219
tipologia 23, 210

token 23, 122, 163, 211
tom 23, 43, 45, 49-50, 71, 73, 110, 130, 146, 157, 175, 211
tônica 23, 30-36, 38, 40-41, 43, 45-46, 49, 66, 70, 73, 81, 88, 94, 131, 151, 157, 158, 164, 167, 172, 178, 180, 183, 211, 220
tonicidade 22, 211
traço distintivo 14, 48, 55, 59, 62-63, 67, 74, 77, 79, 80-81, 83, 91, 103, 123, 130, 140-141, 149, 156-157, 178, 188, 191, 193, 203-205, 209, 211-212, 221
transcrição 12, 18-19, 23, 25, 67-68, 76, 95, 109-110, 213
transcrição ampla 12, 213
transcrição fonêmica 19, 67, 213
transcrição fonética 19, 25, 68, 76, 95, 109, 213
transcrição fonológica 19, 213
transcrição restrita 18, 213
transparência 23, 165, 213
trato vocal 24, 27-28, 47, 59, 61, 71, 78-79, 81, 99, 101-104, 120-121, 130, 140-141, 147, 156, 162, 175, 177, 184, 201, 205, 214, 221
trema 23, 38, 214
trissílabo 23, 153, 176, 214
tritongo 23, 214
trocaico 23, 214
troqueu 23, 95, 135, 171-172, 174, 188, 191, 214-215
truncamento 23, 215

U

universais 23, 101, 210, 216
úvula 23, 44, 60-61, 64, 72, 169, 216, 219
uvular 23, 169, 216

V

V 23, 75-76, 93, 112, 119, 136, 160, 164-165, 202, 217

variação 23, 26-27, 30-33, 49, 53, 55, 76, 91, 93, 127, 133, 150, 160, 185, 186, 204-205, 209, 211, 217, 220
variante 11, 23, 53, 94-95, 138, 217
variável¹ 23, 217
variável² 23, 218
vazio 14, 164-165, 177, 193, 218
velar 23, 26-27, 48, 140-141, 147, 168-169, 214, 219
velárico 23, 74, 84, 127, 149, 184, 219
velarização 23, 63, 90, 219
velarizado 23, 141, 219
véu palatino 23, 60, 64, 166, 169, 185, 219
vibrante 23, 79, 104, 148, 169, 197, 219, 220
vocalização 8, 24, 29, 199, 218, 220
vocativo 24, 220
vogal 12, 17, 20-22, 24, 27-41, 43-47, 49, 52-56, 59-65, 67, 71-73, 75-77, 79, 81-82, 84-96, 99-101, 103, 107, 118-120, 123-124, 127, 131-133, 136, 138, 140, 147-153, 156-161, 163-165, 168, 178, 180, 185, 187, 192, 194, 199-203, 209, 211, 214, 217-218, 220, 221
vogal acentuada 22, 220
vogal breve 21, 96, 220
vogal cardeal 12, 62, 91, 101, 127, 220
vogal longa 17, 84, 90, 95-96, 151, 161, 200, 202, 221
vogal reduzida 20, 221
VOT 24, 221
vozeado¹ 24, 205, 221
vozeado² 24, 221
vozeamento 22, 24, 44, 46, 56, 64, 68, 78-79, 89, 109, 128, 138, 140, 143, 166, 177, 179, 204, 221
vozeamento espontâneo 22, 177, 204, 221

Autora

Thaïs Cristófaro Silva

Professora titular da Faculdade de Letras da UFMG (Universidade Federal de Minas Gerais). Fez mestrado em Linguística pela UFMG, doutorado em Linguística pela Universidade de Londres e pós-doutorado pela Universidade de Newcastle. Pesquisadora associada ao Department of Portuguese Brazilian Studies do Kings College London da Universidade de Londres. Especialista em Fonética e Fonologia. É autora dos livros *Fonética e fonologia do português* e *Exercícios de fonética e fonologia*, ambos da editora Contexto.

COLABORADORAS

Daniela Oliveira Guimarães

Graduada em Letras (Licenciatura em Língua Portuguesa). Mestre e doutora em Linguística pela UFMG. Professora de mestrado em Educação da Universidade Vale do Rio Verde (MG). Atua na docência e pesquisa nas áreas de fonologia, variação linguística e aquisição da linguagem pela criança.

Maria Mendes Cantoni

Graduada em Letras (Licenciatura em Língua Portuguesa e Bacharelado em Língua Latina). Mestre em Linguística pela UFMG, onde atualmente é doutoranda na área de Linguística Teórica e Descritiva. Atua em pesquisas nas áreas de fonética, fonologia, variação linguística, prosódia e cognição.